精神保健福祉法入門

精神保健福祉法入門

大谷 實

岩波書店

目次

序章　精神保健福祉法とは何か

1　総説

精神保健福祉法は、精神障害者の医療や福祉さらに国民の精神保健などについて規定している法律であるが、「精神保健福祉法」というのは、正式の名称ではなく、「精神保健及び精神障害者福祉に関する法律」(昭和25年法律123号)を略したもの、つまり略称である。それまでの「精神保健法」という名称の法律を改正して、1995(平成7)年に、「精神保健」と「精神障害者福祉」とを併せて、一つの法律にしたものが本法である。もとは、1950(昭和25)年に制定された精神衛生法という56か条の法律であったが、その後、数次にわたる法改正ごとに条文が追加されて、現在は本則が全部で130か条を超える大きなものとなっている。

それでは、この法律は、何を目的として作られたのであろうか。精神保健福祉法という名称からはイメージしにくいのであるが、その狙いは、主として、精神障害者が適切な医療を受けられるようにすること、そして、精神障害者の福祉の増進を図ることにある。わが国で精神疾患によって精神科の診療所や病院に通院し、あるいは精神科病院に入院している人は、現在600万人ほどいるといわれているが、その人達の中には、精神に障害があることに悩み、苦しみ、人生に絶望している場合が多い。また、精神疾患の症状が落ち着いて、地域で暮らそ

表１　精神障害者数の推移

（単位　千人）

	平成20年 (2008)	23 ('11)	26 ('14)	29 ('17)	令和２ ('20)
精神障害者数	3,233	3,201	3,924	4,193	6,148
Ｖ　精神及び行動の障害					
血管性及び詳細不明の認知症	143	146	144	142	211
アルコール使用(飲酒)による精神及び行動の障害	50	43	60	54	60
その他の精神作用物質使用による精神及び行動の障害	16	35	27	22	29
統合失調症，統合失調症型障害及び妄想性障害	795	713	773	792	880
気分[感情]障害(躁うつ病を含む)	1,041	958	1,116	1,276	1,721
神経症性障害，ストレス関連障害及び身体表現性障害	589	571	724	833	1,243
その他の精神及び行動の障害	164	176	335	330	805
Ⅵ　神経系の疾患					
アルツハイマー病	240	366	534	562	794
てんかん	219	216	252	218	420

資料　厚生労働省「患者調査」(総患者数)

注１）精神障害者数は，「Ｖ精神及び行動の障害」から「精神遅滞」を除外し，「Ⅵ神経系の疾患」の「アルツハイマー病」と「てんかん」を加えた数である．

２）平成23年は，東日本大震災の影響により，宮城県の一部と福島県を除いた数値である．

３）令和２年から総患者数の推計に用いる平均診療間隔の算出において，前回診療日から調査日までの算定対象の上限を変更．平成29年までは31日以上であったが，令和２年からは99日以上を除外して算出．

うとしても、差別と偏見に苦しめられ、仕事もなく、貧困と孤独に喘いでいる例が少なくない。こうした精神障害者が、入院することによって適切な医療を受け、症状が落ち着いたら社会に戻り、働いて自立した生活ができるようにする。これが精神保健福祉法の目指すものである。

ところが、この法律については、様々な批判や反対論が展開されており、法律の本来の趣旨または本質が、一般の人や精神障害者にとって理解しにくくなってきているように思われる。そこで本書は、「精神保健福祉法とは何か」という観点から問題点を整理し、法律の規定に即しながら、その趣旨、各条文の相互の関連及び内容をできるだけ平易に、また客観的に明らかにすることを主眼とするものである。

そのためには、どのような経緯で現在の法律となったかを知っておくことが必要不可欠であるところから、現行法に至るまでの歩みをたどり、それを踏まえて、法律の規定の全体について、法解釈論を展開することとしたい。

2　本法成立の経緯

(1) 座敷牢から私宅監置へ

精神障害者についての制度が、国のレベルで自覚されるようになったのは、ようやく明治に入ってからである。江戸時代における精神障害者の取扱いは、①家族、名主等の「入牢願」によって奉行が精神障害者を牢獄に監置する「入牢《じゅろう》」、②後の私宅監置に相当する「檻入《おりいれ》」、③奉行が精神障害者を非人頭に預けて監護させる「溜置《りゅうち》」の制度によって行われていた。それらの制度は、いずれも精神障害者は狐憑きや先祖の祟りによるものであり、いわゆる座敷牢として幽閉し、治安のために社会から隔離して監視することを目的とするものであった(中谷陽二「精神医療法制史から見た保護者制度」法と精神医療10号(1996)65頁)。

一方、精神障害者に対する治療は、そのほとんどが加持祈禱に頼ったものであり、社寺の楼塔は、精神障害者の収容施設のごとき観があったとされている。明治初期においては、行政監察規則(明治8年)が制定され、その18条は、「路上瘋癲《ふうてん》人あれば穏にこれを介抱し、其の暴動者は取押さえ其の地の戸長に引き渡すべし」とする警察職務指針を定めて、治安の要請に応えるとともに、明治17年の「瘋癲人取扱心得」は、「瘋癲人監護の為め私宅に於て鎖錮せんとする者は其の事由を詳記し最近の親族2名以上連署の上医師の診断書を添え所轄警察署へ願出許可を受くべきこと」と定め、不法監禁の防止に努めようとした。

明治政府が本格的に衛生行政に乗り出したのは、1873(明治6)年、文部省の医務課が医務局となった頃である。翌年の1874年に「医制」(医療・衛生行政に関する法制度)が創設され、この医制の一つに癲狂院(精神科病院)の設立に関する規定が置かれた。しかし、癲狂院の設置は容易に進まず、精神障害者の大多数は私宅に監置され、その世話は家族に任されていたのである。なお、1875(明治8)年には、わが国最初の公立精神科病院である京都癲狂院が開設された。また、明治11年には私立精神科病院が東京府から開設許可され、さらに同19年には帝国大学医科大学に精神病学教室が開設されるなど、近代精神医学の導入が徐々にではあるが進められていた(金子準二編著・日本精神医学年表(日本精神病院協会、1973)26頁)。

(2) 精神病者監護法──私宅監置の法制度化

(ア) 相馬事件

わが国の精神医学がようやく近代化し始めたころ、相馬事件が発生した。13歳で相馬藩(福島県)の最後の藩主となった相馬誠胤《ともたね》は、1885(慶応元)年に父充胤《みちたね》から家督を相続した。しかし、その過程で、誠胤の異母弟順《あり》胤《たね》に家督を相続させようとした順胤の母及び相馬中村藩主志賀直道(志賀直哉の祖父)は、相続のために様々な画策を講じたといわれる。誠胤は維新の混乱を乗り切り名君と評されたが、家督相続をめぐる対立の中で精神的に不安定となり、24歳のころから不眠や興奮に悩まされたことから、家族が宮内省に申し入れ、藩邸で精神病者として自宅座敷牢に監禁し、後に東京府癲狂院に入院させた。旧藩士の錦織剛清《にしごりたけきよ》は、主君の病状に疑いを持ち、これを家督相続を狙った異母弟家族による不当監禁であるとして、家令志賀直道ら相馬家の家宰たちを告発したことから問題が発覚した。世間では、告発した錦織に対し忠義者として同情したが、錦織は、1887年に誠胤が入院していた東京府癲狂院に侵入し、誠胤の身柄の奪取に成功したものの、途中で取り押さえられ、錦織は1週間後に逮捕されて家宅侵入罪で有罪となり、世間からは一転して批判されることとなった。1892年に誠胤は心臓病で死亡したとされているが、錦織はこれを毒殺によるものとして相馬家の関係者を告訴した。しかし、毒殺であることは結局証明されず、逆に相馬家側から誣告罪で告訴されて有罪となった（岡田靖雄「相馬事件」精神医療史研究会編・精神衛生法をめぐる諸問題（病院問題研究会、１９６４。以下、「精神医療史・諸問題」という。）３頁）。

この相馬事件を契機として、精神病者に対する監督規則の強化の動きが顕著となり、１８９４（明治27）年に精神病者取扱心得が発布され、あらゆる監置につき警察医の診察に基づく認可を必要とするものとした。ちなみに、この規則で「精神病」という用語が初めて公的に用いられた。１８８９（明治22）年には、諸外国との不平等条約改正に関する国内法の整備が必要になったことから、社会的・政治的に精神障害者に関する諸問題を解決する必要に迫られた。

それまでは、精神障害者に関する問題はもっぱら地方に委ねられてきたが、明治30年代に入ると、全国的な精神障害者に対する監護の機運が高まり、１８９９（明治32）年には、救護者のいない精神病者を保護するための法規制として、「行旅病人及行旅死亡人取扱法」が公布され、翌１９００（明治33）年３月には、精神障害者の監督及び保護に関するわが国で最初の法律、「精神病者監護法」が制定されたのである。

(イ) 精神病者監護法の成立

精神病者監護法の骨子は、①後見人、配偶者、親権を行う父又は母、戸主、親族会が選任した４親等以内の親族を精神病者の監護義務者として、その順位を定め、監護義務者がいないか、いたとしてもその義務を遂行できないときは、住所地、所在地の市町村長に監護義務を負わせること、②監護義務者のみが精神病者を私宅又は病院等に監置することができ、その監置のためには、監護義務者は医師の診断書を添え、最寄りの警察署を経て地方長官（現在の都道府県知事）に願い出て許可を得なければならないこと、③行政長官に監置を監督する権限を与え、監護に要する費用は、被監護者が負担しなければならないが、被監護者に負担する能力がないときは、扶養義務者が負担しなければならないこと、というものであった(加藤久雄「我が国における精神障害者法制の歴史的考察」大谷實＝中山宏太郎編・精神医療と法(弘文堂、１９８０。以下、「大谷＝中山・精神医療と法」という。)１９０頁)。

前記の骨子から明らかなように、精神病者監護法は、社会防衛又は社会の安全と精神障害者に対する不法な監禁の防止を目的とした警察上の取締法として特色づけることができるものであり、精神障害者の医療及び保護を目的とするものではなかった。監護義務者による精神障害者の入院制度が誕生し、私宅に監禁する私宅監置が法律上制度化され、街頭にさまよう精神病者を一定の場所に収容するという治安上の効果はあったが、精神病者監護法は、精神医学に基づいた精神病院の設立には至らず、むしろ私宅監置の合法化をもたらしたに過ぎなかったのである。「精神病者監護法の最も惜しむべき欠陥は、精神病者を法律上監督することのみ眼中に置き、医療上の監督保護に関する条項を定めていない」(広田伊蘇夫・立法百年史(批評社、２００４)18頁)点であると批判された所以である。大半の精神病者は、自宅で監置され、長年にわたって「鳥かご」のような場所に閉じ込められていたのであり、また、病院に監置されていた患者さえ衣食住も満足に与えられず、「治療なき監禁」に付され、「悲惨な、まことに憐れむべき状況」に置かれていたとされる(精神医療史・諸問題84頁)。

明治30年代から40年代にかけて、私宅監置制度はわが国の精神科医療に完全に定着したが、一方、啓蒙的な精神医学者などによって私宅監置制度下の精神障害者の実態が浮き彫りにされ、世間の注目するところとなった。「精神病者はその境遇に於いて最も憐れむべきもの」であり、「保護せらるべき病者は少数なる私立病院に収容せしむる外、国家として何等の設備を有せざるは聖代の一大欠点なりと認む。故に政府は宜しく国費を以て枢要なる地より漸次地方に及ぼし、之が病院を設置し以て憐れむべき同胞を救護し、併せて公安維持の良管に出でらんことを望む」(山根正次・明治44年「官立精神病院設置に関する建議案」)とされ、精神病者を医療のベースに乗せようとする機運が高まったのである。

(ウ) 呉秀三の立法運動と精神病院法

精神病者が悲惨な状況に置かれていた当時、わが国の精神医学の基礎を築いた呉秀三は、1901(明治34)年に4年間の留学生活から帰国して、東京帝国大学医科大学教授に就任し、1902(明治35)年に精神病者慈善救治会を設立して、日本で初めての精神保健運動を展開した。また、日本神経学会を発足させて、無拘束医療の実践や作業療法の導入など、人道的医療を実践したとされる。さらに、1910(明治43)年から6年間、1府4県における364件の私宅監置についての実態調査を実施し、精神病者監護法は悲惨な私宅監置を生み出しており、精神病者の医療及び保護にはほとんど役に立っていないといった調査結果を「精神障害者私宅監置の実況及びその統計的観察」としてまとめた(岡田靖雄・日本精神科医療史(医学書院、2002)66頁)。「我が国何十万の精神病者は、実に病を受けたるの不幸の外に、この国に生まれたるの不幸を重ねるものというべし」と心情を吐露し、私宅監置の廃止と精神病者の医療及び保護を目的とした公立の精神病院の設置を提言し、自ら帝国議会に積極的にはたらきかけて法律の制定を求めたのである。

明治期に近代国家としての体制を整備したわが国は、啓蒙的な精神医学者の運動等を背景として、精神障害者対策は監護から医療へと転換することとなった。1916(大正5)年に内務省に保健衛生調査会が設置され、精神障害者の全国調査が行なわれた。その結果、精神病者数は、約6万5000人、そのうち精神科病院に入院中の者が約5000人に過ぎず、私宅監置を含めて約6万人が医療の枠外に置かれていることが明らかとなった(精神保健福祉研究会監修・5訂精神保健福祉法詳解(中央法規出版、2024。以下、「詳解」という。)5頁)。「我が国においては、国家及び公共団体共に保護治療に関する何らの設備なき状態なり。故に監置を要する患者といえども

4500名は最も不完全な私宅監置に附せられ、斯くの如き精神病者の治療保護は勿論公安上の不備少なからず」という立法理由の下に、1919（大正8）年に精神病院法が制定されたのである。

精神病院法の骨子は以下のとおりである。第1に、この法律は「救済を主眼とするもので」そのためには、内務大臣は都道府県に官公立の精神病院の設置を命ずることができる。また、公立病院、私立病院を代用精神病院として指定することができる。第2に、地方長官（知事）は、医師の診断に基づき、①精神病者監護法による市町村長が監護すべき者、②罪を犯した者で司法長官が特に危険があると認めた者、③療養の道がない者、これらの者について、地方長官が入院の必要を認める者を入院させることができる。第3に精神病院の建築・設備費の2分の1、また運営費の6分の1を国が補助する。こうして国は、公立の精神病院の設置を認めることにしたのである。

精神病院法は、精神病者対策を監護から医療へと転換し、精神病院を設置して精神病者の医療及び保護を図ろうとする画期的な法律であり、その趣旨に即して、官公立の精神病院の設置が順調に実現していれば、その後のわが国における精神科医療は大きく進展したといってよいであろう。しかし、第1次世界大戦後の恐慌以来、わが国は相次ぐ経済不況に見舞われ、1923（大正12）年には精神病院法施行規則が公布され、病院の位置、設計、収容人員の決定手続、入院手続などが規定されたものの、主として国の財政難のために、官公立精神病院の建設は遅々として進まず、第2次世界大戦終結時までに設置できたのは、わずかに5府県を数えるにすぎず、以降、戦後まで新設されなかった。かくして、一方では、私宅監置制度を公認した精神病者監護法が存在し、他方では、医療及び保護を本旨とする官公立の精神科病院が併存するという精神医療法制の矛盾のために、精神病院法は、精神病者の医療及び保護に貢献することはなかったのである（成清美治＝加納光子＝青木聖久編著・新版全訂版精神保健福祉（学文社、2010）34頁）。

3 精神衛生法の成立

(1) その背景と法律の骨子

第2次世界大戦終了前後の食料・物資不足は、精神障害者にとって大きな打撃となった。多くの精神障害者は、食糧不足のために栄養失調で死亡し、特に公費入院患者の死亡数は、私費入院患者の3倍から4倍に達したといわれる。こうして、戦後においてまず取り組まなければならなかった課題は、患者の食料の確保であった。一方、欧米の精神科医療に関する知識が導入され、また、公衆衛生の向上を国の責務とした日本国憲法(25条)の成立により、1947(昭和22)年頃から憲法に基づく法制定の機運が高まり、各界から改正案が提出された(藤岡一郎「精神衛生法をめぐる歴史的展開」大谷＝中山・精神医療と法206頁)。そこで、当時の厚生省は法案作成の準備に入ったが、当時はアメリカの占領下にあって、議員立法が優先されたこともあり、日本精神病院協会が作成した試案を基礎とした法文の検討・整備が行われ、1950(昭和25)年に参議院議員中山寿彦他を提案者とした法案が国会に提出され、原案通り可決・成立した法律が、「精神衛生法」である。

精神衛生法は、私宅監置制度を法定した精神病者監護法及び実効性の乏しかった精神病院法を廃止し、新たに「精神病、精神薄弱〔現在の知的障害〕、精神病質等の精神障害者の医療及び保護の方法を改善し、その発生の予防に努めることによって国民の精神的健康の保持及び向上を図ること」(1条)を目的としたものであり、精神病者監護法及び精神病院法を引き継いで成立した法律ではあるが、精神障害者の医療及び保護に重点を置いた保健衛生法規として制定された。

その骨子は、①精神病院法と同様、精神科病院の設置を都道府県に義務付け、都道府県が設置する精神病院に代わる施設として指定病院を指定すること、②精神障害者又はその疑いのある者を知った者は誰でも都道府県知事に申請することができるとする「申請制度」を設け、また、職務上精神障害者を取り扱うことの多い警察官・検察官・矯正保護施設の長について、「精神障害のため他人を害するおそれ」(自傷他害のおそれ)がある者を発見した場合には、都道府県知事に通報しなければならないとする「通報制度」を設けたこと、③旧監護義務者制度に替えて、「保護義務者制度」を設けたこと、④自傷他害のおそれのある精神障害者について、本人の同意によらない非自発入院＝強制入院としての「措置入院制度」を設け、人権侵害を防止するため、2人以上の精神衛生鑑定医の鑑定が一致した場合にのみ入院を認めること、また、入院の費用を公費負担としたこと、⑤精神障害者本人の同意によらず保護義務者の同意による非自発入院＝強制入院である同意入院制度及び仮入院制度を設けたこと、⑥座敷牢等による私宅監置制度を1年後に廃止すること、⑦精神障害者対策の対象者として精神病者以外に精神病質者、精神薄弱者を追加したこと、⑧精神科病院等の施設以外に精神障害者を収容することを禁止したこと、⑨精神障害者を拘束することの要否を決定するための精神衛生鑑定医制度を設けたこと、⑩入院中の者に対する行動の制限を認めたこと、⑪精神保健行政を推進するために精神衛生審議会を新設したこと、⑫精神障害の発生の予防、国民の精神的健康の保持向上のため、精神衛生相談所を設け、訪問指導の規定が設けられたことなどである。

このように、法律自体が精神障害者の医療と保護に重点を置いていたこともあって、精神科医療においては、患者の精神科病院への収容が第一となり、その後、措置入院及び同意入院としての強制入院の安易な適用と病床数及び入院患者の増大など、病院の肥大化が顕著となった。

(2) 精神科病院の病床数の増加

精神衛生法の施行後、精神科病院において注目すべき事態が発生した。精神科病院における病床数の不足である。1950（昭和25）年当時の病床数は約2万5000床であったが、その後、約3万床になったというものの、1954（昭和29）年7月の全国精神障害者実態調査によると、精神障害者の全国推定数は130万人、そのうち要入院の患者が35万人で、病床数はその10分の1にも満たないことが判明したのである（詳解・10頁）。精神科病院における病床数の不足を解決するために、国は、民間の精神科病院の新設を促し、1954（昭和29）年には医療金融公庫を設立し、低利長期の融資による病院の設立が容易になり、1960（昭和35）年には、8万5000床に達した。その後、病床数は増え続けて、1970（昭和45）年には25万床となり、2005（平成17）年の精神保健福祉資料によると、病院は1661、病床数は35万3000となった。かくして、わが国の精神科医療は、措置入院及び同意入院（現在の医療保護入院）といった強制入院中心主義の医療体制として特色づけることができる（中山宏太郎「公衆衛生法的増床政策の展開」大谷＝中山・精神医療と法116頁）。

精神科病院の普及と病床数の急増に伴って、精神保健上2つの注目すべき変化が生まれた。その1は、1958（昭和33）年の厚生事務次官通達（発医132号）による医療法特例に基づく精神科病院の職員配置である。これによると、精神科病院は一般病院に対し、医師は3分の1、看護師は3分の2でよいとされ、現在もこの比率は変わっていないということである。精神科病院の経営努力を支援する目的による措置であったとされるが、人件費削減の効果は明らかであるものの、その結果として、入院患者を確保するために精神障害者の長期入院化をもたらしたことは否定できないであろう。その2は、「自傷他害のおそれ」を要件とする強制入院としての措置入院の患者数が、非常に増加したということである。1961（昭和36）年に精神衛生法が改正され、措置入院の国庫負担率が2分の1から5分の4に引き上げられた。その結果、1966（昭和41）年には、6万7000人であった措置入院の患者数が、5年後のピーク時には、7万6000人に増加したというように、精神科医療における入院中心主義の傾向をもたらした。精神衛生法が、「治安的精神障害者収容法」と評された所以である。

(3) ライシャワー事件と精神科医療

(ア) ライシャワー事件

強制入院中心の医療体制は、1940年代の世界的傾向であり、精神障害者の医療及び保護に、一定の改善をもたらしたことは否定できない。しかし、その後の社会情勢の変化及び抗精神病薬による薬物療法や作業療法等の進歩といった精神医学の顕著な発展のために、寛解率が著しく向上して在院期間が短縮され、これに伴い、精神障害の発生予防対策及び在宅精神障害者対策が注目されるようになった。そこで、当時の厚生省は、1963(昭和38)年に精神衛生実態調査を行い、精神医学の進歩に即した精神衛生法の改正を企てようとしていた。また、日本精神病院協会等の団体も法改正に取り組み、入院中心の医療体制に反省を加え、精神障害者の早期発見、早期治療、アフターケア、社会復帰といった精神障害の発生予防、治療、社会復帰までの一貫した施策を内容とする精神衛生法の全面改正に取り組んでいた。

このように、精神衛生法の抜本的改正が準備されつつあったとき、1964(昭和39)年に駐日アメリカ大使ライシャワーが、精神科病院の入院歴がある少年に刃物で切り付けられ負傷するという事件が発生した。この事件は、アメリカと日本との国際的友好関係もあって、大きな社会問題となり、国務大臣(国家公安委員長)が責任をとって辞任するという事態にまで発展した。警察庁から厚生省への治安の強化、特に措置入院制度の手直しを内容とする精神衛生法改正の要請が出されたことから、家庭、学校、医療機関などに精神障害者についての届出義務又は報告義務を課するといった治安対策的色彩の強い措置入院制度運用の強化が話題となった。それらの影響を受けながら、1965(昭和40)年に精神衛生法の一部改正が行われたのである。

しかし、その改正法を見ると、①警察官、検察官、保護観察所長及び精神病院の管理者について、精神障害者に関する通報制度及び届出制度を強化したこと、②強制入院としての措置入院の手続に関し、精神障害者が無断で退院した場合、管理者の警察への届出を義務化し、自傷他害の程度が著しい精神障害者につき緊急措置入院制度を設けたこと、③在宅精神障害者の医療を確保するために、通院医療費の2分の1を公費負担とする制度を新設したこと、④保健所を地域における精神保健行政の第一線機関として位置づけ、精神衛生相談員を配置することとし、在宅精神障害者の訪問指導及び相談事業を強化したこと、⑤都道府県の精神保健に関する技術的中枢機関として、精神衛生センターを新設したこと。以上が主なものであり、一般医に対する精神障害者の通報義務などは、改正に盛り込まれなかった（高柳功＝山本紘世＝櫻木章司編著・三訂精神保健福祉法の最新知識（中央法規出版、2015。以下、「高柳ほか・最新知識」という。）162頁）。

(イ) 入院中心医療体制への反省

1965年の精神衛生法改正を契機として、入院中心の医療体制を改める機運が高まり、当時の厚生省当局は、1966（昭和41）年には通院医療費公費負担制の運用促進を図るとともに、保健所における精神衛生業務運営要領を作成している。また、1969（昭和44）年には精神衛生センター運営要領を提示して、地域精神保健活動を整備した。こうして、精神障害者の支援機関として、保健所及び精神衛生相談員の機能強化を図り、入院中心から地域社会でのケアを中心とする医療保護体制への転換を図るための取り組みが開始されたのである。

しかし、その後の精神科医療及び保護の実態を見ると、1969年の精神科病院の入院患者数は19万7000人であったものが、1975（昭和50）年には、約26万1000人、その10年後の1985年には34万人に達している。入院医療から通院医療へと方針の転換を図ったのに、入院者はピーク時の1985年ごろまで増え続けたのである。言い換えると、入院中心の医療体制を転換しようとする政府の方針に対し、精神科病院側は、むしろ入院患者数を維持・増加する立場を採ったのである。かくして、入院中心の医療及び保護から地域でのケアを中心とする医療保護体制への転換は遅々として進まなかった。そのような背景のもと、わが国の精神科医療の悲惨な状況を告発する叫びが、続々と現れた（例えば、大熊一夫・ルポ・精神病棟（朝日新聞社、1973）は、外部から遮断された、閉鎖的な病院のなかで、入院患者に対する暴行・脅迫、作業療法の名の下に強制労働が行われている実態を明らかにしている。なお、町野朔「精神医療における自由と強制」大谷＝中山編・精神医療と法29頁、大谷實「精神医療と法」刑事規制の限界（有斐閣、1978）40頁）。

(4) 反精神医学と精神衛生法

この間にあって、1960年代に「反精神医学」と呼ばれる既成の精神医学を真っ向から否定する思想がイギリス及びアメリカで展開された。その主張は難解であるが、ひとことで要約すれば、「措置入院や同意入院（医療保護入院）といった非自発入院又は強制医療は、一般の人とは異なった考え方又は行動をするに過ぎない人を、「洗脳施設」（精神科病院）に収容して魔女狩りにするに外ならず、伝統的精神医学は、精神病が実在するという神話を作り上げ、それを科学的に治療するとし、政治権力と一体となって治安対策を実践しているに過ぎない。精神障害者に対する強制入院を廃止し、入院患者の人権を回復すべきである」ということになろう。

反精神医学は、当然のことながら現代の精神科医療を支配するまでには至らなかったが、日本では、1968年から1969年にかけて日本の各大学で展開された全共闘運動の武力闘争化、東大医学部紛争の激化といった社会情勢を背景として、改めて精神衛生法の改正が大きな問題となっていた。特に、刑法改正に係る保安処分問題と関連して、精神衛生法における人権問題がクローズアップされた。保安処分とは、殺人等の重大な犯罪を実行しておきながら精神障害による心神喪失として刑事責任を問うことができず、無罪となってしまう犯罪者に対し、社会の安全(犯罪予防)のために行う治療・改善のための処分をいうが、諸外国の刑法には保安処分の規定が刑法に置かれているのに、日本の刑法にはこの制度がなかったことから、精神衛生法における措置入院制度が保安処分に代わるものとして悪用されているとされ、これを是正する観点から、1965年頃から刑法を改正して保安処分規定を創設すべきか否かという保安処分問題が論議された。

日本精神神経学会に設けられた刑法改正問題研究会は、「刑法改正に関する意見書」(中田試案)を発表し、保安処分の創設に賛成する立場を明らかにしたが、その後、同学会は保安処分の創設について賛否両論に分かれて紛糾し、1972(昭和47)年に選出された理事のメンバーは、保安処分に反対する立場を明らかにし、中田試案は精神障害者の人権を守る立場を自ら放棄するものであると批判するに至った(高柳ほか・最新知識165頁)。

保安処分創設問題を契機として、精神衛生法に内在する人権侵害的性格が浮き彫りにされ、①精神障害の定義及び診断基準があいまいであること、②措置入院における自傷他害の「おそれ」と強制入院とを結びつける根拠が明確でないこと、③入院及び退院の手続が不備なため、強制入院の手続的保障が欠落しているだけでなく、病院内での治療及び行動制限についての精神障害者の人権が無視されていることなどが指摘された(大谷實・新版刑事政策講義(弘文堂、2009)156頁)。こうして、精神障害者の医療及び保護を目的とする精神衛生法について、精神障害者の人権擁護と適正な医療及び保護の確保という観点から、精神衛生法の見直しを図るべきであるという機運が高まった。保安処分問題は、後に詳しく述べる医療観察法が制定されたため、現在では議論されなくなったが、精神障害者法制の在り方を考えるうえで貴重な問題提起になったように思われる。なお、保安処分問題の影響もあって、措置入院の運用を抑制する傾向が顕著となり、1971(昭和46)年には約7万6000人の措置入院者を数えたが、その後減少傾向に転じ、1975(昭和50)年には約6万6000人、1980(昭和55)年には約3万1000人に減少している。

このような状況下で、入院中心の医療保護体制が招いた宇都宮病院事件が発生した。栃木県の宇都宮病院において、1983(昭和58)年に看護職員の暴行によって入院患者2名を死亡させたというものであり、また、病院の医療スタッフ不足、患者の過剰収容、無許可解剖、入院患者からの預かり金流用が発覚し、大きな社会問題となり、国際人権問題にまで発展した。国連の非政府機関(NGO)である国際人権連盟は、1984(昭和59)年の8月にジュネーブで開催された国連の差別防止・少数者保護委員会(通称「国連人権小委員会」)において、日本の精神科病院の患者は虐待を受けており、不当な入院措置を防ぐための手段がなく、市民的及び政治的権利に関する国際規約(いわゆる「国際人権B規約」)9条1項などに違反するとして、日本の精神科医療を批判した。また、1985(昭和60)年5月、ICHP(国際保健専門委員会)及びICJ(国際法律家委員会)は、精神科医療についての合同の調査団を日本に派遣し、6月には同調査団による勧告が公表された。その勧告は、日本の精神科医療の時代遅れを指摘するとともに、精神障害者の人権が保障されていないと批判し、日本政府に対し、①精神衛生法の改正、②精神保健サービスの改善、③精神保健分野の教育及びトレーニングの改善を求めたのである。

このような国際的な批判は、日本の政府を動かす大きな原動力となった。当時の厚生省は、1985(昭和60)年、入院患者の人権擁護を一層推進するために、精神衛生法38条の行動制限に関し、「精神病院入院患者の通信・面会に関するガイドライン」を作成し、都道府県に通知した。そのガイドラインは、①精神病院入院患者の院外にある者との通信・面会は原則として自由に行われるべきこと、②人権擁護機関などの面会・通信を制限してはならないこと、③通信・面会は自由であることを患者・保護義務者につたえること、④電話及び面会は保護に欠くことのできない限度でのみ制限できることを内容とするものであった。

(5) 精神保健法の成立

一方、当時の厚生大臣は、1985（昭和60）年11月の参議院予算委員会において、1987（昭和62）年春の通常国会に精神衛生法の改正案を提出する旨の答弁を行い、引き続いて厚生省当局は同法の改正に着手したのであるが、改正案の作成は用意周到であった。参考までにその手順を明らかにすると、先ず、厚生省は精神保健課長名で、1985年12月に「精神医療に関する諸状況の変化に対応すべく、その改正を検討しているので、精神衛生法に関するご意見がありましたら、1986（昭和61）年3月までに本職宛文書にて提出いただきたくお願いいたします」として、日本精神病院協会など関係21団体に対して意見を求めている。これに対しては、全国自治体病院協議会、日本弁護士連合会など13団体、及び7名の個人から意見が寄せられた。他方、厚生大臣は、同年4月に「精神保健の基本問題に関する懇談会」を設置し、同意入院制度、精神障害者の社会復帰、入院患者の行動制限、入退院手続につき懇談した。これと並行して、公衆衛生審議会精神衛生法部会も法改正に向けて審議を開始し、1987（昭和62）年「精神衛生法改正の基本的な方向について（中間メモ）」を発表した。

かくして、1987（昭和62）年に精神衛生法が改正されて精神保健法となり、1988（昭和63）年に施行されたのである。法改正の趣旨として、当時の厚生大臣は、「近時の精神医療、精神保健をめぐる状況には種々の変化がみられるところであり、精神医学の進歩などに伴い入院中心の治療体制からできる限り地域中心の体制を整備していくとともに、多様化し、複雑化する現代社会において広く国民の精神保健の向上を図るとともに、精神障害者の人権に配慮しつつ適正な精神医療を確保し、かつ、その社会復帰の促進を図るため、今般、精神衛生法を見直すことにした」と述べている（大谷實編・条解精神保健法（弘文堂、1991。以下、「条解」という。）1頁）。

改正法の要点は、次のとおりである。まず、精神保健法1条は、「この法律は、精神障害者等の医療及び保護を行い、その社会復帰を促進し、並びにその発生の予防その他国民の精神的健康の保持及び増進に努めることによって、精神障害者等の福祉の増進及び国民の精神保健の向上を図ることを目的とする」と規定している。これを踏まえ、①国民の精神的健康の保持及び増進を図るという趣旨から法律の名称を改めて「精神保健法」としたこと、②精神障害者社会復帰施設の設置を明文化したこと、③入院患者の人権保護を図る制度として、入院の必要性や処遇の妥当性を審査する精神医療審査会を設置したこと、④入院の際に患者の権利等を書面で告知する制度を設けたこと、⑤それまでの精神衛生鑑定医制度を精神保健指定医制度に改めたこと、⑥精神科救急に対応するため応急入院制度を設けたこと、⑦精神科病院に対する報告徴収制度及び改善命令に関する規定を設けたこと、⑧精神障害者本人の同意に基づく任意入院制度を新設したこと、⑨患者自身からの退院請求及び処遇改善請求制度を設けたことなどである。

精神保健法については、①措置入院の入院期間を設けるべきである、②医療保護入院について1名の指定医の判定による入院から2名の指定医の判定による入院に改めるべきであるといった有力な提案があったが(墨谷葵・条解299頁、同「精神衛生法における入退院手続上の問題点」大谷＝中山・精神医療と法59頁)、それらは残念ながら実現しなかった。しかし、精神保健法は、強制入院中心主義の医療体制から地域医療への転換を図る精神障害者の社会復帰及び人権保護に重点を移したものと評された(長沢正範「精神保健法と人身の自由」法と精神医療2号(1988)44頁)。

精神保健法は、その施行の日から5年目に見直すこととされていたところから(附則9条)、同法のそれまでの施行状況を勘案し、精神障害者の社会復帰の促進を図るとともに、より適切な医療の推進を目的として、1993(平成5)年に「精神保健法の一部改正」が成立し、①地域生活援助事業(グループホーム)の法定化、精神障害者社会復帰促進センターの創設など、精神障害者の社会復帰施策の充実を図ったこと、②医療保護入院における保護義務者の同意を保護者の同意に改めたこと、③精神保健事務は、大都市特例によって都道府県知事から政令指定都市の市長に委譲されたことなどを規定した。

4　精神保健福祉法の成立とその後の法改正

(1)　精神保健福祉法の成立

精神保健法は、その後、いくつかの改正が行われたが、1993(平成5)年に制定された障害者基本法の中で精神障害者も障害者に位置づけられ、これまで整理してきたように、精神保健法においては、人権に配慮した適正な医療及び保護を確保し、社会復帰の促進を図るための措置が採られてきた。しかし、わが国の法制を全体として見ると、精神障害者に対しては、保健医療の枠組の中でのみ施策が講じられてきたのである。一方、1991(平成3)年の国連総会において、精神障害者に対する社会復帰・社会参加の促進を図ることなどが盛り込まれた「精神疾患を有する者の保護及びメンタルヘルスケアの改善のための諸原則」(国連原則)が採択され(斎藤正彦「『精神疾患を有する者の保護及びメンタルヘルスケアの改善のための原則』の概要とわが国の精神保健法」法と精神医療9号(1995)16頁)、それに呼応して、1995(平成7)年に、法体系全体に福祉政策を位置づけるために、法律の題名を変更し、精神保健法から「精神保健及び精神障害者福祉に関する法律」に改めるとともに、法律の目的の中に「自立と社会経済活動への参加の促進のために必要な援助」を導入し、2022(令和4)年改正では、法の目的として、「障害者基本法の……基本的な理念にのっとり、精神障害者の権利の擁護を図りつつ、その医療及び保護を行い、精神障害者の日常生活及び社会生活を総合的に支援するための法律……と相まってその社会復帰の促進及びその自立と社会経済活動への参加の促進のために必要な援助を行い、並びにその発生の予防その他国民の精神的健康の保持及び増進に努めることによって、精神障害者の福祉の増進及び国民の精神保健の向上を図ることを目的とする」（1条）と定めた。また、精神障害者福祉手帳の導入、社会復帰事業の充実等の改正が加えられた。そして、それまでの第5章「医療及び保護」に加えて、新たに第6章「保健及び福祉」を設けて、保健

表2　精神病床数，在院患者数，措置患者数，措置率，病床利用率の推移

（各年6月末現在）

	全精神病床数	在院患者数	措置患者数	措置率（%）	病床利用率（%）
平成12年（2000）	358,597	333,328	3,247	1.0	93.0
17（'05）	354,313	324,851	2,276	0.7	91.5
22（'10）	347,281	311,007	1,695	0.55	89.6
27（'15）	336,628	290,923	1,515	0.52	86.4
令和 2（'20）	325,140	275,224	1,494	0.54	84.6
3（'21）	323,524	270,680	1,541	0.57	83.7
4（'22）	322,197	267,479	1,546	0.58	83.0

資料　厚生労働省「病院報告」
　　　厚生労働科学研究「精神保健福祉資料」

表3　入院形態別入院患者数の推移

（単位　人，（　）内%，各年6月末現在）

	平成30年（2018）	令和元（'19）	2（'20）	3（'21）	4（'22）
総数	280,815（100.0）	272,096（100.0）	269,476（100.0）	263,007（100.0）	258,920（100.0）
措置入院	1,530（0.5）	1,585（0.6）	1,494（0.6）	1,541（0.6）	1,546（0.6）
医療保護入院	130,066（46.3）	127,429（46.8）	130,232（48.3）	130,940（49.8）	130,490（50.4）
任意入院	147,436（52.5）	141,818（52.1）	136,502（50.7）	129,139（49.1）	125,459（48.5）
その他	828（0.3）	860（0.3）	852（0.3）	901（0.3）	900（0.3）

資料　厚生労働科学研究「精神保健福祉資料」
注1）表2と調査が異なるので，本表の合計は表2の在院患者数と必ずしも一致しない．
2）総数に不明が含まれるため，合計数は一致しない．
3）（　）は構成割合である．

と福祉の2本の柱からなる法整備が行われたのである。

精神保健福祉法制定後、1998(平成10)年の調査によると、精神科病院に入院している入院患者は、平成5年の約26万7000人と比べると、平成8年には28万1000人と増加傾向にあり、5年以上長期入院患者は46％であった(詳解・28頁)。また、在宅精神障害者に対する生活支援は、実質上家族に依存しているが、核家族化といった家族の在り方の変化、高齢化、単身で生活している精神障害者の増加により、精神障害者についての生活支援を家族に依存することが困難となってきている。一方、病状が安定していて入院は不要であっても、地域で生活することが困難な精神障害者は退院することができないといった問題が生じてきた。精神科病院入院の本来の趣旨・目的を逸脱する、治療や退院を前提としない長期入院、いわゆる社会的入院問題が、これである。

こうした精神保健を取り巻く状況を背景として、1999(平成11)年に精神保健福祉法の一部に改正が行われ、「精神保健」との関係では、①精神障害者の定義について、それまでの中毒性精神病の「精神病」を外して、「精神障害者とは、精神分裂病、精神作用物質による急性中毒又はその依存症、知的障害、精神病質その他の精神疾患を有する者をいう」と改めた。また、②仮入院制度を廃止し、医療保護入院のための「移送」に関する制度を創設した。さらに、③保護者の義務の軽減が図られ、保護者に課されていた自傷他害防止監督義務を廃止し、④精神医療審査会の委員数の制限も廃止し、精神医療審査会の調査権限を強化する改正が行われた。一方、「精神障害者の福祉」の関係では、①社会復帰施設に、日常生活に関する相談、助言を行う「精神障害者地域生活支援センター」を設置し、②精神保健福祉センター機能の拡充を図った。そして、③在宅福祉事業として、居宅介護等事業を実施するものとされた。

(2) 精神保健福祉政策改革ビジョン

わが国の精神保健福祉は、既述のような度重なる法改正により、一定の改善をもたらしてきたが、いわゆる「社会的入院患者」の存在や地域での生活支援の不備、そして何よりも病床数及び入院患者の多さが指摘されてきた。なお、「社会的入院」とは、入院の本来の趣旨を逸脱して、治療や退院を前提としない長期入院を続ける状態のことをいう。言い換えると、医学的には入院の必要がなく、在宅で療養が可能な精神障害者であるのに、ケアの担い手がいないなどの家庭的事情や地域に居場所がないといった社会的理由により精神科病院に長期に入院せざるをえないというものである。こうした社会的入院者を含め、社会的入院に係る長期入院患者に関して、2004(平成16)年9月、厚生労働省は「入院医療中心から地域生活中心へ」といった以後10年間の「精神保健医療福祉の改革ビジョン」を決定したのである。

この改革ビジョンには、「入院医療中心から地域生活中心へ」という基本方針のもと、①国民の理解の深化、②精神科医療の改革、③地域生活支援の強化を今後10年間で進め、必要な精神科病床数の約7万の減少を促すこととして、精神保健医療福祉体系の再編の達成目標を示したのである。さらに、これらを背景として、2005(平成17)年に障害者自立支援法が成立したことに伴って精神保健福祉法も改正され、障害の種別(身体障害、知的障害、精神障害)にかかわらず、障害福祉サービスを利用できるようにするとともに、身近な市町村が責任をもって一元的にサービスを提供する枠組みが規定された(国民衛生の動向68巻9号(2021)125頁参照)。そして、2013(平成25)年には、精神障害者の医療を確保するための指針の策定、精神医療審査会の見直し等の改正が行われた。なお、前記改革ビジョン決定以降の精神科病院の入院患者数をみると、2000年の33万3328人から年々減少し、2019年には、28万874人となっている。

(3) 令和4年の改正

精神保健に関しては、入院医療を必要最小限にするための取組、特に強制入院である医療保護入院について入院期間の法定化が検討されてきたが、2022(令和4)年の法律104号により、入院期間を「6月以内」とする改正が断行された。そして、精神科病院の管理者は、医療保護入院者について、指定医による診察の結果、入院の必要があると判断した場合に限り、6月以内で入院期間の更新ができることとされた。不適切な長期入院を防止し、患者の人権を確保する趣旨からである。また、家族等が入院について同意・不同意の意思表示をしない場合にも、市町村長の同意があれば入院を可能とする改正が行われた。さらに、措置入院を厳格に適用するために、措置入院者の入院の必要性に係る精神医療審査会の審査が新設された。

福祉に関しても、令和4年改正としては、特筆すべきものとして入院者訪問支援事業が創設された。精神科病院において、外部との面会交流を確保することは、患者の孤立感を防ぎ、自尊心を高めるうえで極めて重要である。入院者訪問支援事業は、都道府県の任意事業となっているが、特に医療保護入院のような強制入院の場合、家族との音信がない患者には、医療関係以外の者との面会交流が途絶えてしまうことから、全国的に実施されることが望ましい。また、精神科病院における不祥事件としてしばしば話題になってきた虐待防止についても、新たに7か条を追加する法改正が実現した(219頁)。さらに地域共生社会の理念の下に、精神障害者等に対する相談支援体制を整備するといった改革が行われ、都道府県及び市町村が実施する精神保健に関する相談支援について、精神障害者のほか、生活困窮や虐待、いじめなどで精神保健に問題を抱える者を包括的に支援するための改正が行われた(231頁)。

かくして、令和4年の改正は、強制医療としての医療保護入院の見直しを図り、また、退院及び退院後の相談及び支援体制を整備するなど、画期的なものとなっており、今後は、精神障害者等が、地域で安心して暮らせる精神保健医療福祉体制を目指して、精神保健福祉法の一層の進化が期待される。

(4) 精神保健福祉法とは何か

以上、明治以降の精神障害者に関する法制度をたどりながら現行の精神保健福祉法について略述し、「精神保健福祉法とは何か」を明らかにしようと努めてきた。その結果、「精神保健福祉法とは、精神障害者の人権の擁護に配慮しつつ医療及び保護を行い、必要な場合にはこれを強制し、精神障害者の福祉の増進及び国民の精神保健の向上を図るための法律である」と要約することができる。この要約は、精神保健福祉法1条の目的規定に含まれているものであるが、現行の法律においては、依然として強制入院を中心とする医療及び保護が存続しているので、精神保健福祉法の本質としては、「強制」を外すことはできない。これから展開する法解釈を論ずる場合にも、将来はともかく、現行法は強制医療を前提とする法律であることを踏まえるべきであり、例えば、措置入院についての本人の同意の有無は、少なくとも現行法の解釈としては問題となりえないのである。

なお、現行法は、治療と予防という保健衛生法規（衛生法規）と、精神障害者の自立と社会参加の促進という障害者福祉法規（福祉法規）とが複合する法体系となっており、そのために法解釈が混乱しているところから、精神保健福祉法は、医療特に入院医療を受ける精神疾患の患者のみを対象とする「精神科処遇法規」として純化すべきであるといった見解が、かつては有力であった（岡崎伸郎編・精神保健・医療・福祉の根本問題（批評社、２００９。以下、「岡崎・根本問題」という。）30頁）。しかし、この提言は立法論であり、解釈論として取り上げるべき問題ではないように思われる。

一方、日本弁護士連合会は、１９７１（昭和46）年第14回人権擁護大会において、「医療にともなう人権侵犯の絶滅を期する」と宣言し、２０２１（令和３）年10月15日には、「精神障害のある人の尊厳の確立を求める決議」

を発表し、「精神保健及び精神障害者福祉に関する法律……は、精神障害のある人だけを対象として、精神障害があることを理由に、強制入院制度を設けた。期限のない施設隔離によって、その人の人生と尊厳を制約してきた。この法制度が精神障害のある人に対する差別偏見を規範化し、精神障害のある人は地域から隔離排除すべきとの誤った社会認識を構造化した」とし、「精神障害のある人に対する医療法・医療制度の抜本的改革」として、「①精神障害のある人だけを対象とし、緊急法理を超えて、本人の意思に基づかない入院を許す精神保健福祉法による強制入院制度を廃止し、廃止に向けたロードマップ(基本計画)を作成し、実行する法制度を創設すること。②精神科医療においても等しく適用される、患者の権利を中心にした医療法を速やかに制定し、インフォームド・コンセント法理を始め一般医療と同等の質及び水準の医療を提供することを確認し、その運用、周知のために必要な整備を行うこと」を提案している。この決議の核心は、措置入院及び医療保護入院等の強制入院を廃止することであり、これを支持する有識者やジャーナリストの数は多いと推測される。特に、精神科病院の入院患者の半数を占める医療保護入院の廃止に賛同する見解は、今日では有力となっている。

厚生労働省当局も、この点に配慮し、医療保護入院の見直しに関し、「精神障害者に対する医療の提供は、できる限り入院治療に頼らず、本人の意思を尊重することが重要であるが、症状の悪化により判断能力そのものが低下するという特性を持つ精神疾患については、本人の同意が得られない場合においても入院治療へのアクセスを確保することが必要であり、医療保護入院の仕組みがある」と述べられている(厚生労働省障害保健福祉部精神・障害保健部「精神保健福祉法の改正について」資料)。

本書においては、前記の諸見解を踏まえながら、現行の精神保健福祉法の条文の解釈論を、できるだけ体系的・客観的に展開したい。なお、条文の解釈にあたっては、精神保健福祉法に関連する政令、省令、告示、通達、通知、ガイドラインといった当局の見解を援用する必要がある。それぞれの内容については、Ｗｅｂページ等で調べてほしい。

5　精神科医療の国際的動向

(1) 脱施設化

強制入院中心の医療保護は、わが国固有のものであったわけではない。１９６０年代末までは、先進国の多くで、強制入院による医療が中心となっていた。精神障害者の病気を治し保護するためには、個人の自由を拘束してよいし、また、拘束すべきであるとするパターナリズム（恩情的干渉主義又は保護主義）が、この時代を支配していたのである。しかし、治療の面から見ると、決してバラ色に輝いていたわけではなく、むしろ施設収容による弊害が顕著になり、１９６０年代の終りころになると、諸外国において、精神障害者は十分な医療を受けられず、ただ病院に収容されているだけという状況が問題となった。こうした状況を背景として、精神科医療に法の光を当て、市民的自由の確保と患者を病院から解放しようとする脱施設化（deinstitutionalization）を図ろうとする機運が高まり、その傾向はアメリカにおいて特に顕著であったと思われる（高柳ほか・最新知識１６５頁）。アメリカでは、脱施設化を中心とする精神科医療の改革が行われ、危険な精神障害者に限って強制入院を認めることにしたため、治療を必要とする精神障害者がホームレス化し、家族に受難と混沌をもたらしたという批判もあったが、脱施設化の流れは少しずつ定着しつつあるといってよいであろう（川本哲郎・精神医療と犯罪者処遇（成文堂、２００２。以下、「川本・犯罪者処遇」という。）１５１頁、大谷實・精神科医療の法と人権（弘文堂、１９９５。以下、「大谷・法と人権」という。）62頁）。

(2) 精神科病院の廃止――バザーリア法

こうした脱施設化の流れは、ヨーロッパ諸国にも波及し、特にイタリアでは、１９７８年に「精神保健・福祉に関する法律」(通称「バザーリア法」)が制定されたのである。この法律は、憲法で保障された市民権に基づき、精神科の患者は自分の意思で医療を選ぶ権利があると規定し、公立の精神科病院の新設、既存の公立精神科病院への入院・再入院の禁止、公立精神科病院の段階的閉鎖を定め、精神障害者に対する医療も一般の医療と同じように行うべきであるとしたのである。そして、精神障害者の医療及び福祉は、原則として地域精神保健サービス機関で行い、治療は患者の意思で行われることとした。２０００年には、イタリア政府は精神科病院を完全に閉鎖し、患者が暴れたりする緊急やむを得ない場合のために、地域の一般総合病院に15床を限度に設置するが、そのベッドも地域精神保健サービスの管理下に置き、緊急時の場合に限り、強制治療を認めることとしたのである(朝日新聞２０１８年８月２日朝刊参照)。このようなラディカルな改革は、その後、地域の医療体制が整備されないため、医療の水準が低下し、本来入院を必要とする精神障害者がかえって増加し、病院の精神科治療も低下し、精神障害者が回転ドア式に精神科病院に出たり入ったりすることになり、また、刑務所に収容される精神障害者も増えてきたといわれている。しかし、その後、法律の改正が問題となったようであるが、現在もバザーリア法は廃止されていない。

(3) 障害者権利条約

バザーリア法が成立して40年以上経過するが、まだ完全に実現するには至っていないようである。しかし、基本的には精神科医療も一般の医療と同じように、インフォームド・コンセントの理念に即した医療の実施が求められるところから(前掲日本弁護士連合会２０２１年10月15日「精神障害のある人の尊厳の確立を求める決議」参照)、バザーリア法は、わが国においても検討に値するであろう。特に、２００６年12月に国連総会で採択され、２００８年に発効し、わが国も２０１４年に批准した「障害者の権利に関する条約」は、「すべての障害者によるあらゆる人権及び基本的自由の完全かつ平等な享有を促進し、保護し、及び確保すること並びに障害者の固有の尊厳の尊重を促進することを目的とする」(1条)とし、14条1項で「いかなる場合においても自由の剝奪が障害の存在によって正当化されない」と規定しているところから、今後の国際的動向に注目しておく必要がある。

第1章　精神保健福祉法の目的等

1　目的規定

以上、精神保健福祉法成立の経緯を述べ、また、本法成立とその後の改正の動向を明らかにしながら、精神保健福祉法とは何かについて検討してきたが、これからは、現在の法律の意味を明らかにする法解釈論を展開することとしたい。

(1) 趣旨

先ず、この法律の目的についての規定を見ると、その第1条は、「この法律は、障害者基本法（昭和45年法律第84号）の基本的な理念にのっとり、精神障害者の権利の擁護を図りつつ、その医療及び保護を行い、障害者の日常生活及び社会生活を総合的に支援するための法律（平成17年法律第123号）と相まってその社会復帰の促進及びその自立と社会経済活動への参加の促進のために必要な援助を行い、並びにその発生の予防その他国民の精神的健康の保持及び増進に努めることによって、精神障害者の福祉の増進及び国民の精神保健の向上を図ることを目的とする」と規定している。これによると、この法律の目的は、①精神障害者の権利の擁護を図りつつ、その医療及び保護を行うこと、②社会復帰の促進及びその自立と社会経済活動への参加の促進のために必要な援助を行うこと、③精神障害の発生の予防その他国民の精神的健康の保持及び増進に努めること、以上の3つの施策によって、㋐「精神障害者の福祉の増進」、及び㋑「国民の精神保健の向上」という2つの目的を実現するためのものであるということになる。

この規定は、精神保健福祉法が目指すべき目的を定めるものであるが、1950（昭和25）年の精神衛生法では、法の目的は、「精神障害者等の医療及び保護を行い、且つ、その発生の予防に努めることによって、国民の精神的健康の保持及び向上を図る」とするものであり、精神衛生法は、精神障害者の医療及び保護と発生の予防を目的とする法律であったといえる。これに対し、1987（昭和62）年の改正後の精神保健法では、「精神障害者等の医療及び保護を行い、その社会復帰を促進し、並びにその発生の予防その他国民の精神的健康の保持及び増進に努めることによって、精神障害者等の福祉の増進及び国民の精神保健の向上を図ることを目的とする」としていた。ここでは、施策内容として「その社会復帰を促進し」及び「その他国民の精神的健康の保持及び増進」が加えられ、法律の目的としては、「精神障害者等の福祉の増進及び国民の精神保健の向上」の2つが掲げられた（条解・12頁）。そして1995（平成7）年の改正により、精神障害者の「自立と社会経済活動への参加の促進のために必要な援助を行う」とする福祉政策の理念を加え、また、「障害者基本法の基本的な理念」にのっとり、「精神障害者の権利擁護を図りつつ」を加えて、現在の目的規定に至った次第である。

(2) 目的の内容

既述のとおり、精神保健福祉法第1条の目的を実現するための施策は、大きく3つに分けることができる。第1は、障害者基本法の基本理念にのっとり、「精神障害者の権利の擁護を図りつつ、その医療及び保護を行」うこと、第2は、障害者の日常生活及び社会生活を総合的に支援するための法律（障害者総合支援法）と相まって、

「精神障害者の社会復帰の促進及び自立と社会経済活動への参加の促進のために必要な援助を行」うこと、第3は、「その発生の予防その他国民の精神的健康の保持増進に努めること」である。そして、精神保健福祉法は、これらの施策によって、①精神障害者の福祉の増進、②国民の精神保健の向上という2つの目的を実現するための法律であるとするのである。ここで「障害者基本法の基本的理念」とは、「全ての国民が、障害の有無にかかわらず、等しく基本的人権を享有するかけがいのない個人として尊重される」(障害者基本法1条)ということである。この基本理念に即しながら医療及び保護を行い、精神障害者の福祉の増進と国民の精神保健の向上を図ることが、精神保健福祉法の目的であるとするのである。なお、ここでいう福祉の増進とは、①精神障害者に対し医療を行うこと、②精神障害者に対し保護を行うこと、③精神障害者の社会復帰を促進すること、④自立と社会経済活動への参加を促進することを内容とする。また、国民の精神保健の向上とは、①精神障害の発生の予防、②国民の精神的健康の保持・増進を内容とする。

(3) 解釈上留意すべき点

第1条の規定で解釈上留意すべき箇所を指摘しておくと、まず、「精神障害者」とは、第5条で定義されている精神障害者のことである。精神衛生法及び精神保健法では、「精神障害者等」とされていたが、1999(平成11)年の改正で44条に規定されていた「覚せい剤の慢性中毒者」に対する準用規定が廃止されて、「覚せい剤慢性中毒者」は5条の精神障害者に含まれることになったので、「等」は不要となったため削除された。次に、「精神障害者の社会復帰」とは、精神科病院に入院して一般社会から離れて生活していた者が、退院して再度一般社会の中で暮らすようになることである。さらに、法の目的としては、「精神障害者の福祉の増進」と「国民の精神保健の向上」という2つが掲げられているが、これについては、「精神保健施策の一環としての社会復帰の推進が、精神障害者の福祉に資するという意味合いで用いられたものである」(詳解・62頁)とする見解がある。確かに、精神保健福祉法の最終的な目的は、精神障害者の福祉の増進にあると解すべきであるが、しかし、それならば、「国民の精神保健の向上」を目的とすべきではなく、端的に「精神障害者の福祉の増進を図ることを目的とする」と規定すべきであろう。「精神障害者の福祉の増進及び国民の精神保健の向上を図ることを目的とする」とした条文の構成は、精神障害者の福祉の増進と国民の精神保健の向上という2つの目的を並列的に規定しているのだから、文理上の解釈としては、精神保健福祉法の目的として、「精神障害者」の福祉の増進と「国民」の精神保健の向上の2つの目的を認め、それら2つの目的を不即不離の関係にあるものとして捉えるのも不可能ではないと思われる。解釈論上、一考の余地のある規定である。

2 国・地方公共団体及び国民の義務

(1) 国及び地方公共団体の義務

精神障害者の福祉の増進及び国民の精神保健の向上を図るため、精神保健福祉法は、国及び地方公共団体に対する義務を課している。すなわち、同法2条は、「国及び地方公共団体は、障害者の日常生活及び社会生活を総合的に支援するための法律の規定による自立支援給付及び地域生活支援事業と相まって、医療施設及び教育施設を充実する等精神障害者の医療及び保護並びに保健及び福祉に関する施策を総合的に実施することによって精神障害者が社会復帰をし、自立と社会経済活動への参加をすることができるように努力するとともに、精神保健に関する調査研究の推進及び知識の普及を図る等精神障害者の発生の予防その他国民の精神保健の向上のための施策を講じなければならない」と規定している。この規定によると、精神保健福祉法は、国及び地方公共団体に対し、2つの義務を課している。

その1は、精神障害者に対する保健及び福祉の施策に係わるもので、国及び地方公共団体は、障害者総合支援法による自立支援給付等と相まって、医療施設及び教育施設を充実するなど、精神障害者の医療及び保護、保健及び福祉に関する施策を総合的に実施することによって、精神障害者が社会復帰をし、自立と社会経済活動への参加ができるように努力する義務である。ここで自立支援給付とは、一定以上の症状を有する精神疾患の治療のため通院医療が必要な者に対して、医療費支給認定を行い、医療費の自己負担額を軽減する公費負担制度のことである。また、地域生活支援事業とは、障害のある者の能力や適性に応じて、自立した日常生活又は社会生活をおくることができるように、自治体が中心となって実施する事業のことである。さらに、「医療施設」とは、精神科病院等の精神科医療機関のことであり、「教育施設」とは、特別支援学校等をいうが、これらを総合的に実施することによって精神障害者が社会復帰をし、自立と社会経済活動に参加することができるように、その能力や適性に応じて、自立した日常生活又は社会生活を送ることができるように、国及び地方公共団体は努力すべきであるとしたのである。

その2は、精神保健施策に関するものであり、精神保健に関する調査研究の推進及び知識の普及を図るなど、精神障害の発生の予防その他国民の精神保健の向上のための施策を講ずる義務である。現在、調査研究については、国立精神・神経医療研究センターに精神保健研究所が設けられているほか、厚生労働省の科学研究費による精神保健研究が行なわれている。地方公共団体の努力としては、都道府県及び指定都市の精神保健福祉センターにおいて、精神保健に関する調査研究が行なわれている。また、知識の普及としては、厚生労働省の精神保健福祉全国大会の開催や地方公共団体による普及運動が実施されている。なお、地方公共団体には、都道府県のみならず市町村及び東京都にある23の特別区も含まれる。

(2) 国民の義務

精神保健福祉法は、その目的である国民の精神保健の向上を図るため、国民に対する義務を課している。精神保健福祉法第3条は、「国民は、精神的健康の保持及び増進に努めるとともに、精神障害者に対する理解を深め、及び精神障害者がその障害を克服して社会復帰をし、自立と社会経済活動への参加をしようとする努力に対し、協力するように努めなければならない」と規定している。この法律の目的である「精神障害者の福祉の増進及び国民の精神保健の向上」を実現するためには、国民の一人一人がこの課題に取り組むことが不可欠であるとの趣旨から、国民に3つの義務を課している。

第1は、自ら精神的健康の保持及び増進に努める義務である。精神保健福祉法1条において、国民の精神保健の向上を図るために、精神障害の発生の予防その他国民の精神的健康の保持及び増進に努めることを定めており、これを受けて、国民の義務として、自らの精神的健康を保持・増進すべきことを明文化したものである。このような規定が設けられた背景としては、国際化、高度情報化、少子高齢化、人口減少といった社会の変化に国民各層が対応しきれず、その精神生活基盤を脆弱化させている事情がある。そこから生ずる精神保健をめぐる問題としては、ストレス障害、アルコール・薬物・ギャンブル依存、老人性認知症などが想定される。これらの諸問題の解決に当たっては、いずれも国及び地方公共団体が義務を負うべきであるが、国民自らも自覚的に精神的健康の保持増進に努めるべきであり、3条は、これを明文で定めたものである。

第2は、精神障害者に対する理解を深めることである。国民の間に、依然として、精神障害者に対する誤解や偏見及び差別意識が存在しており、こうした事態は、精神障害者の社会復帰を阻害するばかりか、精神障害者の人権擁護の点からも見逃すことはできない。こうした観点から、国民の義務として、精神障害者に対する理解を深め、誤解や偏見をなくし、不合理な差別意識を払拭すべきことを求めたのである。国民一人一人が、精神障害者についての正しい知識を身に着け、理解を深めない限り、精神障害者が障害を克服して社会に復帰することは困難だからである。

第3は、精神障害者が社会復帰をし、自立と社会経済活動への参加をしようとする努力に対し協力するように努める義務である。具体的には、グループホーム等の障害福祉サービスを行う事業所の整備、精神障害者の住む場所、働く場所、活動の場所を広げていくための努力を行う際、周囲の人々の誤解や偏見、非協力的な態度が障壁となる場合が多いと言われている。その意味で、精神障害者に対してのバリアフリー社会の実現のためには、心のバリアの除去が極めて重要となる(詳解・67頁)。

(3) 精神障害者の社会復帰及び社会参加への配慮

国民の精神保健の向上及び精神障害者の福祉の増進のためには、精神障害者の保健福祉策に関連する団体等の協力が不可欠である。この点に関し、精神保健福祉法4条1項は、「医療施設の設置者は、その施設を運営するに当たっては、精神障害者の社会復帰の促進及び自立と社会経済活動への参加の促進を図るため、当該施設において医療を受ける精神障害者が、障害者の日常生活及び社会生活を総合的に支援するための法律第5条第1項に規定する障害福祉サービスに係る事業(以下「障害者福祉サービス事業」という。)、同条第18項に規定する一般相談支援事業(以下「一般相談支援事業」という。)その他の精神障害者の福祉に関する事業に係るサービスを円滑に利用することができるように配慮し、必要に応じ、これらの事業を行う者と連携を図るとともに、地域に即した創意と工夫を行い、及び地域住民等の理解と協力を得るように努めなければならない」と規定している。

この規定は、精神科病院等の医療施設の設置者について、精神障害者の社会復帰の促進及び自立と社会経済活動への参加の促進を図るために、①医療施設の運営に当たっては、障害者総合支援法の規定する様々な障害福祉サービス等を円滑に利用できるように配慮すること、②相談事業その他の福祉に関する事業と連携を図ること、③地域住民等の理解と協力を得ながら、地域に即した創意と工夫を行うこと、以上の3点について、努力義務を課したものである。なお、精神障害者の社会復帰及び自立と社会経済活動への参加の促進を図るためには、国、地方公共団体、医療機関の連携は不可欠である。この点に関し、精神保健福祉法4条2項は、「国、地方公共団体及び医療施設の設置者は、精神障害者の社会復帰の促進及び自立と社会経済活動への参加の促進を図るため、相互に連携を図りながら協力するよう努めなければならない」と規定して、それぞれに努力義務を課している。

第2章　精神保健福祉行政と定義規定

前章では、精神保健福祉法の目的等について検討したので、本章では、同法の全体に及ぶ精神障害者の保健及び福祉を実現する行政組織を明らかにし、その上で、精神保健及び福祉の対象である「精神障害者」の意義及び精神障害者を支える「家族等」についての定義規定の内容を明らかにする。

1　精神保健福祉行政の仕組み――行政組織

精神保健福祉行政は、大きく2つに分かれる。その1は、精神障害者の医療及び保護を推進すること、その2は、精神障害者の社会復帰の促進及びその自立と社会経済活動への参加の促進のために必要な支援を推進することである(1条)。精神障害者が医師の診察を受け、入院して退院し、社会復帰するまでの行政上の支援が前者に当たり、また、社会に復帰し、仕事を探して生活するのは容易ではないところから、自立し、社会経済活動への参加のために必要な支援を行うのが後者に当たる。このような精神保健行政を担う行政組織としては、以下のものがある(平成29年度版・我が国の精神保健福祉61頁参照)。

(1) 国

精神保健福祉行政の国の組織としては、厚生労働省社会・援護局障害保険福祉部障害福祉課及び精神・障害保健課が主管課となっている。また、附属の研究機関としては、国立精神・神経医療研究センター精神保健研究所、審議会としては、社会保障審議会及び医師や歯科医師の行政処分を審議する医道審議会が設置されている。

これらのうち国立精神・神経医療研究センター精神保健研究所は、精神疾患、知的障害、発達障害及び精神保健についての調査研究及び技術者の研修を行う機関として、国レベルの精神保健に関する科学技術の中心的な役割を担っている。また、社会保障審議会は、厚生労働大臣の諮問に応じて、社会保障に関する重要事項を調査審議する。さらに医道審議会は、精神保健福祉法、医療法や医師法の規定及び権限に属する事項(例えば、医師国家試験委員に関する事項)、事件や医療過誤を起こした医師等についての行政処分に関する事項を調査・審議する審議会である。委員はそれぞれ30人以内で任期は2年であるが、必要に応じて臨時委員や専門委員を置くことができる。一方、精神障害者等の雇用の促進については、職業安定局が主管しており、障害者雇用促進法に基づき、統合失調症、躁うつ病(双極性障害)、てんかん等の患者に対する適応訓練及び一般の職業能力開発校における職業訓練を対象としている。

(2) 都道府県・指定都市

都道府県及び人口50万人以上の政令指定都市(現状では概ね70万人以上の20の都市)における精神保健行政は、衛生主管部局等の精神保健主管課が担当している。

(3) 精神保健福祉センター

精神保健福祉法6条1項は、「都道府県は、精神保健の向上及び精神障害者の福祉の増進を図るための機関（以下、「精神保健福祉センター」という。）を置くものとする」と規定している。この精神保健福祉センターは、精神保健及び精神障害者の福祉に関する知識の普及を図り、また調査研究を行うことを主たる業務とする機関であり、①精神保健、精神障害者の福祉に関する知識の普及及び調査研究を行うこと、②精神保健及び精神障害者の福祉に関する相談及び援助のうち複雑又は困難なものを行うこと、③精神医療審査会の事務を行うことを主な業務としている（同条2項）。

精神保健福祉センターは、精神保健福祉に関する総合技術センターとしての機能を有するものであり、精神科医をはじめ精神保健福祉士、公認心理師・臨床心理士、保健師、看護師、作業療法士といった専門技術職員が配置されている（平成25年4月26日障発0426第6号）。その業務は、①地域精神保健を推進するため、都道府県主管部局及び関係諸機関に対し、専門的な立場から、社会復帰の推進方策や地域における精神保健における精神保健福祉施策の計画的推進に関する事項を提案し、また、意見具申等をすること、②保健所、市町村及び関係諸機関に対し、専門的立場から技術指導・援助を行うこと、③関係諸機関の職員等に専門的研修等の教育研修を行うこと、④都道府県規模で一般住民に対し、精神保健福祉の知識、精神障害者の権利擁護等についての広報普及を行うこと、⑤精神保健福祉に関する調査研究や関係情報の収集を行うこと、⑥複雑又は困難な事例についての相談・指導などを実施すること、⑦地域住民の組織的な活動を推進するため患者家族会、社会復帰事業団体などの組織育成に努めること、⑧精神医療審査会の事務等を行うことなど、その業務は多岐にわたっている。なお、国は、都道府県が精神保健福祉センターを設置したときは、政令の定めるところにより、その設置に要する経費については2分の1、その運営に要する経費については3分の1を補助するとしている（7条）。なお、以下において「都道府県」としている場合は、特に断らない限り、政令指定都市が含まれていることを記憶され

表４　保健所における精神保健福祉相談の実績（延べ相談人員）

（単位　人）

	平成30年度（2018）	令和元（'19）	2（'20）	3（'21）	4（'22）
総数	1,352,380	1,368,073	1,364,770	1,270,696	1,229,016
来所相談	456,183	461,176	417,629	404,552	426,385
老人精神保健	11,279	11,394	9,914	10,045	10,536
社会復帰	155,602	148,746	117,554	119,225	133,847
アルコール	16,790	18,573	17,728	16,292	15,116
薬物	3,100	3,621	3,351	3,180	3,355
ギャンブル	1,577	2,350	1,822	2,093	2,729
ゲーム	…	453	497	457	591
思春期	8,040	10,999	7,942	8,115	9,357
心の健康づくり	65,318	64,658	63,949	63,969	63,192
うつ・うつ状態	…	…	11,250	16,916	18,743
摂食障害	1,724	1,491	1,576	1,270	1,406
てんかん	2,440	2,808	3,272	3,099	2,116
その他	190,313	196,083	178,774	159,891	165,397
電話相談	890,639	900,616	941,690	859,874	864,386
電子メール相談	5,558	6,281	5,451	6,270	8,245

資料　厚生労働省「地域保健・健康増進事業報告」

たい。

(4) 保健所

保健所は、地域保健法に基づき都道府県、政令指定都市、中核都市、その他政令都市、特別区が設置する機関で、各地域の精神保健福祉行政の中心的な役割を担っており、精神保健福祉法においても、しばしば登場する機関であり、全国468か所に設置されている。保健所は、公衆の衛生に関する関係法令に基づき、公衆の衛生や健康に関する法令の事務を処理する行政機関となっている。特に精神保健に関しては、地域住民の需要に応じ、広範な精神保健福祉サービス事業の中心を担う精神保健に関する第一線の行政機関である。その業務は、①精神保健福祉の実態把握、②精神保健福祉相談、③訪問相談、④患者家族の活動に対する援助と支援、⑤教育・広報活動と協力組織の育成にまで及んでいる。さらに、社会復帰及び自立と社会参加への支援、各種資源の整備促進や

表５　精神保健福祉センターにおける相談の実績(延べ相談人員)

(単位　人)

	平成30年度(2018)	令和元('19)	2('20)	3('21)	4('22)
総数	508,376	515,867	571,565	582,853	583,004
来所相談	131,777	125,164	117,958	101,656	100,774
老人精神保健	609	719	625	312	362
社会復帰	54,782	46,623	45,084	36,317	36,843
アルコール	4,438	4,014	3,625	3,767	4,176
薬物	5,701	5,905	5,711	5,035	4,680
ギャンブル	5,520	5,987	6,413	6,810	7,036
ゲーム	…	606	1,173	912	829
思春期	12,336	13,236	11,801	11,243	8,257
心の健康づくり	14,956	14,751	13,516	11,748	12,673
うつ・うつ状態	4,763	4,497	3,467	2,991	3,355
摂食障害	497	404	438	466	360
てんかん	92	99	130	68	91
その他	28,083	28,323	25,975	21,987	22,112
電話相談	373,860	387,754	449,842	477,499	477,931
電子メール相談	2,739	2,949	3,765	3,698	4,299

資料　厚生労働省「衛生行政報告例」

運営への支援、入院・退院の医療事務も担当している。精神保健や福祉をはじめ関係法令に基づく事務を処理するだけでなく、地域住民の需要に応じ、広範にわたる精神保健福祉サービスの徹底を図るため、必要に応じて相談・支援のための訪問を行う精神保健福祉相談員が配置されている。その任命権者は都道府県知事、政令都市の市長、特別区長又は保健所を設置している市(保健所政令市)の市長である。

(5) 市町村

精神保健福祉行政については、従来、障害者基本計画に基づき、都道府県及び保健所が中心となって行われてきたが、１９９４(平成６)年に制定された地域保健法に基づく基本方針において、精神障害者の社会復帰対策のうち、身近で利用頻度の高い福祉サービスは、市町村の保健センター等において保健所の協力を得て実施されることが望ましいとされた。また、１９９９(平成11)年の精神保健福祉法改正では、精神障害者居宅生活支援事業を市町村単位で実施すること、市町村が精神障害者福祉サービスの利用に関する相談・調整等や精神障害者福祉手帳、通院医療費公費負担の窓口になることといった規定が新設された。また、2006(平成18)年に施行された障害者自立支援法においては、自立支援を目的とした福祉サービスを住民に最も身近な市町村に一本化することになった。さらに、2022(令和4)年の精神保健福祉法改正において、精神保健に問題を抱える者に対する地域包括的相談支援においては、市町村を主体とする相談支援が定められた。このように、地域のケアを中心とする保健福祉体制を確立するために、市町村の果たすべき役割は、極めて大きいものとなっているのである。

かくして、基本的な住民サービスは住民に最も身近な市町村がこれを行うのが望ましいところから、精神保健福祉行政においても実施主体が市町村とされている場合が多くなってきている。精神保健福祉についての正しい知識の普及、相談支援の実施、精神障害者居宅生活支援事業(ホームヘルプ、ショートステイ、グループホーム。21頁)も、市町村単位で実施することとされている。さらに、障害者自立支援法においては、障害の種別とは関係なく、障害者の自立支援を目的とした福祉サービスの提供主体は、市町村に一元化された。市町村の実情に即した精神保健福祉業務の推進が期待される所以である。

2 定義規定

精神障害者に対する精神保健福祉は、国及び地方公共団体の行政によって実現されるところから、以上において、わが国の行政上の仕組みについて略述したが、本節においては、精神保健福祉法の全体に及ぶ「精神障害者」及び「家族等」に関する定義について解説する。

(1) 精神障害者の意義

(ア) 精神障害者とは

本書の冒頭で明らかにしたように、精神保健福祉法は、その目的を「精神障害者の権利の擁護を図りつつ、その医療及び保護を行う」としているところから、この法律の行政上の対象者は、「精神障害者」である。また、精神保健福祉法5条は、「この法律で「精神障害者」とは、統合失調症、精神作用物質による急性中毒又はその依存症、知的障害その他の精神疾患を有する者をいう」と規定している。この規定によると、精神障害者とは「精神疾患を有する者」のことであり、「統合失調症、精神作用物質による急性中毒又はその依存症、知的障害」は、その例示規定であるということになる。

例示の内容は、精神医学的概念として非常に難しいので、ごく簡単に説明すると、「統合失調症」とは、①幻覚や妄想などの認知上の障害とそれに基づく異常行動、②特有の思考障害、③自我意識の思考障害をいうものとされている。これを要するに、思考や感情がまとまらない状態が続く精神疾患のことである。また、「精神作用物質による急性中毒又はその依存症」とは、例えば、麻薬、覚せい剤による急性中毒の場合のように、使用中あるいは使用後に意識レベルや感情、言動などに障害が生じる疾患、あるいは止めたくてもやめられないという依存性の症状をいう。ただし、精神作用物質による急性中毒は、精神科医療の対象となる疾病を指すものであり、アルコールによる急性中毒のように内科的治療の対象となるものは該当しない。さらに、「知的障害」とは、先天的又は幼少期の原因によって知能の発達に遅滞が生じている者をいう。例えば、金銭の計算がうまくできない人のように、認知能力が遅れた状態でとどまっており、日常生活を送りにくい症状をいう。知的障害については、精神疾患に含まれないのではないかという疑問もあるが、意思疎通や感情の表現等に障害が表れるものもあり、に至っている。

精神科医療及び保護の対象とすべき例も見られるところから、精神疾患の範囲に入れるべきであるとされ、現在に至っている。

精神障害者の定義については、1950(昭和25)年の精神衛生法以来変遷がみられた。精神衛生法では、「精神病者(中毒性精神病者を含む。)、精神薄弱者及び精神病質者」と規定されており、精神障害者はこれら3つに限られることとされた。また、精神保健法も精神衛生法の規定をそのまま受け継いだ(3条)。しかし、その後における医学用語の変遷により、医療現場や医学教育では、「精神病」は重症の病態に限定して用いられるようになったことから、1993(平成5)年の改正法は、「精神分裂病、中毒性精神病、精神薄弱、精神病質その他の精神疾患を有する者」と改め、医学上の明確な概念である「精神疾患」の用語を使うこととされたのである。また、1999(平成11)年改正において、精神病者には中毒性障害者も含まれるとした規定を改め、精神障害者とは、「精神疾患を有する者をいう」とし、その例示として、精神分裂病、精神作用物質による急性中毒又はその依存症、知的障害、精神病質が入れられた。

なお、精神分裂病は、全国精神障害者家族会議が、精神分裂病という呼称は、「人格又は、精神が分裂する病気」という印象を与え、人格否定的であって、本人に与える印象もよくないという趣旨から、日本精神神経学会にその変更を要望したのが契機となり、また、統合失調症という呼称が関係する医学会等で定着したところから、2005(平成17)年に「統合失調症」と改められたのである。また、2022(令和4)年の改正では、例示された「精神病質」が削除されている。

(イ) **精神疾患の意義**

精神障害の内容である「精神疾患」とは、精神上、心理上及び行動上の異常や機能障害によって、生活する上

《精神疾患》 国際疾病分類第9版	《精神疾患》 国際疾病分類第10版	《精神疾患》 措置入院判定基準告示	手帳判定基準通知
器質精神病 (例) ○老年痴呆 ○アルコール精神病 ○薬物精神病	症状性を含む器質性精神障害	○症状性又は器質性精神障害	○器質精神病 ○てんかん
	精神作用物質使用による精神及び行動の障害	○中毒性精神障害	○中毒精神病
その他の精神病 (例) ○精神分裂病 ○躁うつ病	統合失調症，統合失調症型障害及び妄想性障害	○統合失調症圏	○統合失調症 ○非定型精神病
	気分[感情]障害	○躁うつ病圏	○躁うつ病
神経症，人格障害及びその他の非精神病性精神障害 (例) ○神経症 ○精神的諸要因による身体的病態 ○児童期と青年期に特殊な感情障害 ○人格障害	神経症性障害，ストレス関連障害及び身体表現性障害	○心因性精神障害	○その他の精神疾患
	生理的障害及び身体的要因に関連した行動症候群		
	小児〈児童〉期及び青年期に通常発症する行動及び情緒の障害		
	詳細不明の精神障害		
	成人の人格及び行動の障害	○精神病質	
知的障害 [精神遅滞]	精神遅滞〈知的障害〉	○知的障害	(知的障害を除く)
	心理的発達の障害		

図1　精神疾患の範囲と分類(詳解・74頁による)

での能力が相当程度の影響を受けている状態を表わすものとして、医学上定着している用語である。したがって、疾病概念における「精神疾患」の用語を使って精神障害の概念の明確化を図った5条の定義規定は、適切であった。精神障害の概念は、個々の制度や条文によって異なってもよいとする考え方が有力であったが（大谷實・精神保健福祉法講義（第3版、成文堂、2017。以下「大谷・講義」という。）36頁）、医学上の疾病概念である「精神疾患」の語を用いることによって、精神障害者の範囲が明確になった。例えば、通院患者と入院患者とは、精神障害の内容・程度は異なるけれども、どちらも精神疾患を有する点では変わりはないことになる。その意味で、精神保健福祉法における精神障害者の定義は、「精神障害者」の外縁を提示したものと言ってよいであろう（詳解・75頁）。

現行法においては、当初、「精神病質」が例示されていたが、前記のように2022年の改正で「精神病質」は削除されている。削除された理由は不明であるが、精神病質は人格障害とも称されており、精神医学上、必ずしも「精神障害」には該当しない場合があり得るとの理由からであるとも考えられる。現行の精神障害者の定義規定をめぐっては、①神経症を含ませるべきか、②知的障害は精神疾患に当たらないのではないか、③単に「精神疾患」と規定するだけでは対象範囲を確定できないのではないかといった異論が唱えられてきた。神経症が精神疾患に含まれることについて現在異論がなくなったとしても、知的障害は明らかに疾患名ではなく障害名であり、それを精神疾患の例示とするのは問題だとする有力な見解もある（岡崎・根本問題40頁。なお、「2017年度・精神保健医療福祉白書」167頁参照）。精神病質を定義規定から削除した以上、知的障害についても削除すべきであるかも知れない。

(2) 家族等の意義

(ア) 最新の改正

「家族等」の定義は令和４年改正前の33条２項に規定されていたが、この用語は、医療保護入院に関する規定を中心に使われているだけでなく、精神保健福祉法第６章第２節「相談及び福祉」(47条以下)においても多用されているところから、33条２項の規定を修正の上、定義として５条に置かれたものである。すなわち、精神保健福祉法５条２項は、「この法律で「家族等」とは、精神障害者の配偶者、親権を行う者、扶養義務者及び後見人又は保佐人をいう。ただし、次の各号のいずれかに該当する者を除く。①行方の知れない者。②当該精神障害者に対して訴訟をしている者又はした者並びにその配偶者及び直系血族。③家庭裁判所で免ぜられた法定代理人、保佐人又は補助人。④当該精神障害者に対して配偶者からの暴力の防止及び被害者の保護等に関する法律(平成13年法律第31号)第１条第１項に規定する身体に対する暴力等を行った配偶者その他の当該精神障害者の入院及び処遇についての意思表示を求めることが適切でない者として厚生労働省令で定めるもの。⑤心身の故障により当該精神障害者の入院及び処遇についての意思表示を適切に行うことができない者として厚生労働省令で定めるもの。⑥未成年者」と規定している。新たに４号が加えられ、改正前の33条２項４号と５号が５号と６号となったのである。

(イ) 内容

ここにいう「家族等」とは、現在までのところ、精神障害者の①配偶者、②親権を行う者、③扶養義務者及び④後見人又は⑤保佐人をいう。この規定の「家族」に当たる者は、①から③であり、「等」に当たる者が④と⑤である。「配偶者」とは、法律上の配偶者のことであり、内縁又は事実婚の配偶者は含まれないと解されている。また、親権とは、父及び母が未成年の子に対して行う身分上又は財産上の監督又は保護を内容とする権利義務の総称である(民法８１８条以下)。父母が離婚していない限り、父母が共同して行う親権者となる。また、扶養義務者とは、祖父母や父母、子や孫といった直系血族及び兄弟姉妹のように、法律上当然に扶養する義務を有する者のほか、例えば、叔父又は叔母といった3親等内の親族のうち家庭裁判所の審判によって扶養義務が生ずる者をいう。これらの近親者が「家族」に当たり、後見人、保佐人が「等」に当たる。ここで後見人とは、法的な支援を行うことを通じて、判断力が著しく不十分な人の生活を助け、また、法的な権利の擁護を図るために、家庭裁判所が選任した人のことをいう（民法7条、8条）。また、保佐人とは、判断能力が著しく不十分な人（被保佐人）の権利や財産を守るため、被保佐人が財産上の重要な行為をする際に、それが被保佐人の利益に適うかどうかを判断して同意を与えたり、同意を得ずに被保佐人が単独でした行為を後から取り消したりするために裁判所で選任された人をいう（民法11条、12条）。家族と同様、精神障害者の面倒を見ることが求められる。

(ウ) 家族等の欠格事由

精神保健福祉法5条2項は、①行方の知れない者、②当該精神障害者に対して訴訟をしている者、又はした者並びにその配偶者及び直系血族、③家庭裁判所で免ぜられた後見人、保佐人又は補助人、④当該精神障害者に対して配偶者からの暴力の防止及び被害者の保護等に関する法律に規定する身体に対する暴力等を行った配偶者その他の当該精神障害者が入院及びその処遇についての意思表示を求めることが適切でない者として厚生労働省令で定めるもの、⑤心身の故障により当該精神障害者の入院及び処遇についての意思表示を適切に行うことができない者として厚生労働省令で定めるもの、⑥未成年者について、これらの者は、形式的に家族等に該当しても、家族等としては扱われない。これを家族等の欠格事由という。

ここで①の「行方の知れない者」とは、行方不明者のことである。②の「精神障害者に対して訴訟をしている者」とは、当該の精神障害者と裁判で争っている当事者のことであり、原告としてか被告としてかは問われない。

また、相手方当事者の法律上の配偶者及びその親等の直系血族も家族等からは除外される。③の補助人とは、保佐人の場合よりは被補助者の能力は高いが不十分である場合に家庭裁判所の審判で定められるものであるが（民法15条、16条）、後見人、保佐人と併せて、その職務を家庭裁判所で免ぜられた場合は、家族等には含まれない。⑤は、例えば、高齢のために適切な判断が困難な者は、家族等から除外される。⑥は、18歳未満の者である。未成年者も家族等から除外される。

第3章　医療契約と強制医療

医療は、法律上、医師と患者の契約に基づいて行われることになっており、精神科医療においても通院医療は契約に基づくものであるが、精神保健福祉法上の医療は、強制医療又は非自発医療が中心となっている。そこで、本章では、一般の医療契約の内容を検討しながら、精神保健福祉法は、どのような考え方で強制医療制度を採っているかを明らかにする。

1　一般の医療と精神科医療

(1) 精神科医療とは

精神科医療に関する条文の規定を見ると、精神保健福祉法においては、第1条の目的規定をはじめとして、医療と保護がセットになっているが、その理由については後述することにして、まず、精神科医療について考えてみると、医療とは、広い意味では人間の健康の維持や回復・増進を目的とする諸活動のことであるが、狭義では、医師による人の疾病の診察及び治療(診療)を内容とする業務のことである。精神科医療は、精神障害者を対象とする医療のことであるが、基本的には、一般の医療と変わるところはない。したがって、精神科医療の中身が人の健康にとって負担となる侵襲を伴う場合には、①医師が行うこと（医師法17条）、②人の疾病の治療・軽減、疾病の予防にとって必要であり相当な行為であること（医学的適応性）、③当該の診療行為が医学上一般に承認されていること（医術的正当性）、④医師の説明と患者の同意（インフォームド・コンセント）、これらの4つの要件を充たして、初めて法律上正当なものとなるのである。精神科のクリニックや病院に通院している場合、担当の医師は、この要件の下に診療を行っているのである。

ちなみに、精神疾患の患者総数は、２０２０（令和2）年の統計によると、総数約６１５万人であり、そのうち入院している精神障害者は約27万人である。約５８８万人の精神疾患の患者は通院しており、通院医療の患者は内科や外科の患者と同様の仕方で医療を受けている。そして、通院患者は、今後ますます増大することが予想されるところから、通院医療を受ける場合の法律要件及び効果についての知識を身に付けることが大切であり、また、このことは入院医療についても意義がある。医療とは何かについて、以下に概説する所以である。なお、通院医療については、かつて精神保健福祉法に規定されていたが、２００６（平成18）年に施行された障害者自立支援法において、自立支援医療の中の精神通院医療として規定されており、精神保健福祉法から削除されている。

(2) 契約としての医療

上記のように、精神科医療も基本的には一般の医療と異なるところはなく、医師の診療は、患者の申込と医師の承諾という医療契約に基づいて行われる。医は仁術といわれた時代には、患者と医師の関係は法律上の権利義務関係とは見られなかった。しかし、憲法13条の個人主義又は個人の尊重の原則が国民の間で定着するに伴って、患者の意思ないし自己決定が重視されるようになり、医師と患者の関係を契約（権利義務）関係と解する見解が有力となり、裁判所もこの考え方を認めるようになった。医師は、医師法という法律によって「医療に従事する医師は、診療治療の求があった場合には、正当な事由がなければ、これを拒んではならない」として、医師の国民一般に対する行政上の義務として診療義務（応召義務）が課されているけれども、個々の患者については、患者の診療の申込と、それに対する医師の承諾という事実に基づく権利義務関係と解されるようになったのである（大谷實・医師法講義（成文堂、２０２３）46頁）。

ちなみに、個人の診療所の場合は別として、病院における医師は、ほとんどが勤務医であり、医療契約での当事者は、患者の申込を引き受けた医師ではなく、病院の開設者又は理事長ではないかという問題がある。個人の開業医である場合は、契約の当事者は患者本人と診療を担当する医師であるが、病院等の医療機関の場合には、患者の診療の委託を受けるのは病院の開設者又は管理者であるという判例もあり、担当の医師は、法律上契約の単なる履行補助者にすぎないとも考えられる。しかし、契約の内容としての医療は、担当の医師が主体的に判断して行うのであるから、担当の医師を履行補助者とするのは医療の実態に合わない。医療契約の主体は、担当の医師と患者であることを銘記すべきである（内田貴・民法Ⅱ債権各論第3版（東京大学出版会、２０１１）３０１頁）。

(3) 契約の内容

精神状態が芳しくないと悩んでいた青年が、精神科病院又は診療所を訪れ、受付で健康保険証（被保険者証）を呈示して診療の申込をし、診察室に入って医師の問診が始まり診断を下し、それに患者が応じ段階で医療契約は成立する。医療契約においては、患者は医療を医師に任せる、又は委ねるところから、契約の性質は医療という業務を委託する契約であり、民法が定める準委任契約である（民法６５６条）。準委任契約というのは、特定の業務（事務）の遂行を相手方に委託（依頼）する契約のことである。これと類似する契約として請負契約（同法６３２条）があるが、医療契約が請負契約と異なるのは、業務の遂行自体を目的とするものであり、結果や成果物（例えば、請負契約における建造物）の完成については、責任を問われない点である。なお、患者が17歳の未成年者である場合は、自ら医療契約を結ぶことはできないから、親権者である父親または母親が本人に代わって契約を結ぶことになる。

医療契約においては、患者は医師に病気を治してほしいから診療を申し込むのだが、しかし、現代医学を最大限に駆使して最善の手段を尽くしても、患者の個体にばらつきがあったり、病因が確定できなかったり、さらには難病などのために完治できない場合がある。精神科医療においては、特に完治が困難とされてきた。したがって、確実に予測できない疾病について、治癒又は完治を約束することは、ほとんどの診療の場合、医師にとっては無謀というほかはない。医師が医療を引き受ける場合、疾病の治癒を確定的に約束するわけではなく、完治に向けて医学及び医療技術に基づいて適切に治療することを約束するに過ぎないのである。医療契約に基づく医師の債務は、建築の請負契約のように、内容が確定している結果の達成を実現する義務つまり結果債務ではなく、患者が期待する疾病の完治という結果に向けて、適切に治療を行うことを内容とする義務つまり手段債務である。適切な治療の結果、治らないからといって損害賠償を求めるのは無理なのである。

(4) 契約の効力

(ア) 善管注意義務

医療契約が成立すると、医師は適切な医療を行う義務が生ずるのであるが、何を基準として適切というのかは大変難しく、これまで医事法学界等では様々な議論が展開されてきた。しかし、民法という法律では、「受任者は、委任の本旨に従い、善良な管理者の注意をもって、委任事務を処理する義務を負う」（民法６４４条）と規定されている。ここでいう義務を善管注意義務という。これは「善良な管理者としての注意義務」を略したものであるが、言い換えると、当該職業又は地位にある人に通常要求される程度の注意義務のことである。今日ではこの善管注意義務は、民法上の大原則となっており、医師は診療を行う場合、患者から委ねられている治療という業務を、善良な管理者の注意をもって、言い換えると善良な医師としての注意を払って医療を行う義務を負うことになる。

ここで「善良な」とは、一般の医師又は通常の医師として「最善の注意を尽くして」という意味である。精神科の医師は、例えば、外来の患者に対し、新しく開発された向精神薬を処方する場合にも、医学及び医学常識で認められた種類及び適正な量を処方する善管注意義務が課される。診断や治療あるいは薬の処方といった医療行為は、医学上一般に承認されている方法で行われるということを、医術的正当性といい、医術的正当性を欠いている医療行為は違法であり、それによって患者に損害を与えた場合は、不法行為として損害賠償責任（民法709条）を負わなければならないのである。

(イ) 診療報酬請求権

医師は、医療契約に基づいて適正な診療を行う義務を負うことになるが、患者に対しては、契約に見合った診療報酬又は医療費請求権を取得する。ただし、各種の社会保険制度によって、医師は患者からの診療報酬を全額請求する権利すなわち債権は取得しない。いうまでもなく、1961（昭和36）年に導入された国民皆保険制度の下では、次頁の概念図で紹介しているように、健康保険法、船員保険法、各種共済組合保険法の適用を受ける職域保険又は地域住民が適用を受ける地域保険等により、診療報酬の大半が現金で支給される仕組みになっており、保険医が健康保険の適用を受ける患者について、初診料及び患者の所得に応じて診療報酬の3割ないし1割を求めうるにすぎない。精神科の外来の患者については、通院医療費のうち、精神障害者本人の自己負担額を除いた

保険診療の概念図

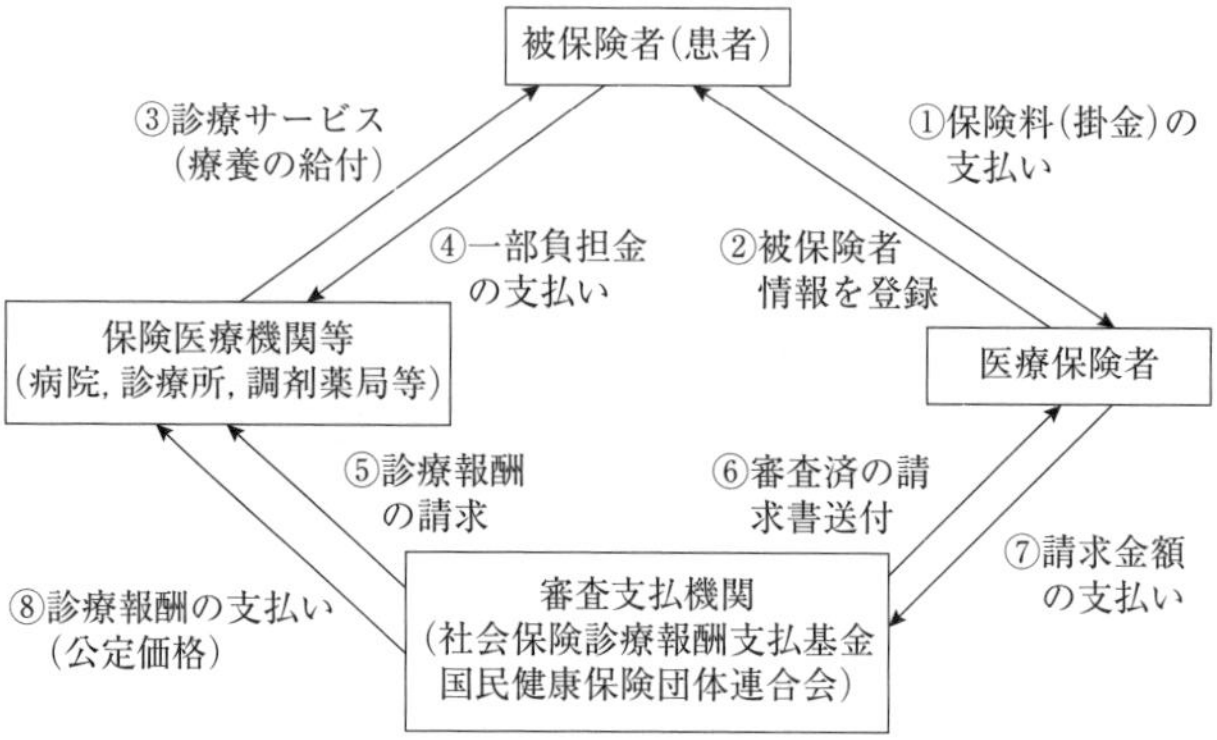

医療保険制度の概要

		被保険者	保険者	受診の際の自己負担	財源
職域保険(被用者保険)	健康保険	一般被用者等	全国健康保険協会	3割ただし,未就学児2割 70歳以上の者2割(現役並み所得者は3割)	保険料(本人・使用者) 国庫負担・補助(給付費の16.4%)
			各健康保険組合		保険料(本人・使用者)
	船員保険	船員	全国健康保険協会		
	国家公務員共済組合	国家公務員	各省庁等共済組合		
	地方公務員共済組合	地方公務員	各地方公務員共済組合		
	私立学校教職員共済	私立学校教職員	私立学校振興・共済事業団		
地域保険	国民健康保険	一般国民(農業従事者・自営業者等)	各都道府県 各市町村		保険料(一世帯当たり) 国庫負担・補助(給付費の41%)

図2　保険診療の概念図と医療保険制度の概要(『国民衛生の動向』71巻9号(2024)208-209頁)

額を支給することになっている。そして、本人の自己負担額が1割を超える場合にも自己負担は1割となっている（障害者総合支援法58条）。病院又は診療所の窓口で、通院医療費の1割を支払えば足りるのである。例えば、かかった通院医療費が7000円の場合、公的保険の自己負担分が3割として2100円であるが、自立支援医療費の場合は医療費総額の1割であるから、700円を支払えば足りることになっている。こうして、通院医療費自立支援制度による通院医療費の軽減は、精神疾患の早期発見、早期治療に寄与しているのである。

(ウ) インフォームド・コンセント――説明と同意

医療における診察及び治療は多岐にわたっており、①問診、視診、聴診、血液反応検査、検体検査、X線写真、CT・MRI等の画像診断、心電図、超音波等の生理検査などによる診断過程を経て、②投薬、内視鏡治療、カテーテル治療、外科手術等の治療を実施し、③予後としてのリハビリテーションなどが行われる。精神科医療においても、診察や検査が行われ、その結果に基づき精神疾患についての診断をし、疾患や症状に応じた薬物療法を中心に医療が行われる。

医師は、患者との医療契約に基づき診察及び治療を行うのであるが、前記の医療行為は、多かれ少なかれ患者の人身にとって危険な行為（医療侵襲）である。したがって、憲法13条の幸福追求権に基づく自己決定権を基礎として、患者の同意がない医師の医療行為は、専断的医療行為として違法となるのである。医療契約が成立しているからといって、それだけで診療が許されるものではない。患者が納得して診療を受けられるように説明し、患者の同意を得て診療を行うべきではないか。人体に有害な行為ではあるが、それによって病気がよくなるという利益と、その行為に伴って生ずる健康への有害性を示すといった治療に関する十分な情報を提供し、患者の主体的な判断を促す手続として医師に説明義務を課し、患者の同意を得て診療を実施させる。

このように、医師が患者の病気や容態、検査や治療の内容、処方される薬について、十分な説明をし、患者がその内容を理解し、納得した上で同意することをインフォームド・コンセント（informed consent）という。その意味は、医師の説明に基づいて患者が納得し、同意した上で治療を受けるということであるから、本書では、以後、インフォームド・コンセントを「説明と同意」と言い換える場合がある。しかし、医療行為にはこの説明と同意が不可欠であり、医療契約は成立していても、投薬とか手術といった個々の医療行為については、医師の説明によって患者が納得して同意しない限り、その医療行為は専断的治療行為として違法となり、不法行為（民法709条）として、損害賠償の責任が発生する場合もある。また、傷害罪（刑法204条）又は強要罪（223条）として処罰されることもあり得る。こうして、今や説明と同意の法理は、法律家によって承認され、裁判所も認めるようになり、病名の告知や治療の内容、薬の飲み方、療養の仕方等を説明する必要があるとされてきている。

(エ) 精神科医療における説明と同意

精神科医療においても、例えば電気ショック療法を実施する場合のように、行為の性質が人の心身に侵害をもたらすときは、医学的適応性、医術的正当性及び十分な説明と患者の同意の要件を満たす必要がある。しかし、十分な説明をしたのに、精神障害者としての患者が同意しない場合、あるいは医師の診療を拒否している場合はどうするか。

この点については、多くの見解が主張されてきたが（例えば、町野朔「患者の自己決定権とその能力」精神医学35巻8号（1993）883頁、前田雅英「自己決定権はどこまで患者を守れるか」法と精神医療10号（1996）96頁）、意思能力又は判断能力を有している精神障害者が、十分な説明を受けても納得せずに同意しない以上、専断的医療行為として違法というほかないであろう。精神障害者の医療及び保護のためには、同意のない医療行為も必要であるとする見解もあるが、しかし、この問題で重要なことは、精神障害者であっても意思能力又は判断能力がある人は多いということである。ここで意思能力又は判断能力というのは、自分の行為の結果について判断する能力のことであり、具体的には、「医師の説明を理解し、治療を受けるか否かを判断する能力」あるいは「患者本人において自己の状態、当該医療行為の意義、内容及びそれに伴う危険性について認識しうる程度の能力」である。

精神保健福祉法5条は、精神障害者を定義して、「精神疾患を有する者」としているが、精神疾患にも程度があり、軽症の者は自分の行為の性質を理解し、判断して意思決定をすることができることは言うまでもない。通院患者の多くは、正常な判断力を有しており、また、自らの意思で精神科病院に入院している任意入院の患者、あるいは強制的に入院させられている患者でも、ある程度落ち着いてきた段階では、意思能力又は判断能力を有する場合がありうる。このような正常な判断ができる者については、精神障害者であっても個々の医療行為における説明と同意の大原則を否定することはできない。

医療及び保護のためには、当該の精神科治療が必要不可欠であるとしても、患者自身がその治療を拒否している以上、その自己決定は尊重されなければならない。医師の治療行為に対する患者の自己決定は、既述のように幸福追求権または包括的基本権として憲法13条が保障するものだからである。かくして、一般の治療行為において必要とされる①病名を含む診療の結果、②実施しようとしている治療の目的、③治療の見込み期間、④治療に伴う危険(副作用など)、⑤治療の選択肢などについて、十分な説明をしたのに、当該の患者が同意しないときは、医師はその治療を断念しなければならないのである。

(オ) 意思能力が認められない場合

こうして、意思能力又は判断能力を有する精神障害については、患者の自己決定権を認め、説明と同意(インフォームド・コンセント）の法理を適用しなければならない。これに対し、当該の精神障害者が、重い精神障害のために意思能力又は判断能力を有していない場合、医師は、本人の医療又は保護のために本人の意思に反してでも治療を行い、病気を治して社会復帰を図る必要がある。本人の意思に基づかない医療、いわゆる強制医療又は非自発的医療が認められるのは、そのためである。精神保健福祉法は、まさにそのための法律であると言っても過言ではない。

ただし、ここでは2つのことに注意しておきたい。一つは、意思能力又は判断能力の存否を決めるのは誰かという点である。この点に関する法の規定は見当たらないが、診療の現場においては、担当の医師又は主治医というほかはなく、医師は、医学及び医療技術上の知見に基づいて判断すべきである。もう一つは、精神障害者の意思能力の発現は、治療の状況又は段階において絶えず変動するから、どの段階で意思能力の有無を医師が判断するかという点である（白井泰子「精神障害者にとってのインフォームド・コンセントの意義」精神医学34巻12号（1992）294頁）。意思能力・判断能力については異論があるが、現時点では、担当の医師が診療についての説明をし、それを患者が聞いた段階での患者の反応を観察した段階で判断すべきであろう。なお、意思能力がない患者については、適切な治療である以上は、患者への説明は不要であるとの見解もあるが、患者への説明は良好な治療関係を醸成する点で意味があるところから、興奮状態といった場合を除き、原則として説明をすべきである。

2　精神科医療の特質

(1)　意思能力又は判断能力の欠如と強制入院

精神保健福祉法で定められている精神科医療は、入院医療としての任意入院（20条）、措置入院（29条）、緊急措置入院（29条の2）、医療保護入院（33条）、応急入院（33条の6）の5種類である。精神科医療の検討においては、特に入院の形態が重要な課題となるので、ここで簡単に紹介しておくと、①任意入院とは、精神障害者本人が自らの意思で精神科病院に入院すること、言い換えると本人の同意に基づいて入院させることである。②措置入院とは、2人以上の精神保健指定医の診察により、精神障害者であり、医療及び保護のために入院させなければ、自身を傷つけ他人に害を及ぼすおそれ（自傷他害のおそれ）があると判断された場合、都道府県知事の権限で強制的に入院させることである、③緊急措置入院とは、自身を傷つけ他人に害を及ぼすおそれがあるか、又はその疑いがある精神障害者について、急速を要するため1人の精神保健指定医の診察により、72時間を限って都道府県知事が入院させることである。④医療保護入院とは、医療及び保護のために入院が必要であるが、本人が入院に同意しない場合、精神保健指定医の診察の結果、入院が必要であると認められた者であって、家族等の同意が得られたときは、精神科病院の管理者がその者を強制的に入院させることである。最後に、⑤応急入院とは、精神障害者の同意は得られないが、精神保健指定医の診察の結果、直ちに入院させなければ医療及び保護の上で、著しい支障があると認められた者につき、精神科病院の管理者が強制的に入院させることである。

前記の入院形態を見ると、任意入院を除いて、いずれも患者の同意に基づかない入院つまり強制入院又は非自発入院である。また、任意入院は、医療における同意原則の影響を受けて導入された入院形態であり、「本人の同意に基づく入院」ではあるが、本人から退院の申出があったとき、精神保健指定医による診察の結果、入院を継続する必要があると認めたときは、72時間に限り、退院の自由は認められていないのである（21条3項。111頁）。

このように、わが国の精神科医療は、「本人の同意」に基づかない強制入院医療であることを特色としている。その理由は、精神障害者は、精神疾患のため病識を欠いており、意思能力又は判断能力が十分でないため、自分にとって利益となる医療を主体的に受け入れる能力を欠いている場合があり、①本人の利益を守るためには、その意思に反してでも医療を加える必要があること、②自分の権利を守ることができない場合には、その権利の確保のために自分以外の者による保護を必要とすること、これら2点において、精神科医療は、一般の医療と区別されるのである。患者の同意によらない、いわゆる強制入院又は非自発入院が認められ、あるいは一般の医療では問題とならない「保護」が必要となるのも、精神科医療の前記のような特質に由来している。最高裁判所も、「他の疾病とは異なり、精神障害者においては、本人に病気であるとの認識がないなどのため、入院の必要性について本人の適切な判断をすることができず、自己の利益を守ることができない場合がある」と判断して、強制入院を合憲とし、今日に至っている。

精神科医療は、患者本人の同意に基づかない強制的な入院医療を認める点で一般の医療の大原則に反したものであり、憲法13条の定める個人主義、幸福追求権、あるいは自己決定権に係わるものであるだけに、常に「精神障害者の権利の擁護を図りつつ」医療及び保護が行われなければならない(精神保健福祉法1条)のである。

(2) 保護の意義

すでに明らかなように、精神保健福祉法においては、一般の医療では余り問題とされない「保護」が、「医療」と並んで規定されている。すなわち、「医療及び保護」と規定するものとしては、5章の見出し、1条、2条、28条の2、29条、33条、33条の6か条があり、また、「医療又は保護」とするものとしては、36条がある。さらに、「診療及び必要な保護」(22条)、「本人の保護」(22条、28条)といった形で規定しているものも見られる。このように、「保護」は、精神保健福祉法上多用されているが、その意義については、これまで十分に論じてこられなかった。

思うに、ここで「保護」とは、精神障害者の安全や利益を守るために行われる措置のことであり、具体的には、①精神障害者に必要な治療を受けさせるための措置を採ること、②自らを傷つけ他人を害することがないように看守・監督すること、③無断で精神科病院を退去した場合、精神障害者の安全を守るために探し求めること、④財産上の保護を行うこと等がありうる。しかし、「医療及び保護」における「保護」は、医療に付随して採られる患者の利益を守るための措置のことであるから、例えば、精神科病院に入院中の患者の行動制限は、医療には当たらないけれども患者を守る措置として「保護」に当たる。いわゆる社会的入院の場合も「保護」に当たるであろう。これらの保護的措置も、患者の利益を守るために強制的に行う必要があるところから、保護的観点から加える医療的措置も精神科医療の一部と解すべきである。

(3) 医療及び保護の強制

医療は、本来、医療契約に基づいて行われるべきところ、精神科の医療及び保護については、患者の意思又は自己決定を要件としない場合も適法とされている。言い換えると、医療は、同意原則に基づき、患者の意思又は自己決定に基づいて行われるべきであるが、現行の精神保健福祉法は、「医療及び保護」のため診療する必要があるときは、本人の意思に反して医療及び保護を行うことができるという立場を採っている。もとより、精神障害者に対する医療及び保護は、できる限り強制入院に頼らず、本人の意思を尊重することが重要であるが、病状の悪化のために判断能力が低下するという特性を持つ精神疾患については、本人の同意が得られない場合においても、精神保健指定医の診察や精神医療審査会の審査に基づき、適切な診療を確保することが必要であるとして、現行法は、強制医療を大幅に認めることにしたのである。強制医療の是非については、精神衛生法時代から論じられ、今日においても争いのあるところであるが（横藤田誠「非自発入院制度と人権」法と精神医療37号（2023）

119頁)、精神保健福祉法の個々の規定を解釈するに当たっては、前記の点に充分留意する必要がある。

3　強制医療の正当化根拠

(1) ポリス・パワーとパレンス・パトリエ

前記のように、精神科医療は一般の医療とは違って、「強制又は非自発」の考え方を必要とするのであるが、それでは、現行の医療及び保護制度の中心となっている強制医療、特に措置入院や医療保護入院についてはどうであろうか。一般の医療において、今日では裁判所も重視するようになっている説明と同意の法理は、憲法13条の幸福追求権に基づく自己決定権を基礎とするものであるだけに、強制入院を中心とする現在の医療制度を正当化するのは、非常に難しい課題であると考えられる。

この強制医療ないし強制力権限の根拠について、ポリス・パワー(police power＝警察力)とパレンス・パトリエ(parens patoriae＝国親)という2つの考え方がある。ポリス・パワーとは、精神障害者が他人又は社会に危害を加える危険があるので、それを防止するために強制的に入院治療を行う必要があるとする考え方である。これに対し、パレンス・パトリエとは、精神障害者本人が病気のために十分な意思決定ができないので、その精神障害者の利益のために強制的に治療を行う必要があるとする考え方である。つまり、強制入院や治療のために自由を制限する根拠を、前者は、精神障害者の社会における脅威又は社会の安全(社会防衛)に求めるのに対し、後者は、精神障害者に対する医療及び保護の必要性に求めるのである。一方、精神障害者の処遇に関しては、リーガル・モデルとメディカル・モデルとが存在するとされてきた。リーガル・モデルは、前記のポリス・パワーに基づくもので、強制医療が認められるためには、犯罪に対する刑事手続の場合と同じように、法の厳格な適正手続が要求されると考える。これに対して、メディカル・モデルは、医療的立場を重視するもので、医療のために強制が必要であるとする考え方であり、前記のパレンス・パトリエに結びつくものである。

(2) 脱施設化

ポリス・パワーの考え方は、単に精神的疾患が認められるというだけで入院させられていた多くの精神障害者を病院から解放するために、1970年代の欧米で有力に主張されたものである。ポリス・パワーは、強制入院を正当化できるのは、患者が社会にとって危険だからであり、そうとすれば、患者を強制的に入院させるためには、その精神障害者が危険な存在であるということを科学的に証明しなければならないはずであるが、その危険性を証明することはほとんど不可能である。危険であることを証明できない以上、強制的に入院させることは許されない。また、1975年にアメリカの連邦最高裁が精神障害という事実認定だけでは患者の意思に反して入院させることは許されないといういわゆるドナルド判決によって、メディカル・モデルが否定されてから、1955年には156万人であった入院患者が1984年には14万6000人まで激減するに至ったのである（高柳ほか・最新知識166頁参照）。こうして、多くの入院患者を退院させ、また、入院治療が必要な患者の入院を拒むことになった。いわゆる「脱施設化」(deinstitutionalization)は、1970～80年代に現実のものとなったのである。

しかし、脱施設化は、治療の必要があるにもかかわらず、判断力のない精神障害者から治療の機会を奪うことになるとともに、精神障害者の多くがホームレス化して行き場を失い、患者がその家族に受難と混沌をもたらすとともに、病院の代わりに刑務所に行かざるを得ない精神障害者が多くなったとされている。その後の欧米とくにアメリカでは、脱施設化の方針が修正され、治療の必要性に応える運用をしており、ポリス・パワーとパレンス・パトリエの間の中庸を目指す制度が採られているようである（大谷・法と人権56頁）。

(3) 現行法の医療体制

それでは、わが精神保健福祉法は、強制医療をどのように考えているのであろうか。わが国の強制医療としては、既述のように、都道府県知事の権限による措置入院（29条）・緊急措置入院（29条の2）、病院の管理者による医療保護入院（33条）・応急入院（33条の6）がある。これらのうち、緊急措置入院及び応急入院は、それぞれ措置入院、医療保護入院の正式手続を履むことができない程度に患者の精神症状が重く、早急に入院による医療を行う必要がある場合に採られる入院形態である。医療の必要性の程度による入院の緊急性を重んじ、法手続を簡素化する代わりに、入院期間は72時間という短期間にするという制限を課した入院形態であり、したがって強制入院を検討する上では、措置入院及び医療保護入院を問題とすれば足りる。

措置入院は、都道府県知事が、その者が精神障害者であり、入院させなければ、「自身を傷つけ又は他人に害を及ぼすおそれ」（自傷他害のおそれ）があると認めた場合に、強制的に入院させることができるという制度である（29条）。この制度については、パレンス・パトリエに基づく規定であるとする見解、ポリス・パワーに基づくとする見解とに分かれているが、「他人に害を及ぼす」とする規定ぶりから見ると、治療する必要があるからというよりも、社会の安全又は保安のために強制的に入院させるというポリス・パワーの考え方に基づいているとも思われ、現に、措置入院は保安的要請に基づく規定であると主張する立場もある。しかし、精神保健福祉法1条は、この法律の目的として、「障害者の権利の擁護を図りつつ、その医療及び保護を行〔う〕」と規定しているところから、措置入院も医療及び保護を目的とする制度であると考えられる。したがって、パレンス・パトリエを軸とし、「精神障害者の権利の擁護を図りつつ」適切な医療及び保護を図る体制を構築すべきである。この点は、医療及び保護のために、家族等の同意により精神科病院の管理者が精神障害者を入院させる医療保護入院でも同じであり、いずれも医療及び保護の必要性こそ強制医療を正当化する根拠であると考えられる。

しかし、強制医療は、現代の「説明と同意の法理」とは真逆の制度であるところから、日本弁護士連合会は、措置入院及び医療保護入院は日本国憲法の定める基本的人権を侵害するとし、「精神障害のある人に対する障害を理由とした人権侵害の根絶を達成するために、現行法制度の抜本的な改革を行い、精神障害のある人だけを対象とした強制入院制度を廃止」すべきである(前掲日本弁護士連合会2021(令和3)年10月15日日本弁護士連合会決議文)と批判した。一方、医療関係者や研究者の大半は、現行の入院制度の改革を提案しながらも、憲法問題には触れずに、制度としての強制医療を存続させることには賛成しているように思われる。

(4) 強制医療の正当化根拠

一般の医療では到底認められない強制医療の正当化根拠については、以下のように考えるべきである。すなわち、憲法25条1項は、「すべて国民は、健康で文化的な最低限度の生活を営む権利を有する」と規定し、国民の生存権を保障している。また、「国は、すべての生活部面について、社会福祉、社会保障及び公衆衛生の向上及び増進に努めなければならない」(同条2項)と規定している。したがって、精神疾患により意思能力又は判断能力が損なわれ、あるいは社会的適応能力が十分でない精神障害者に対しては、その生存権を保障し、福祉を図る見地から、将来はともかく現時点では、本人の利益のために一定の強制権限を行使することが必要である。したがって、現行の精神保健福祉法においては、医療及び保護の必要性を根拠とし、強制医療を認めるパレンス・パトリエ思想を基軸として、本人の意思によらない強制的な精神科医療を認める必要がある。

一方、個人の尊重を定めている憲法13条は、「生命、自由及び幸福追求に関する国民の権利」を定め、自己決定を含む幸福追求権（包括的基本的人権）を保障しているが、精神障害のために病識を欠き、適切な自己決定ができないと認められ、しかも医療及び保護が必要な者に対しては、国がその自己決定を補い、後見的な立場から医療及び保護を行うことは、むしろ精神障害者の幸福追求権を保障することになる。こうして、強制医療の根拠をパレンス・パトリエ思想に求め、医療及び保護の必要性を基準とした強制医療を実施することは、日本国憲法の要請でもあると考えられる（川本・犯罪者処遇39頁）。

説明と同意の法理を基本とする現代の医療においては、精神障害者に対する医療の提供は、できる限り強制医療に頼らず、本人の意思を尊重することが重要であるが、病状の悪化により判断能力が低下するという特性を有する精神疾患については、本人の同意が得られない場合においても入院治療を可能とする点に強制医療の存在意義を求めるべきである（なお、横藤田誠「非自発入院の正当化根拠」法と精神医療33号（2018）65頁）。

(5) 強制医療と人権擁護

それでは、医療及び保護が必要であると認められれば、強制医療は常に正当化されるであろうか。既述のポリス・パワー思想の経緯からも理解できるように、医療及び保護の必要性を基準にして強制医療を実施すれば、安易に入院させ、回復するまで入院を継続させることになり、法的手続を無視した不法な入院、入院の長期化、安易な行動制限、それに付随した患者に対する虐待といった様々な人権問題が発生する。現行の精神保健福祉法は、この点に配慮して、「精神障害者の権利の擁護を図りつつ、その医療及び保護を行〔う〕」と規定しているが、パレンス・パトリエ思想を基軸とする強制医療においては、まさに「精神障害者の権利の擁護を図〔る〕」（1条）ことが不可欠なのである。

強制医療における人権の擁護については、以下の点が重要である。先ず、強制医療における人権の制限は、人問性を否定するようなものであってはならないということである。憲法18条は、「何人も、いかなる奴隷的拘束も受けない。又、犯罪に因る処罰の場合を除いては、その意に反する苦役に服させられない」と規定している。また、国際人権B規約(市民的及び政治的権利に関する国際規約)は、「何人も拷問又は残虐な、非人道的な若しくは品位を傷つける取扱い若しくは刑罰を受けない。特に、その自由な同意なしに医学的又は科学的の実験を受けない」(7条)とし、「何人も、奴隷の状態に置かれない」(8条)と規定している。ここでの「奴隷の状態」とは、自由な人格者と両立しがたいような身体の拘束をいう。したがって、悪質な精神科病院で問題とされてきたような人間性を否定する隔離や行動の制限は、仮に医療又は保護のためであっても許されるものではない。1991年に国連総会によって採択された「精神疾患を有する者の保護及びメンタルヘルスケアの改善のための諸原則」は、「すべての患者は、最も制限の少ない環境下で、かつ、患者の保健上の必要性と他の人の身体的安全の保護の必要性に照らして適切な、最も制限の少ない、あるいは最も侵襲的でない治療を受ける権利がある」と規定している。

次に、身体及び行動の自由の制限は、法律の定めによらなければならないということである。「何人も、法律の定める手続によらなければ、その生命若しくは自由を奪はれ」ないのである(憲法31条)。したがって、法律上の根拠がないのに人権の制限をすれば、仮にそれが医療及び保護上必要であるとしても違法となる。さらに、身体及び行動の制限は、法律上の手続に基づいて、適正に行わなければならない。国際人権B規約は、「すべての者は、身体の自由及び安全について権利を有する。……何人も、法律の定める理由及び手続によらない限り、その自由を奪われない」(9条1項)とし、また、日本国憲法は、「法律の定める手続によらなければ」自由を奪われない(31条)として、いわゆる適正手続条項を規定している。

措置入院や医療保護入院においては、精神障害者は、自分の利益のためとはいえ、医療及び保護のために自由な意思決定の制限を受ける。したがって、都道府県知事や市町村長、さらには病院の管理者は、医療及び保護のために必要最小限の範囲で、精神障害者の身体及び行動の自由を制限できるとすべきである。そして、その制限に即した適正な医療及び保護を行うことが義務付けられる。身体及び行動の自由という重大な基本的人権を制限するのであるから、その制限は、医療及び保護の目的に即した必要最小限の合理的なものに限られる。必要最小限の自由の制限の程度を超えている場合は、権限の濫用として、憲法13条に違反し、場合によっては逮捕・監禁罪(刑法220条)、強要罪(同223条)等の犯罪となり、不法行為として損害賠償責任(民法709条)が発生することにもなる。

第4章　地方精神保健福祉審議会及び精神医療審査会

この章は、精神保健福祉法第3章に従って章立てしたものである。地方精神保健福祉審議会及び精神医療審査会を並べて解説するのは適切ではないとも思われたが、いずれも都道府県にとって重要なものと考え、両者を併せて第4章として解説することにした。

1　地方精神保健福祉審議会

精神保健及び精神障害者の福祉の施策は、地方公共団体又は地域に根差したものでなければならないという観点から、「地方精神衛生審議会」として発足し、1987(昭和62)年の改正で「地方精神保健審議会」に名称が変更されるとともに、同改正で「精神医療審査会」が新設されたことから、これと併せて、それまでは都道府県必置とされていた「精神衛生診査協議会」を廃止し、1995(平成7)年の改正によって精神障害者の福祉が法律上明確に規定されたことから、「地方精神保健福祉審議会」に改められ、その設置は、各都道府県の任意に委ねることとされた。

精神保健福祉法9条1項は、「精神保健及び精神障害者の福祉に関する事項を調査審議させるため、都道府県は、条例で、精神保健福祉に関する審議会その他の合議制の機関（以下「地方精神保健福祉審議会」という。）を置くことができる」と規定している。また2項では、審議会は、「都道府県知事の諮問に答えるほか、精神保健及び精神障害者の福祉に関する事項に関して都道府県知事に意見を具申することができる」としている。そして、地方精神保健福祉審議会の組織及び運営に関する必要な事項は、都道府県の条例で定めることとしたのである（3項）。

各都道府県の条例及びその運用状況を見ると、地方精神保健福祉審議会は条例に基づく知事の任意の附属機関となっており、委員は精神科医等の医療関係者、社会福祉関係者及び学識経験者の中から20名以内の者を知事が任命する。任期は3年であり、会長は互選で選出される。通常、年1～4回審議会を開催し、精神保健及び精神障害者の福祉に関する事項を調査・審議し、知事の諮問への答申や意見の具申を行っている。地域によって違いがあるようだが、東京都の条例によると年4回にわたっての審議会が開催されており、近年においては、「都民を支える精神保健医療福祉の連携構築に向けて」といった意見具申が行われている。

2　精神医療審査会

(1) 意義

地方精神保健審議会と同時に設立が決められた精神医療審査会は、これから述べるように、適正な精神科医療及び保護を確保するために、極めて重要な役割を担う機関である。精神保健福祉法12条は、「第38条の3第2項（同条第6項において準用する場合を含む。）及び第38条の5第2項の規定による審査を行わせるため、都道府県に、精神医療審査会を置く」と規定している。ここで第38条の3第2項としているのは、強制入院である措置入院、医療保護入院等の入院の必要性等について審査をすることであり、第38条の5第2項としているのは、退院等の請求について、入院の必要性について審査をすることであるが、その審査を行わせるために精神医療審査会を設置するというのが本規定の趣旨である。

精神保健福祉法の目的(1条)に即して、精神障害者の人権に配慮しつつ、適正な医療及び保護を確保するためには、不必要な強制入院や行動制限、さらには不当な身体的拘束などの人権侵害を防止し、また、その救済を図ることが不可欠である。そのためには、強制入院や行動制限の適否を判断する審査機関が必要となる。かくして、1987(昭和62)年の改正で新設されたのが、精神医療審査会である。精神科医療における不当な強制入院や患者に対する不必要な身体的拘束等の人権侵害については、それまで人身保護法や行政事件訴訟法等による救済方法が採られてきたが、精神医療審査会の設置によって、精神科の医療及び保護における人権の確保が徹底されることとなった(高柳ほか・最新知識43頁)。

(2) 法的性格

しかし、精神医療審査会の創設に関連して、国際人権B規約9条4項との関係が問題となった。同9条4項は、「逮捕又は抑留によって自由を奪われた者は、裁判所(court)がその抑留が合法的であるかどうかを遅滞なく決定すること及びその抑留が合法的でない場合は、その釈放を命ずることができるように、裁判所において手続をとる権利を有する」と規定しているところから、精神医療審査会は裁判所(court)に値しないのではないかが問題となった(戸塚悦朗「精神衛生法改正案の評価と問題点——国際人権基準の達成を求める」ジュリスト883号(1987)19頁)。この点については、種々の説明が行われているところであるが(詳解・92頁)、思うに、国際人権規約の立場は、自由拘束の適法性は裁判所によってのみ判断すべきであるという前提に立っている。しかし、裁判所に医事部を創設して、入退院や行動制限の是非を裁判手続で審査することは、多くの入院患者を収容しているわが国の精神科医療においては現実に不可能であり、また、そもそも精神科医療及び保護における強制入院や行動制限は、医療及び保護の必要性をその正当化の根拠とするのであるから、当該の入院又は行動制限の適法・違法は、それらの措置が医療及び保護にとって必要か否かという医療的観点に立って決すべきである。もとより、審査の独立性・客観性・公平性が行政によって侵害されることは好ましくないから、精神医療審査会の構成や運営の独立性、公平性、客観性を担保できる制度とすべきであろう。

この点については、精神医療審査会は、①措置入院者、医療保護入院者について提出される入院届、医療保護入院者の入院期間更新届、措置入院者の定期の病状報告、任意入院者の症状報告の全件及び入院患者等からの退院請求の全件について審査を行うこととされている点（38条の2第1項、38条の4（詳解・466頁））、②精神医療審査会の審査結果に基づいて都道府県知事は退院命令等の措置を採らなければならないとされている点（38条の5第5項）にかんがみ、精神医療審査会は、行政等からは独立した審査を行う第三者機関ということができる。もっとも、都道府県知事が精神医療審査会の委員を任命することとなっており、この点で精神医療審査会は行政に従属することになり、精神医療審査会の独立性が問題となるところである。しかし、委員の任命については地方議会の承認を経る必要があり、完全に行政に従属している訳ではない。また、精神医療審査会に関する事務の専門性に配慮し、審査の客観性、独立性、公平性の確保を図るため、2002（平成14）年に審査に係る都道府県の精神医療審査会の事務は、本来ならば精神保健福祉主管が担当すべきところ、敢えて、行政から独立した機関である精神保健福祉センターにおいて行うこととされている。その結果、近年では、精神医療審査会の独立性を問題とする見解は聞かれなくなった（なお、太田順一郎「精神保健福祉法の課題」精神神経学雑誌118巻1号（2016）47頁、川本哲郎「精神科入院と精神医療審査会」臨床精神医学44巻3号（2015）383頁）。

(3) 精神医療審査会の運営

(ア) 委員

精神保健福祉法13条1項は、「精神医療審査会の委員は、精神障害者の医療に関し学識経験を有する者（第18条第1項に規定する精神保健指定医である者に限る。）、精神障害者の保健又は福祉に関し学識経験を有する者及び法律に関し学識経験を有する者のうちから、都道府県知事が任命する」とし、同2項は、「委員の任期は、2年（委員の任期を2年を超え3年以下の期間で都道府県が条例で定める場合にあっては、当該条例で定める期間）とする」と規定している。委員の数については定められていない。かつては5人以上15人以下とされていたが、各都道府県の審査事務量に応じ、また、委員が欠席するといった場合に運営に支障を来すこともあるところから、地域の実状に応じて委員数を決めることになっている。例えば、政令指定都市である京都市の場合は15人である。なお、人権擁護の徹底を図る見地から、「精神障害者の医療に関し学識経験を有する者」（医療委員）は、18条の定める精神保健指定医に限られている。また、患者本人の意思によらない入院や行動制限を行わざるを得ないといった精神科医療の特殊性を考慮し、「法律に関し学識経験を有する者」（法律家委員）を委員とすること、さらに「精神障害者の保健又は福祉に関し学識経験を有する者」（保健福祉委員）から委員を任命することが求められている。なお、法律家委員は、裁判官の職にある者、検察官の職にある者、弁護士、5年以上大学の法律学の教授または准教授である者、また、保健福祉委員は、社会福祉協議会の役員、その他の公職経験者であって、精神障害者の保健又は福祉に関して理解のある者とされている。委員の任期は、2年と法定されているが、都道府県の判断によって、3年を上限として条例で定めることも可能となっている。また、合議体の状況に応じて、審査の前提となる意見聴取や診察を行う予備委員を、合議体を構成しない委員としてあらかじめ置くことができる。

(イ) 審査の対象

精神医療審査会は、前記のように都道府県(政令指定都市を含む。以下同じ)において設置される。審査の対象は、前記の精神保健福祉法12条の規定によると、大きく分けて2つある。その1つは、①措置入院の措置を採ったとき、②精神科病院の管理者から医療保護入院の届出及び入院期間の更新の届出があったとき、③措置入院者の定期病状報告があったとき、当該の入院中の者について、その入院の必要があるかどうかについての審査(38条の3第2項)である。もう1つは、①精神科病院に入院中の者又はその家族等からの退院の請求について、当該入院中の者の入院が必要であるかどうか、②精神科病院における処遇が適切かどうかについての審査(38条の5第2項)である。これらの審査のために、都道府県は、精神医療審査会を設置しなければならないとするのが、12条の趣旨であり、前記の条項で定められている事項が審査の対象となる。

(ウ) 審査案件の取扱い

精神医療審査会は12条に基づき設置されるが、その運用については、精神保健福祉法施行令という政令で定められているので(15条)、運営に関する政令に即して、委員会の構成を明らかにしておきたい。

精神保健福祉法14条は、「精神医療審査会は、その指名する委員5人をもって構成する合議体で、審査の案件を取り扱う」と規定している。これによると、精神科医療についての個々の案件の審査は、精神医療審査会自体ではなく、審査会が指名した5人の委員で構成される「合議体」で行われるということである。また、同条2項は、「合議体を構成する委員は、次の各号に掲げる者とし、その員数は、当該各号に定める員数以上とする」として、①精神障害者の医療に関し学識経験を有する者、②精神障害者の保健又は福祉に関し学識経験を有する者、③法律に関し学識経験を有する者を掲げている。①を医療委員、②を有識者（保健福祉）委員、③を法律家委員と略するが、合議体の員数は5人以上でなければならない。

例えば、政令指定都市である京都市の合議体の委員は5名であり、合議体の数は3つである。そして、全ての案件は合議体において取り扱われる。合議体で取り扱った案件の審査結果をもって、審査会の審査結果とする。その審査結果を決める合議体の定足数は、医療委員、法律家委員、有識者（保健福祉）委員それぞれ1名、併せて3名の出席が必要であるが、できれば全員の出席が期待されている。京都市の場合、合議体はそれぞれ5人の委員で構成されているので、医療委員、法律家委員、有識者（保健福祉）委員の3名が定足数であるが、できれば合議体を構成する5人の委員によって審査を行うことが望ましいことは当然である。合議体の議事は、出席した委員の過半数で決するとされているが（施行令2条9項）、可否同数の場合は、次回の会議において引き続き会議を行うか、あるいは別の合議体で審査を行うかのいずれかによる。

合議体を構成する委員が、①当該審査に係る入院中の者が入院している精神科病院の管理者又は当該精神科病院に勤務している者であるとき、②当該患者に係る直近の定期の報告に関して診察を行った精神保健指定医であるとき、③当該患者の代理人、後見人又は保佐人であるとき、④委員が当該患者の配偶者若しくは3親等内の親族又はこれらの者の代理人であるとき、それぞれの委員は当該審査に係る審議に加わることができない。なお、合議体の審査は、非公開である（平成12年3月28日障第２０９号）。

(エ) 審査事項

都道府県知事は、次の場合には、精神医療審査会に審査を求めなければならない。

(a) ①措置入院者（29条1項）の措置について、②医療保護入院者（33条）の入院届及び入院期間更新の届出について、③任意入院者の病状等について、当該の入院中の者の入院の必要性についての審査（38条の3）。

(b) 精神科病院に入院中の者又はその家族等から退院又は処遇の改善の請求を受けた場合、その入院の必要性があるか、入院期間更新の必要性があるか、又はその処遇が適切かに関しての審査（38条の5）。

(c) 措置入院の定期病状報告に関する患者の入院の必要性に関する審査（38条の3）。

(オ) **審査手続**

都道府県知事は、入院中の患者からの退院又は処遇改善請求を受理した場合は、速やかに請求者、当該患者、家族等及び病院の管理者に書面又は口頭で連絡し、当該患者に関する直近1年以内の資料を合議体へ提出できるように準備しておかなければならない。また合議体は、事前手続として、必要に応じ、退院等請求者及び患者が入院している精神科病院の管理者その他関係者の意見を聴かなければならない。意見聴取の時期は、審査に先立って行われることが望ましく、意見聴取を行う委員は2人以上で、少なくとも1人は医療委員とすべきであるとされている。意見聴取は、面接して行うのが望ましく、また、意見聴取を行う審査委員は意見聴取の相手方に対し、合議体での意見陳述の機会があること、患者に対して弁護士による権利擁護を受ける権利があることを知らせる必要があるとされている。また、前記の審査をするに当たっては、原則として当該請求を行った者及び当該審査に係る患者が入院している精神科病院の管理者の意見を聴かなければならない。しかし、審査に当たっては、委員は、自らの学識経験に基づき独立してその職務を行わなければならない。

(カ) **審査結果**

合議体の審査結果が精神医療審査会に諮られ、委員の賛成を得られれば、それが審査会の審査結果となる。審査会は、速やかに都道府県知事に対して、例えば「現在の入院形態は適当と認められる」、「他の入院形態の移行が適当と認められる」というように、審査結果を通知しなければならない。そして、通知を受けた都道府県知事は、現在の入院形態が適当と認められるときは、病院管理者等に対してその結果を通知する必要はないが、それ以外の場合は、その結果を当該患者、その家族等及び病院の管理者に通知しなければならない。

(4) 運営の在り方

精神医療審査会は、精神障害者の人権に配慮しながらその適正な医療及び保護を確保する観点から設置された制度であり、その運営に当たっては、公正かつ迅速な処理が必要とされる。そこで、厚生省大臣官房障害保健福祉部長通知として、既述のように詳細な運営マニュアルが提示されている。特に、基本理念として、「精神医療審査会は、精神障害者の人権に配慮しつつその適正な医療及び保護を確保するために、精神科病院に入院している精神障害者の処遇等について専門的かつ独立的な機関として審査を行うために設置されたものである。(したがって、審査会の運営に当たって、都道府県知事、審査会委員、その他の関係者は、審査会の設置の主旨を踏まえ、公平かつ迅速な審査を行う等、精神障害者の人権擁護のため、最大限の努力を払わなければならない。)なお、精神障害者の保健医療福祉業務に従事する関係者は、わが国の精神科病院において、深刻な人権侵害の事例が依然として発生している事を真摯に受け止め、日頃から精神障害者の人権擁護に配慮しつつ業務を行うことが求められるが、特に審査会は、精神障害者の人権擁護の礎として、委員の学識経験に基づき独立して、かつ積極的にその職務を行うとともに、ここに示す運営マニュアルの考え方に沿って審査会運営規則を定め、適切な運営を確保しなければならないものとする」とされている。

第5章　精神科医療施設及び精神科医療関係者

1　精神科医療施設

(1)　医療施設と法規制

医療を受ける患者の利益を守り、良質な医療を効率的に実施するためには、適切な医療施設が不可欠である。この観点から、医療施設に対する法規制として「医療法」が制定されている(昭和23年7月30日法律２０５号)。すなわち、医療法は、①医療を受ける者が医療について適切な選択をすることを支援するのに必要な事項、②医療の安全確保のために必要な事項、③病院、診療所及び助産所の開設及び管理に関し必要な事項、これらの施設の整備並びに医療提供施設相互間の機能の分担及び業務の推進のために必要な事項を定めることによって、「医療を受ける者の利益の保護及び良質かつ適切な医療を効率的に提供する体制の確保を図り、もって国民の健康の保持に寄与することを目的とする」(医療法1条)として、制定されたものである。

この医療法は、医療施設については、20人以上の患者を入院させるための「病院」(医療法1条の5第1項)、患者を入院させるための施設を有しないもの又は19人以下の患者を入院させるための施設を有する「診療所」(同条2項)の開設、また、病院については、地域における医療を確保するための地域医療支援病院(同法4条1項)、高度の医療を提供するための「特定機能病院」(同法4条の2)の開設、さらに、施設の管理及び整備の方法などについて詳細に定めている。また、①医療に関する情報の提供、②医師等の各資格の責務、③医療の安全の確保、④医療法人等について定め、その理念として、「医療は、生命の尊重と個人の尊厳の保持を旨とし、……医療の担い手と医療を受ける者との信頼関係に基づき、及び医療を受ける者の心身の状況に応じて行われるとともに、その内容は、単に治療のみならず、疾病の予防のための措置及びリハビリテーションを含む良質かつ適切なものでなければならない」としている(同法1条の2第1項)。

精神科病院は、精神疾患を有する患者を入院させ、医療及び保護を提供するための施設であり、精神保健福祉法は、後述の病院の指定等に関して精神科医療提供施設を規定しているが、同法は医療法を一般法とする特別法であり、「特別法は一般法に優先する」という法解釈上の原則から、精神保健福祉法に規定のあるときは、それが優先するが、精神保健福祉法に規定がない場合には、医療法の適用を受けることになっている。したがって、10名程度の患者を入院させる施設を有している場合は、精神科病院ではなく精神科診療所となる。なお、医療法においては、病院の病床の種別として精神科病床と一般病床等とが定められている。

(2) 精神科医療施設の種類

精神科医療施設とは、精神疾患を有する患者すなわち精神障害者に診療を提供するための施設をいう。これには、精神科病院、精神科病床を有する病院、精神科又は神経科を診療科目とする診療所がある。

(ア) 都道府県立精神科病院

精神保健福祉法19条の7は、「都道府県は、精神科病院を設置しなければならない」と規定している。都道府県は、精神科病院を設置する義務を負うとの趣旨である。単に設置するだけでは足りず、精神科医療としてのあらゆるニーズに対応可能な機能を有する専門的な病院を設置する責務及びその管理運営の義務を負うのである。このように、都道府県に精神科病院の開設を義務付けたのは、自らの精神疾患について的確な判断ができず、医療的な利益を自ら選択・決定する能力を欠いている精神障害者に対しては、公的保護の見地から総合的かつ高度の診療を提供する必要があり、そうした総合的で専門的な病院の開設は、地域の公的機関に委ねるのが妥当であるという考え方に基づいている。後述の指定病院があるからといって、前記の設置義務を果たしたものとはいえないのである。なお、例えば、A県とB県とが共同して設立した地方独立行政法人が精神科病院を設置している場合は、両県の精神科病院設置義務は解除される。諸外国では、前記の趣旨から、精神科病院は公立であるべきだとの考え方に基づいて、ほとんどが公立病院である。これに対し、わが国では、公立の精神科病院は全精神科病院の1割に過ぎず、9割は民間病院である。また、病床数も9割は民間病院である。

(イ) 国立・公立・民間(法人)等の精神科病院

都道府県以外の病院としては、大学病院、国立病院(独立行政法人を含む)、その他の公立病院、法人(民間)病院及び個人病院がある。2022(令和4)年の厚生労働省調査によると、これらのうち民間の精神科病院数は1052であり、精神科病床を有する病院を含めると1368である。また、病床数は全体で30万8120があり、全病床数の91・5%を民間の病院が占めている。かくして、わが国の精神科病院の最大の特徴は、民間の精神科病院及び病床数の割合が極めて大きいという点にある。この特徴は、精神科病院が地域に分散して設置されており、地域医療及び地域ケアにとってプラスになっている半面、入院患者数や病床数の削減といった国の施策推進などにとっては、マイナスとなっている。

(ウ) 指定病院

指定病院とは、国及び都道府県以外のものが設置した精神科病院であって、一定の基準に適合するものの全部又は一部を、その設置者の同意を得て、都道府県が設置する精神科病院に代わる施設として都道府県知事が指定する病院をいう。都道府県知事が入院させるべき精神科病院は、都道府県の設置した精神科病院を原則としている。しかし、それ以外の病院、例えば民間の医療法人が設置した病院を、それに代わるものとして必要とするときは、都道府県知事は、厚生労働大臣の定める基準に適合した病院を指定することができる。これを指定病院という。精神保健福祉法19条の8は、「都道府県知事は、国、都道府県並びに都道府県又は都道府県及び都道府県以外の地方公共団体が設立した地方独立行政法人(以下「国等」という。)以外の者が設置した精神科病院であって厚生労働大臣の定める基準に適合するものの全部又は一部を、その設置者の同意を得て、都道府県が設置する精神科病院に代わる施設(以下「指定病院」という。)として指定することができる」と規定している。

厚生労働大臣の定める指定病院の基準は、第1に、①医師の数が、入院患者の数を3をもって除した数と外来患者の数を5を以て除した数との和が52までは3とし、それ以上は16又はその端数を増すごとに1を加えた数以上であること、②医師のうち2名以上は、常時勤務する法第18条第1項の規定により指定された精神保健指定医であること、③措置入院者を入院させる病棟において看護を行う看護師及び准看護師の数が、入院患者の数が3又はその端数を増すごとに1以上であり、都道府県知事の求めに応じて措置入院者を入院させて適切な治療を行える診療応需の態勢を整えていること、第2に、精神科病床の数が50床以上であること、第3に、措置入院者の医療及び保護を行うにつき必要な設備を有していることとされている(平成8年3月21日厚生省告示第90号)。

ここでいう指定病院には、一般の民間病院はもちろんのこと、市町村又は市町村の事務組合が設置した病院も含まれるが、市町村立等の公立病院であっても、都道府県知事が指定していない病院の場合は、措置入院者を入院させることはできない。都道府県知事は、指定病院が基準に適合しなくなったとき、又はその運営方法がその目的遂行のために不適当であると認めたときは、その指定を取り消すことができる。例えば、当該指定病院の患者に対し業務従事者が虐待していた事実が判明したような場合は、指定を取り消すことができる。ただし、取り消す場合には、事前に地方精神保健福祉審議会(これがない場合には都道府県医療審議会)の意見を聴かなければならない(19条の9第2項)。なお、国は、都道府県の設置する精神科病院及び精神科病院以外の病院における精神病室の設置及び運営に関する費用の2分の1を補助することにしている(19条の10)。

(エ) 精神科救急医療施設

精神保健福祉法19条の11第1項は、「都道府県は、精神障害の救急医療が適切かつ効率的に提供されるように、夜間又は休日において精神障害の医療を必要とする精神障害者又はその家族等その他の関係者からの相談に応ずること、精神障害の救急医療を提供する医療施設相互間の連携を確保することその他の地域の実情に応じた体制の整備を図るよう努めるものとする」と規定している。また、同条第2項は、「都道府県知事は、前項の体制の整備に当たっては、精神科病院その他の精神障害の医療を提供する施設の管理者、当該施設の指定医その他の関係者に対し、必要な協力を求めることができる」と規定している。

ここで精神科救急医療とは、緊急に精神科的対応を要する事態での医療をいう。精神科救急医療施設とは、休日や夜間等に受診が必要な精神疾患の患者の医療を確保するための施設のことである。地域の事情に応じて、病院輪番施設、常時対応施設、外来対応施設が指定される。常時対応施設としては、精神科救急入院科及び精神科救急・合併症施設等などがあり、現在では、都道府県で精神科救急システムが整備されつつある(「精神科救急医療体制整備事業実施要綱」令和5年3月24日障発0324第19号参照)。また、精神科救急情報センターとして精神疾患を有する者やその家族等からの緊急的な精神科医療相談を受け付ける施設が増えつつある。

(オ) 精神科診療所

精神科診療所とは、患者の入院施設を有しない医療施設又は19人以下の入院施設を有する施設のことであり、心療クリニック、メンタルクリニックなどとも呼ばれている。薬物治療など、患者が地域で社会生活を送りながら治療する方法が取り入れられるに伴い、精神科病院又は診療所に通院して治療を受ける患者が増えている。通院医療については、2006(平成18)年に施行された障害者自立支援法(現・障害者総合支援法)における精神科通院医療が適用され、通院による精神科医療を継続的に要する病状にある者に対し、その通院医療に係る自立支援金が支給される。所得や疾患の種類に応じて、負担上限額を設定するものであり、1割が自己負担となる。入院期間が短期化するに伴い、その受給者は、年々増加している。ちなみに、精神科通院医療は障害者自立支援法の適用を受けるところから、2005(平成17)年に同附則によって精神保健福祉法32条の「通院医療」は削除された。

(3) 精神科病床の機能分化

近年の精神科医療は、既述の2004(平成16)年10月の厚生労働省障害保健福祉部「今後の障害保健福祉施策について」(改革のグランドデザイン案の提示)以降、「入院医療中心から地域生活中心へ」という改革の方向性が強く打ち出され、それを背景とした診療報酬の改定が実施された(2019年度「精神保健医療福祉白書」172頁)。精神科病床の機能分化は、こうした改革の方向を推進する一方法として、徐々に進められている。例えば、専門病床制は、①精神科救急病棟、②精神科急性期治療病棟、③認知症病棟に分かれている。①の病棟を設置している病院は、約500施設、②の病棟を設置している病院は、約700施設、③の病棟を設置している病院は351施設というように、近年、かなり普及しつつある。なお、病院内のグループホームの設置も行われている（高柳ほか・最新知識245頁）。

2　精神科医及び精神保健指定医

医療関係者のうち、精神科医療において重要なものは、精神科医、精神科認定看護師、作業療法士などであるが、本節では、はじめに医療関係者、認定看護師・精神保健福祉士について述べてから、精神科医療の中心的な役割を演ずる精神科医について解説し、次いで精神科医としての専門医ともいうべき精神保健指定医について解説する。精神科医療においては、すでに紹介したように、わが国では強制医療を大幅に実施しているところから、人権の擁護を図りつつ適切な医療を実施するための独自の制度が必要となる。この見地から作られたのが精神保健指定医制度である。そこで、この精神保健指定医制度について、やや立ち入った検討を加えることとしたい。

(1)　医療関係者

(ア)　医療関係者

医療関係者とは、診察、治療、調剤、看護、施術等を行い、又はこれらを補助する業務を行う者をいう。医師、歯科医師、薬剤師、保健師、助産師、臨床検査技師、衛生検査技師、理学療法士、臨床工学技士、精神科認定看護師、精神保健福祉士、作業療法士、視能訓練士、義肢装具士、救急救命士、あん摩マッサージ指圧師、はり師、きゅう師、柔道整復師を数えることができる。これらの医療関係者は、人の生命・身体に影響を及ぼす業務に従事するものであるから、その業務の重要性を考慮して、保健衛生上の見地から、これらの者の業務については、それぞれ試験制度を設け、一定の資格を有する者にだけ業務を行わせ、資格のない者には、そのような名称を用いること、又は業務を行うことを禁止する。これを名称独占、業務独占といい、それに違反した者を処罰することにしている。

(イ) 認定看護師・精神保健福祉士

前記の精神科認定看護師制度は、日本精神科看護協会が1995年(平成7)年に創設し、精神科認定看護師を養成して、精神科医療の看護領域において、質の高い看護を実践できる看護師を社会に送り出すことにより、看護のケアの質的向上を図るためのものである。また、精神保健福祉士は、平成9年に成立した精神保健福祉士法に基づく名称独占の資格であり、専門的知識及び技術をもって、「精神科病院その他の医療施設において精神障害の医療を受け、若しくは精神障害者の社会復帰の促進を図ることを目的とする施設を利用している者」を対象として、地域相談支援制度の利用に関する相談、その他社会復帰に関する相談に応じ、助言、指導、日常生活への適応のために必要な訓練その他の援助を行う者のことである。精神保健福祉相談員(精神保健福祉法48条1項)の大半は、精神保健福祉士が任命されている。

(2) 精神科医

精神科医とは、精神医学を専門とする、又は精神疾患の診療を専門とする医師をいう。精神科医は医師であるから、医師法上の医師の免許を有していなければならない。医師法2条は、「医師になろうとする者は、医師国家試験に合格し、厚生労働大臣の免許を受けなければならない」と規定している。2022(令和4)年の総医師数は32万7444人であり、そのうち精神科医は1万6817人である(国民衛生の動向71巻9号(2024)188頁)。

(ア) 医師国家試験

精神科医は医師であるから、医師としての資格について簡単に説明する。先ず、医師になるためには、医師国家試験に合格しなければならない。国家試験は、「臨床上必要な医学及び公衆衛生に関して、医師として具有すべき知識及び技能について、これを行う」(医師法9条)と規定されている。試験は、少なくとも毎年1回、厚生労働大臣がこれを行う(同10条)。受験資格は、①大学で医学の正規の課程を修めて卒業した者(修学年限6年)、②外国の医学校を卒業し、又は外国で医師免許を受けた者で厚生労働大臣が適当と認めた者に限られる。

(イ) 医師免許の取得

医師国家試験に合格した者は、厚生労働省に備えられている「医籍」に登録することによって、医師免許を取得する。登録をして初めて医師免許が交付される。なお、未成年者すなわち18歳未満の者には、絶対に免許は与えられない(絶対的欠格事由)。また、①心身の障害により、医師の業務を適正に行うことができない者、②麻薬等の中毒者、③罰金以上の刑に処せられた者、④医事に関して犯罪又は不正の行為があった者については、場合によって医師免許を与えられないことがある(相対的欠格事由)。

(ウ) **臨床研修**

医師法16条の2は、「診療に従事しようとする医師は、2年以上、都道府県知事の指定する病院又は外国の病院で厚生労働大臣の指定するものにおいて、臨床研修を受けなければならない」と規定して、臨床研修を必修化し、診療に従事しようとする医師は、2年以上臨床研修を受けることが義務付けされている。また、「臨床研修を受けている医師は、臨床の研修に専念し、その資格の向上を図るように努めなければならない」(16条の5)とされている。その基本理念は、プライマリ・ケアの理解を深め、患者を全人的に見ることができる基本的な診療能力を習得すること、また、「将来専門とする分野にかかわらず、医学及び医療の果たすべき社会的役割を認識しつつ、一般的な診療において頻繁に関わる負傷又は疾病に適切に対応できるよう、基本的な診療能力を身に付けること」(平成14年厚生労働省令第158号)にあるとし、臨床研修と専門研修に分かれたカリキュラムを作成し、前期研修の2年間を義務化し、適正な給与の支給と、アルバイトの禁止など、研修医の研修専念義務を定めている。

(エ) **精神科専門医**

精神科医療を専門とする医師を精神科医と称するが、精神科医というのは法律上のものではない。現在の医療制度では、一般医と専門医の区別はなく、歯科医のみを区別しているにすぎない。医師は、全て同一の免許の下に行政上は平等に扱われており、医師免許を有する者は、医療法施行令で定めている広告可能な診療科名を自己の専門として広告しているにすぎないのである。わが国では、技術の高度性に着目して、特定の医療行為を業務上独占して行使する権限を有資格者に与える専門医制度は設けられていない。したがって、「精神科専門医」というものは、法律上は存在しないのである。

精神疾患に関連する診療科名としては、精神科、神経内科、心療内科、児童精神科、老年精神科などが数えられる。近年においては、各専門医学会が認定する専門医制度が普及しており、また、２０１４(平成26)年には一般社団法人日本専門医機構が創設され、同機構による専門医の認定が行われている。日本精神神経学会も２００６(平成18)年4月から、3年間の期限で終了する専門医研修をスタートさせ、専門医認定制度が実施されている。なお、日本精神神経学会専門医制度による研修が受けられる期限は、２０２５年3月31日までとされている(森隆夫「卒後教育——精神科研修必須化と専門医制度」高柳ほか・最新知識１９７頁)。

(3) 精神保健指定医

これに対して、精神保健指定医は、精神保健福祉法が正式に定める一種の精神科専門医である。精神保健福祉法18条は、「厚生労働大臣は、その申請に基づき、次に該当する医師のうち第19条の4に規定する職務を行うのに必要な知識及び技能を有すると認められる者を、精神保健指定医(以下「指定医」という。)に指定する」と規定している。

(ア) 趣旨

精神疾患の患者を診療する精神科においては、本人が病識を欠きがちであるという精神疾患の特徴のために、患者の意思に反して入院を強制し、あるいは行動制限を行うことが少なくないところから、単に都道府県知事等の適正な権限行使を担保するだけでは不十分であり、特に患者の人権擁護上適切な配慮を要する精神科医療の医師については、患者の人権に十分配慮した医療を行うのに必要な資質・能力を備えていることが必要である。このような観点から、一定の精神科実務を経験し、また、法律等に関する研修を修了した医師のうちから、患者本人の意思によらない入院や行動制限の判定を行う者として、厚生労働大臣が「精神保健指定医」を指定する制度が設けられたのである。

(イ) **指定の要件**

厚生労働大臣が指定するための要件としては、以下のものがある。

(a) **申請** 指定は、指定を希望する医師の申請に基づいて行われる。申請は、申請書に、①履歴書、②医師免許証の写し、③精神科実務経験を証する書面(実務経験証明書・ケースレポート)、④研修修了書、⑤写真、以上のものを添えて、住所地の都道府県知事を経由して厚生労働大臣に提出しなければならない。

(b) **実務経験** 実務経験については、まず、一般の医療機関において、5年以上の診断又は治療に従事した経験を有することが必要である(18条1項1号)。ここでは医師としての実務経験が求められている。次に、3年以上精神障害者の診断又は治療に従事した経験が必要である(同条1項2号)。ここでは精神科医としての実務経験が求められている。医師として必要な基礎的知識及び技能を習得するためには5年以上の実務経験が必要であり、また、患者の人権を確保し、個人としての尊厳に配慮した判断をするためには最短3年の精神科医としての実務経験が必要であるとする趣旨である。

(c) **精神科実務経験の内容** しかし、3年間の精神科実務経験では、指定医の役割を十分果たすことができないのではないか。例えば、多くの大学病院などでは措置入院を扱っていない、また、老年期認知症、アルコール精神病等についてはすべての病院が扱っているとはいいがたいところから、3年の実務経験では、指定医として必要な精神科医療の各分野にわたる実務経験を担保できないおそれがある。そこで、精神科実務の内容について、「厚生労働大臣が定める程度の精神障害の診断又は治療に従事した経験を有すること」という要件が付け加えられた(18条1項3号。昭和63年4月8日厚生省告示134号)。指定に必要な実務の内容は、申請時に添付された器質性精神障害、統合失調症、気分（感情）障害、神経症性障害等のそれぞれの圏内にある障害について、実務を経験したことを示す5症例のケースレポートにより医道審議会において審理することになっている。ここでのケースレポートは、前記のように、精神保健指定医として必要な法的・医学的知識及び技術を有しているかについての確認のために求められるものである。申請者が3年以上の精神科実務経験において、①精神障害の診察及び治療に関する基本的な知識及び技術を習得したこと、②精神保健福祉法の趣旨を理解し、その適切な運用を習得したこと、これらを証する内容のものでなければならない。なお、指定医の審査を担当するのは、医道審議会医師分科会精神保健指定医資格審査部会である。

(d) **研修課程の修了**　さらに、精神保健指定医の資格を得るためには、厚生労働大臣の登録を受けた者が行う研修（申請前3年以内に行われたものに限る）の課程を修了していることが必要である（同条1項4号）。「登録を受けた者」としては、日本精神科病院協会、全国自治体病院協会、日本総合病院精神医学会があり、これによる研修を修了していなければならない。研修の内容としては、患者本人の意思に基づかない入院や行動制限といった人権に係る判断をしなければならないのであるから、指定医は、患者の人権に関する知識等の習得のため、関連法規、精神医学の動向、精神障害者の社会復帰、精神科病院における不祥事件等、近年の精神保健福祉をめぐる問題状況等について、十分研鑽を積むことのできる研修の実施が求められる（詳解・138頁）。

(ウ) **精神保健指定医の指定**

厚生労働大臣は、前記の要件を満たした医師について、19条の4に規定する職務に必要な知識及び技能を有すると認め、精神保健指定医に指定する（18条1項）。19条の4は、指定医の職務の内容に関するものであるが、指定医の行う職務の目的は、①医療機関等において、精神科病院への医療保護入院等の入院の要否や行動制限の要否の判断につき、人権に配慮した制度の運営を確保すること（本条1項の業務）、②公務員として、措置入院の要否の判断に関して、都道府県知事等の行政の適正な執行を図ること（本条2項の業務）の2つがあるが、これらの目的の実質的意義は、患者の人権に配慮しつつ必要かつ適切な精神科医療を確保するという点で一致しているとともに、具体的に求められる資格要件も一致しているところから、2つの職務を行う者を精神保健指定制度として規定したものである。指定医には、厚生労働大臣から精神保健指定医証が交付される。なお、厚生労働大臣は、指定の要件が満たされている以上、申請を却下することは許されない。ただし、後述の指定医の指定取消しの処分を受けてから5年を経過していない者又は「指定医として著しく不適当と認められる者」については、医道審議会の意見を聴いて指定しないことができる（18条2項）。

㈤　指定後の研修

精神保健福祉法19条1項は、「指定医は、5の年度（毎年4月1日から翌年3月31日までをいう。以下この条において同じ。）ごとに厚生労働大臣が定める年度において、厚生労働大臣の登録を受けた者が厚生労働省令で定めるところにより行う研修を受けなければならない」と規定し、また、同2項は、「研修を受けなかったときは、当該研修を受けるべき年度の終了の日にその効力を失う」と規定している。なお、研修は、厚生労働省に登録した研修実施団体が行う。現在は公益社団法人日本精神科病院協会、公益社団法人全国自治体病院協議会及び一般社団法人日本総合病院精神医学会が登録している。

指定後の研修は、患者本人の意思に基づかない入院や行動制限についての判断を行う指定医に対しては、精神障害者の人権の保護や精神医学の進歩、精神科医療を取り巻く状況を踏まえて適正な判断ができるように、指定後5年度ごとに研修の受講を義務付けたものである。指定医研修を受けなかった者については、研修を受けるべき年度の終了の年に、指定の効力を失うこととされた。ただし、研修を受けなかったことにつき、「厚生労働省令で定めるやむを得ない理由が存すると厚生労働大臣が認めるときは、この限りでない」とされている。厚生労働省令では、「災害、傷病、長期の海外渡航、その他の事由」と定められている。

(オ) 指定医の職務

職務の内容については、後に解説するので、ここでは19条の4の規定を掲げるにとどめることとしたい。

(a) 指定医の職務のうち、①任意入院者の入院継続の必要性の判定(21条3項)、②措置入院継続の必要性の判定(29条の5)、③医療保護入院・応急入院につき入院を必要とするかどうか(33条1項、33条の6第1項)及び任意入院が行われる状態にないかどうかの判定(20条)、④入院中の患者の行動の制限をする必要があるかどうかの判定(36条3項)、⑤定期の報告につき、診察を必要とする事項に係る入院中の者の診察(38条の2第1項)、⑥仮退院につき一時退院させて経過を見ることが適当かどうかの判定(40条)、以上の職務を行う。

(b) 指定医は前記の職務のほか、非常勤の公務員として以下の職務を行う。①措置入院及び緊急措置入院が必要かどうかの判定(29条1項及び29条の2第1項)、②医療保護入院に関する入院の必要性の判定(33条2項)、③措置入院又は医療保護入院時の行動の制限を必要とするかどうかの判定、④入院措置を解除する際の入院継続の必要性に関する判定(29条の4第2項)、⑤入院のための移送の際に行動制限を必要とするかどうかの判定(34条1項、29条の2の2第3項)、⑥医療保護入院に際し、移送を必要とするかどうかの判定、⑦退院等の請求による入院が必要かどうかの判定(38条の5第5項)、⑧報告徴収等に係る立ち入り検査、質問及び診察(38条の6第1項、40条の5第1項)、⑨退院命令に関して、入院の継続の必要性に関する診察(38条の7第2項)、⑩精神障害者保健福祉手帳の返還に係る診察(45条の2第4項)。これらの場合には、指定医は非常勤公務員として職務を行うものとされており、19条の4第3項は、「指定医は、その勤務する医療施設の業務に支障がある場合その他やむを得ない理由がある場合を除き、前項各号に掲げる職務を行うよう都道府県知事から求めがあった場合には、これに応じなければならない」と規定している。精神保健指定医は、前記の職務を行う義務が課されているのである。

(カ) 診療録の記載義務

精神保健福祉法19条の4の2は、「指定医は、前条第1項に規定する職務を行ったときは、遅滞なく、当該指定医の氏名その他厚生労働省令で定める事項を診療録に記載しなければならない」と規定している。「診療録」とは、診療に関して、その診療の経過等の記録をいうが、特に19条の4第1項の定める職務について記載しなければならないとされている。「遅滞なく」とは、「事情の許す限りできるだけ早く」という意味であるが、通常の診療において認められる時間的な範囲内であれば足りるであろう。なお、診療録の記載事項は、施行規則4条の2が定めている。例えば、措置入院を継続する必要があるかの判定の記載は、①措置入院を採った年月日及び時刻、②当該措置を採ったときの症状が求められている。

(キ) 指定医の必置

精神保健福祉法19条の5は、措置入院、医療保護入院等を行う精神科病院においては、病院の管理者は、必ず常勤の精神保健指定医を置かなければならないとしている。いわゆる「必置義務」が課されるのである。具体的には、措置入院、緊急措置入院、医療保護入院又は応急入院を行う精神科病院の管理者は、常勤の指定医を置かなければならないのである。入院、入院の継続、退院及び行動制限は、医学的判断に基づいて行わなければならないとする趣旨である。また、「常時勤務する指定医」とは、「1日に8時間以上、かつ、1週間に4日以上当該精神科病院において精神障害の診断又は治療に従事する者」(施行規則4条の3)をいう。

(ク) 指定の取消し

精神保健福祉法19条の2第1項は、「指定医がその医師免許を取り消され、又は期間を定めて医業の停止を命ぜられたときは、厚生労働大臣は、その指定を取り消さなければならない」と規定している。医師免許の取消しは、医師法7条が定めるものであり、①心身の障害により医師の業務を適正に行うことができない者、②麻薬、大麻又はあへんの中毒者、③罰金以上の刑に処せられた者、④医事に関して犯罪又は不正の行為のあった者について、厚生労働大臣は、戒告、3年以内の医業の停止、免許の取消しの行政処分をすることができるとしている。したがって、医師法によって、医師免許が取り消され、又は3年以内の医業の停止処分を科された者について、厚生労働大臣は精神保健指定医の指定を取り消さなければならない。医師免許を取り消された者は医師ではなくなり、また医業の停止を命じられたものは、その間はもはや精神科医ではなくなるのであるから、指定を取り消され、期間を定めて指定医としての職務の停止を命ぜられることは、やむを得ないと言わなければならない。

精神保健福祉法19条の2第2項は、「指定医がこの法律若しくはこの法律に基づく命令に違反したとき又はその職務に関し著しく不当な行為を行ったときその他指定医として著しく不適当と認められるときは、厚生労働大臣は、その指定を取り消し、又は期間を定めてその職務の停止を命ずることができる」と規定している。したがって、精神保健福祉法に違反して医療保護入院時の診察を故意に怠った場合、入院患者が不当な行動制限を受けているのを知りながらそれを解除しなかったような場合は、処分の対象になる。しかし、指定の取消しや職務の停止は、対象となっている指定医にとって不利益処分となるので、行政処分の恣意を防ぎ、客観的妥当性を担保するために、厚生労働大臣は、「あらかじめ、医道審議会の意見を聴かなければならない」(19条の2第3項)としている。また、行政手続法上の聴聞手続を経る必要がある。なお、都道府県知事は、指定医について、命令違反や著しく不当な行為があると思料するときは、その旨を厚生労働大臣に通知することができる（19条の2第4項）。

(ケ) 指定医研修のための登録研修機関

精神保健指定医は、指定後5年ごとに研修を受けなければならないが、精神科医療の適正な実施と人権擁護にとって極めて重要な制度であるところから、その研修は、厚生労働大臣が登録した機関によって実施する必要があるとする趣旨から設けられたものが、登録研修機関制度である。

(a) 登　録

登録とは、一定の事項を公証するために公簿に記載することをいうが、ここでは、厚生労働大臣が研修を行おうとする研修機関名簿に機関名を記載することを登録という。登録を受けた者（事業所）を登録研修機関という。精神保健福祉法19条の6の2は、登録は、「研修を行おうとする者の申請により行う」としている。現在、公益社団法人日本精神科病院協会、公益社団法人全国自治体病院協議会、一般社団法人日本総合病院精神医学会などが登録している。

申請者は、申請書に、①氏名及び住所（法人にあっては、その名称、主たる事務所の所在地及び代表者の氏名）、②研修の業務を行おうとする事務所の名称及び所在地、③研修の業務を開始しようとする年月日、④研修の種類、以上の項目を記載し、厚生労働大臣に提出しなければならない。なお、精神保健福祉法若しくは同法に基づく命令又は障害者の日常生活及び社会生活を総合的に支援するための法律若しくは同法に基づく命令に違反し、罰金以上の刑に処せられ、その執行を終わり、又は執行を受けることがなくなった日から2年を経過しない者、また、登録を取り消されて2年を経過しない者、さらに、法人であって、その業務を行う役員が前記の要件に該当した場合、いずれも欠格事由となる。登録は、5年ごとにその更新を受けなければ、その期間の経過によって、その効力を失う(19条の6の5)。なお、「登録研修機関は、その氏名若しくは名称又は住所を変更しようとするときは、変更しようとする日の2週間前までに、その旨を厚生労働大臣に届け出なければならない」(19条の6の7)。

(b) **登録基準**

精神保健福祉法19条の6の4は、「厚生労働大臣は、第19条の6の2の規定により登録を申請した者が次に掲げる要件のすべてに適合しているときは、その登録をしなければならない」と規定している。ここで第19条の6の2とは、登録申請の規定のことであるが、登録申請した者が、別表に掲げられている要件のすべてを充たしているときは、厚生労働大臣は、必ず登録しなければならないとする趣旨である。

19条の6の4第1項1号は、別表の第1欄として、㋐研修として教授すべき科目、教授する者の資格、㋑指定要件の研修(18条1項4号)の時間数、㋒指定後の定期研修(19条1項)の時間数に分けて規定している。科目は、①精神保健福祉法、障害者総合支援法及び精神保健福祉行政概論、②精神障害者の医療に関する法令及び実務、③精神障害者の人権に関する法令、④精神医学、⑤精神障害者の社会復帰及び精神障害者福祉、⑥精神障害者の医療に関する事例研究の6科目である。教授する者としては、例えば、③では、「法律に関し学識経験を有する者として精神医療審査会の委員に任命されている者若しくはその職にあった者又はこれらの者と同等以上の学識経験を有する者であること」とされている。また、時間数としては、㋑については2時間~8時間、㋒については1時間~3時間とされている。そして、研修機関登録簿に登録を受ける者の氏名又は名称、住所、登録の年月日及び登録番号を記載して申請した者については、厚生労働大臣は、登録をしなければならない(同条2項)。

(c) **研修の実施**

登録研修機関は、①正当な事由がある場合を除き、毎事業年度、研修の実施計画を作成し、研修計画に従って研修を実施しなければならない。また、公正に、かつ、厚生労働省令で定められたところにより研修を行わなければならない。さらに、毎事業年度の開始前に、前記の研修計画を厚生労働大臣に届け出なければならない。研修計画を変更しようとするときも、届け出なければならない（19条の6の6）。

(d) **業務規程**

指定医の研修制度の円滑な運用を図るため、厚生労働大臣が登録研修機関の業務内容を把握する必要があるところから、研修の実施方法や研修の料金等を業務規程として定め、研修業務の開始前に、厚生労働大臣に届け出ることを義務付けている（19条の6の8）。なお、登録研修機関は、研修業務の全部又は一部を休止し、又は廃止しようとするときは、厚生労働大臣に届け出なければならない（19条の6の9）。

(e) **財務諸表等の備付・閲覧**

登録研修機関は、毎事業年度経過後3か月以内に、その事業年度の決算書（財産目録、貸借対照表、収支計算書、事業報告書等）を作成し、5年間事務所に備えておかなければならない。研修を受けようとする者は、いつでも財務諸表等の閲覧、謄写の請求ができる（19条の6の10）。なお、決算書は、電磁的記録による作成及び閲覧も可能である。

(f) **適合・改善命令等**

厚生労働大臣は、登録研修機関が登録基準に適合しなくなったと認めるときは、登録研修機関に対し、登録基準に適合するように必要な措置を講ずることを命ずることができる（19条の6の11）。また、厚生労働大臣は、登録研修機関が研修の義務に違反していると認めるときは、改善を命ずることができる（19条6の12）。さらに、厚生労働大臣は、①登録研修機関が欠格事由に該当するに至ったとき（19条の6の13第1号）、②登録研修機関が研修の実施義務に違反したとき（同2号）、③正当な理由がないのに財務諸表等の閲覧等の請求を拒んだとき（同3

号)、④適合命令・改善命令に違反したとき(同4号)、⑤不正な手段により登録を受けたとき(同5号)は、その登録を取り消し、又は期間を定めて研修の業務の全部若しくは一部の停止を命ずることができる(19条の6の13)。

(g) **帳簿の備付け**

登録研修機関は、研修を行ったとき、研修の修了者の氏名、生年月日、住所、勤務先の名称及び所在地、修了年月日、研修課程修了証の番号及び修了した研修の種類を記載した帳簿を作成し、研修の業務を廃止するまで保存しなければならない(施行規則4条の11)。なお、登録研修機関による研修の業務の実施が困難となるなど、厚生労働大臣が必要と認めるときは、厚生労働大臣が自ら研修業務を引き継ぎ、その全部又は一部を行うことができる(19条の6の15)。

(h) **報告の徴収等**

厚生労働大臣は、研修の適正な運営を確保するために、登録研修機関に対し、必要と認める事項の報告を求め、又は、当該職員に、その事務所に立ち入り、業務の状況若しくは帳簿書類その他の物件を検査させることができる。なお、立ち入り検査を行う職員は、身分証を携帯し、関係者の請求があったときは、これを提示しなければならない。当然のことながら、検査等の権限は、「犯罪捜査のために認められたものと解釈してはならない」(19条の6の16)。

(i) **公　示**

厚生労働大臣は、①登録をしたとき、②登録事項の変更をする届出をしたとき、③業務の全部又は一部を休止したとき、④登録を取り消し又は研修の業務の停止を命じたとき、⑤研修の業務の全部又は一部を自ら行おうとするとき、又は行わないとするときは、公示しなければならない。

第6章　精神科病院の入院形態

精神障害者の医療としては、通院医療と入院医療があるが、精神保健福祉法32条の「通院医療」が2005(平成17)年障害者自立支援法附則によって削除されたため、精神保健福祉法上の医療は全て入院医療によって行われる。本章では、入院医療の内容を明らかにするとともに、適切な医療を確保するための制度や事業を明らかにする。

1　総説

精神保健福祉法は、精神科病院への入院について、一般の病院とは異なった入院形態を認めている。すなわち、同法は、①任意入院、②措置入院、③緊急措置入院、④医療保護入院、⑤応急入院という5つの形態について規定している。精神科病院に入院する、あるいは入院させる必要が生じた場合は、他の診療科の入院形態で入院させることはできず、前記の精神科病院の形態のいずれかによる必要がある。

参考までに、2022(令和4)年度の精神科入院形態別患者数を見ると、総数は25万8920人、そのうち任意入院は12万5459人、措置入院は1546人、医療保護入院は、13万490人であった。2015(平成27)

年と比べてみると、総入院患者数は、28万4806人であり、そのうち任意入院は15万3833人、措置入院は1515人、医療保護入院は、12万7599人であった（国民衛生の動向68巻9号（2021）125頁）。ここでは任意入院者数の増加が注目される。

入院形態の変遷を見ておくと、1950（昭和25）年の精神衛生法においては、自傷他害のおそれを要件とする「措置入院」、保護義務者の同意を要件とする「同意入院」及び診断のための「仮入院」という3つの入院形態が定められていた。任意入院は制度化されておらず、本人の意思に基づく入院として自由入院（自発入院、自主入院など）と呼ばれていたのである。その後、ライシャワー大使事件を契機として、1965（昭和40）年に、緊急の場合に手続を省略して行う緊急措置入院が制度化された。また、1984（昭和59）年の宇都宮病院事件を契機とする「入院中心の医療体制から地域におけるケアを中心とする体制」という時代の潮流を踏まえて、1987（昭和62）年に精神衛生法の大改正が行われ、法律名も精神保健法と改められて、新たに「任意入院」及び「応急入院」が設けられた。また、同意入院は「医療保護入院」と名称が変更され、特に精神科医療における人権の擁護が重視されて、新たに入院時の書面による「患者の権利の告知」制度の新設など、入院形態に関連する法改正が行われたのである。さらに、2022（令和4）年には、入院期間が設けられていなかった医療保護入院について、6月以内の期間の範囲内で入院期間が設けられた。そこで、以下においては、任意入院、措置入院、緊急措置入院、医療保護入院、応急入院について、順次考察することにしたい。

2　任意入院

精神保健福祉法20条は、「精神科病院の管理者は、精神障害者を入院させる場合においては、本人の同意に基づいて入院が行われるように努めなければならない」と規定している。

(1) 趣旨

既述のように、わが国の精神科医療は、措置入院及び医療保護入院といった強制入院又は非自発入院が中心であり、本人の意思による入院についての法律上の規定はなかった。そのため、本人の同意に基づく入院は、「自由入院」と呼ばれて適用されてきた。しかし、本人の申出や、医師の説明又は、説得を受けて入院する場合も含める趣旨から、「自由」という表現を避け、「強制されたもの」ではないという意味で、精神保健福祉法第5章第1節を「任意入院」とし、それを1つの入院形態として制度化したものである。また、この規定は、21条の規定とともに、1987(昭和62)年の改正において新たに設けられたものであり、精神障害者本人の意思を尊重する形での入院を行うことは、人権尊重の観点から極めて重要であり、また、医療面からも、退院後の治療や再発時に好影響をもたらすと考えられたこと、さらには、「家族に無理に病院に入れさせられた」として、退院後の家族関係のトラブルの原因となることは周知のことであり、これを避けることができるといった観点から新設されたものである(川本・犯罪者処遇40頁)。

こうして、任意入院とは、「本人の同意による入院」のことであり、医療契約上の「申し込みによる同意」の入院とは異なる。精神科病院の管理者が精神障害者を精神科病院に入院させる場合には、精神障害者本人の「同意」に基づいて入院が行われるように努めるべき旨の努力義務を定めたのが、精神保健福祉法20条の規定であり、本条は本人の同意に基づく入院を促進するために設けられたものである。その意味で、条文で「本人の同意に基づいて」としているのは、適切でないように思われる。「同意」としているため、民法上の法律行為としての同意と誤解されがちであるが、精神障害者が自分の入院について拒否することができるのに拒否しなかったということが重要である。

(2) 精神科病院の管理者

かくして、精神科病院の管理者は、本人の同意に基づく入院が行われるように努力しなければならないが、ここで精神科病院とは、精神科病床を有する病院をいう。したがって、精神科以外の病床を有する病院であっても、精神科病床を有する病院は全て精神科病院として扱われる。しかし、精神科病床専用の病棟に精神障害者以外の患者を入院させることは好ましくないから、法律上禁止されてはいないが、一般病床が不足しているといった特段の理由がない限り、精神科専用の病棟に精神障害者以外の患者を入院させるべきではない。

精神科病院には、精神科病院の「管理者」を置かなければならない。ここで管理者とは、医療法10条に定める管理者のことである。その規定によると、「病院……又は診療所の開設者は、その病院又は診療所が医業をなすものである場合は臨床研修等修了医師に……これを管理させなければならない」と規定している。したがって、開設者から精神科病院の管理を任された者が管理者である。一般的には、この管理者のことを院長と呼んでいる。なお、臨床研修とは、医師法16条の2が定めるものであって、既述のように、「医師が、医師としての人格をかん養し、将来専門とする分野にかかわらず、医学及び医療の果たすべき社会的役割を認識しつつ、一般的な診療において頻繁に関わる負傷又は疾病に適切に対応できるよう、基本的な診療能力を身に付け」させるために、2年以上、都道府県が指定する病院又は外国の病院で研修を受けさせるものである(90頁)。

「管理者」という用語は、精神保健福祉法においてもしばし用いられているので、ここで整理しておくと、法人の精神科病院の開設者は、病院の経営上の責任者である理事長、公立であれば地方公共団体の首長である。医師であるかどうかは問わない。これに対し、病院の管理者は、臨床研修等を修了した医師として、病院の診療上の責任者として開設者から指名された者であるから、医師でなければならない。管理者としての医師は、当該病院における診療の責任者であるが、例えば、総合病院における精神科病棟のように、管理者である医師は脳外科の専門家であって、精神科の医療は精神科を専門とする精神科長又は精神科医局長に委ねられている場合、精神科の診療について実質的責任者は医長等であるが、法律上の責任者は病院の管理者である。したがって、精神保健福祉法で規定されている個々の行為は、管理者である病院長の責任又は名義で行われなければならないのである。ちなみに、医療事故が発生した場合、一応、病院における診療の責任者である管理者としての責任を問われるが、管理者はいわば開設者の代理として診療上の責任者となるのであるから、法律上の責任主体は開設者又は理事長であり、開設者が最終的な責任者となる。なお、個人の病院又は診療所の場合は、病院長が開設者・管理者として経営・診療双方の責任者である。

(3) 同意

精神科病院の管理者は、「同意に基づく入院が行われるように努める」必要がある。ここでの「同意」は、既に述べたように、精神科病院の管理者と患者との間の医療契約のような民法上の法律行為における申し込みと承諾としての同意とは必ずしも一致するものではなく、患者が、自らの入院について拒否することができるのに、明確に拒否していない場合も含むと解されている(詳解・230頁)。精神障害者が不承不承入院を認めるといった場合も含むものと解される。したがって、未成年者や成年被後見人である精神障害者を入院させる場合でも、本人が同意している以上、親権者や成年後見人の同意は必要としないのである。逆に、未成年者等が入院を拒否している以上、任意入院とすることはできない。

一方、精神保健福祉法20条は、「本人の同意に基づいて入院が行われるように努めなければならない」とする

任意入院同意書

年　　月　　日

○　○　病院長　殿

入院者本人　氏　　名

生年月日

住　　所

私は、「任意入院に際してのお知らせ」（入院時告知事項）を了承のうえ、精神保健及び精神障害者福祉に関する法律第 21 条第 1 項の規定により、貴院に入院することに同意いたします。

図 3-1　任意入院同意書

努力義務を課している。その趣旨は、精神科病院の管理者に努力義務を課すことによって、任意入院の促進を図ることにある。その努力の内容は、精神障害者を入院させるに当たっては、先ず本人に対して説明又は説得を行うことを一般的に要請し、その結果、本人の同意が見込まれる精神障害者については、できるだけ任意入院として入院させるべきだということである。

説明又は説得の中身は、対象となる精神障害者によって多様であり、具体的な基準を示すことは難しい。しかし、要は、本人に対してその病状を明らかにしたうえで入院の必要性を説明し、納得が得られるようにすることに尽きるであろう。それでも同意が得られないときは、任意入院としての入院は断念するほかはなく、後は患者の病状に応じ、管理者として、患者本人の医療及び保護を確保する観点から、医療保護入院等の入院の要否の判断が行われるように配慮すべきである。その場合に問題となるのは、管理者として説明又は説得を行うべきなのに、それを怠り、漫然と医療保護入院を実施した場合である。例えば、精神障害者本人の病状から判断し、説得すれば同意すると予測できたのに、説明又は説得をしないで、医療保護入院の手続を進めたような場合である。精神保健福祉法20条は努力義務規定であり、それに違反した管理者に対する制裁はない。したがって、医療倫理上はともかく、現行法上の法的制裁は認められていない。義務違反に対する制裁については、一考の余地があるように思われる。

(4) 任意入院の要件と手続

以上、任意入院に関する管理者の努力義務規定を中心に解説したが、これからは、任意入院の要件と手続について述べる。精神保健福祉法21条1項は、「精神障害者が自ら入院する場合においては、精神科病院の管理者は、その入院に際し、当該精神障害者に対して第38条の4の規定による退院等の請求に関することその他厚生労働省令で定める事項を書面で知らせ、当該精神障害者から自ら入院する旨を記載した書面を受けなければならない」と規定している。

(ア) 任意入院の要件

任意入院というためには、次の要件を満たさなければならない。第1に、任意入院は精神保健福祉法下の制度であるから、本法5条で「精神疾患を有する者」すなわち精神障害者を対象とするものであり、仮に、担当の精神科医師又は管理者が認めたとしても、精神障害者でない者について任意入院を認めることは許されない。第2に、任意入院も医療及び保護のために行われるのであるから、管理者は、その必要がない者を入院させることはできない。医学的適応性を欠く入院は、医療行為としての入院とはならないからである。第3に、当然のことながら、精神障害者本人の同意がなければ任意入院とはならない。なお、同意は、患者が説明を聞いて納得すれば足りるから、積極的に同意の意思を表明する必要はないと解される。

(イ) 任意の入院と退院の手続

精神保健福祉法は、前記のように、任意入院者に対して、退院請求等について書面で告知するとしており、21条2項では、「自ら入院した精神障害者(以下「任意入院者」という。)から退院の申出があった場合においては、その者を退院させなければならない」としているが、同条3項では、入院継続の必要が認められたときは72時間を上限として退院させないことができると規定されている。以下では、その内容を詳しく見ていきたい。

(a) 権利告知・同意

精神科病院の管理者は、入院に際して、入院中の権利、例えば信書の発受の自由や退院などの事項について、「書面」で説明を行う必要がある。これを「権利告知」という。21条で「書面で」としているのは、告知を確実に行い、「告知を実施したか否か」について、事後に問題を起こさないようにするためのものである。したがって、告知文書を、いつ、誰が、誰に渡したかについて記録を残し、また、本人又は家族の署名を得ておくなどの工夫を凝らすことは、この制度の円滑な運営に資するであろう。ここで「事項」とあるのは告知事項のことであり、精神保健福祉法施行規則5条は、患者の同意に基づく入院であること、行動制限や処遇、退院の申出による退院、退院の制度に関する事項を文書にして本人に説明する義務を課している。この文書を「告知文書」という(「任意入院に際してのお知らせ」図3-2参照)。次に、管理者は、当該精神障害者が自ら入院する旨を記載した書面すなわち「任意入院同意書」(図3-1参照)を受け取っておく義務がある。なお、長期間にわたって任意入院している精神障害者の病状を適切に確認するとともに、入院目的や退院できるかどうかを判断するために、管理者は入院後1年経過した日及び以降2年ごとに、自筆の同意書の再提出を求め、書面による同意の再確認を行わなければならない（詳解・237頁）。

(b) **退院の自由とその制限**

任意入院者から退院の申出があった場合においては、管理者はその者を退院させなければならない。任意入院者が退院を申し出る相手方としては、精神科病院の管理者ばかりでなく、主治医、看護師、病院事務職員でもよく、特別の制限はない。また、退院の意思が明らかであればよいから、口頭であると書面によるとを問わない（詳解・237頁）。ただし、任意入院者から退院の申出があったときでも、指定医による診察の結果、当該任意入院者の医療及び保護のため、入院を継続する必要があると認めたときは、当該指定医は、遅滞なく厚生労働省令で定める事項を診療録に記載しなければならない。そして、一定の事項を書面で告知した上で、72時間を限度として退院を制限できる（同条3項）。

退院を制限するためには、指定医が診察し、任意入院者の医療及び保護のために入院の継続が必要であると診断されることが必要である。したがって、退院の申出があったとき、精神科病院の管理者は、一律に退院制限を行うことは許されない。しかし、指定医の診察の結果、医療及び保護のため入院の継続が必要であると認めた場合、それだけで退院を制限することができるのかということが問題となったことがある（条解・112頁）。強制入院である措置入院の場合は、「自傷他害のおそれ」（29条）、また、医療保護入院の場合は家族等の同意（33条）を要件として認められるのであるから、これらとの均衡上、医療及び保護の必要性以外に、措置入院又は医療保護入院といった強制入院の要件が退院制限時に存在することが必要ではないかというのである。

しかし、退院制限の制度は、①医療の必要な患者が折角入院したのであるから、ある程度の期間、入院を継続させて治療の効果を確かめようとする趣旨に基づくものであること、②入院の継続の必要性について説明・説得の時間が必要であること、③権利の告知の段階で本人が退院の制限に同意していること、これら3つの理

様式２

任意入院に際してのお知らせ

（任意入院者の氏名）殿

年　　月　　日

1．あなたの入院は、あなたの同意に基づく、精神保健及び精神障害者福祉に関する法律第20条の規定による任意入院です。

2．あなたの入院中、手紙やはがきを受け取ったり出したりすることは制限なく行うことができます。ただし、封書に異物が同封されていると判断される場合、病院の職員と一緒に、あなたに開封してもらい、その異物は病院であずかることがあります。

3．あなたの入院中、人権を擁護する行政機関の職員、あなたの代理人である弁護士との電話・面会や、あなた又はあなたのご家族等の依頼によりあなたの代理人となろうとする弁護士との面会は、制限されませんが、それら以外の人との電話・面接については、あなたの病状に応じて医師の指示で一時的に制限することがあります。

4．あなたの入院中、あなたの処遇は、原則として開放的な環境での処遇（夜間を除いて病院の出入りが自由に可能な処遇。）となります。しかし、治療上必要な場合には、あなたの開放処遇を制限することがあります。

5．あなたの入院中、治療上どうしても必要な場合には、あなたの行動を制限することがあります。

6．あなたの入院は任意入院でありますので、あなたの退院の申し出により、退院できます。ただし、精神保健指定医又は特定医師があなたを診察し、必要があると認めたときには、入院を継続していただくことがあります。その際には、入院継続の措置をとることについて、あなたに説明いたします。

7．入院中、あなたの病状が良くなるように力を尽くしてまいります。もしも入院中の治療や生活について不明な点、納得のいかない点がありましたら、遠慮なく病院の職員にお話しください。

8．それでも入院や入院生活に納得のいかない場合には、あなた又はあなたのご家族等は、退院や病院の処遇の改善を指示するよう、都道府県知事に請求することができます。この点について、詳しくお知りになりたいときは、病院の職員にお尋ねになるか下記にお問い合わせ下さい。

自治体の連絡先（電話番号を含む。）

9．あなたの入院中、もしもあなたが病院の職員から虐待を受けた場合、下記に届け出ることができます。また、もしも他の入院患者さんが病院の職員から虐待を受けたのを見かけた場合も、下記に通報してください。

自治体の虐待通報に関する連絡先（電話番号を含む。）

病　院　名
管理者の氏名
主治医の氏名

図 3-2 「任意入院に際してのお知らせ」

由で、措置入院等の強制入院の要件を充たしていなくても、指定医による医療及び保護の必要性の要件さえ認められれば、退院制限は許されると考えるものである。なお、医療及び保護の必要性が認められても、管理者は、72時間が経過すれば任意入院者を退院させなければならない。

(c) **退院制限後の措置**

任意入院者につき退院制限を行ったが、さらに入院を継続する必要がある場合、通常は医療保護入院に切り替えて入院が行われることになる。しかし、任意入院制度の趣旨からすれば、任意入院を継続させる方が望ましいところから、任意入院者の退院の申出を撤回させ、任意入院者として病院に留まるよう説得すべきである。医療及び保護が必要な任意入院者が退院を求めている場合は、医療保護入院等の強制入院に移行されるが、強制入院としては医療保護入院に限られず、措置入院ということもありうる。医療保護入院に移行する場合は、改めて指定医の診察が必要であるとともに、家族等の同意も必要となる(33条)。また、措置入院の場合は、2人以上の指定医の診察の結果、その診察を受けた者が精神障害者であり、かつ、医療及び保護のために入院させなければその精神障害のために自身を傷つけ他人を害するおそれがあるといった措置要件を充たす必要がある(29条)。72時間の間に任意入院者が入院の継続に同意するか、医療保護入院又は措置入院への移行手続が採られないときは、管理者は、任意入院者を退院させて強制入院への移行手続をしなければならない。なお、任意入院者が72時間を超えて任意入院を継続することに同意した場合は、新たに書面による告知及び同意という任意入院の手続を採ることが必要となる。

(d) **特定医師の診察による場合**

任意入院者から退院の申出があったとき、精神科病院の管理者は、緊急その他やむを得ない理由があるときは、指定医に代えて指定医以外の医師——特定医師に任意入院者の診察を行わせることができる。なお、特定医師の診察により、退院の制限を行うことができる精神科病院の基準は、厚生労働省令で定めており、①都道府県知事の指定する病院であること、②地方公共団体の救急医療の確保に関する施策に協力して休日診療及び夜間診療を行っていること、③2名以上の常時勤務する指定医を置いていること等が定められている（施行規則5条の2）。その特定医師の診察の結果、当該任意入院者の医療及び保護のために入院を継続する必要があると認めたときは、12時間を限度として退院制限を行うことができる（21条4項）。

特定医師が判定のための診察を行ったときは、診療録にその旨の記載をしなければならない（同条5項）。医師の診察の結果、退院の12時間制限の措置を採ったときは、管理者は、厚生労働省令で定めるところにより、遅滞なく当該措置に関する記録を作成し、これを保存しなければならない（同条6項）。なお、特定医師の基準としては、前記の精神科病院において、①4年以上診断又は治療に従事した経験を有すること、②2年以上精神障害の診断又は治療に従事したこと、③精神障害の診断又は治療に従事する医師として著しく不適当と認められる者でないことが定められている（施行規則5条の3）。精神科病院の管理者は、退院の72時間制限及び12時間制限の措置を採る場合においては、当該任意入院者に対し、当該措置を採る旨及びその理由を書面で知らせなければならない（21条7項）。

(ウ) **任意入院者の処遇**

精神保健福祉法は、任意入院者の入院中の処遇については何も規定していないが、既述の「任意入院に際してのお知らせ」においては、「あなたの入院中、あなたの処遇は、原則として開放的な環境での処遇となります」と記載されているので、任意入院における入院者の処遇について触れておきたい。

(a) **開放的処遇**

任意入院の場合は、自らの意思で入院しているのであるから、原則として、任意入院者の自由を拘束しない処遇、つまり開放的処遇でなければならないであろう。開放的処遇とは、開放的な診療環境での処遇をいい、精神科病院においては、夜間を除いて入院患者の求めに応じて病院への出入りが自由な病棟すなわち開放病棟での処遇を意味している。これに対し、入院患者の自由な出入りを禁止している病棟を閉鎖病棟といい、そこでの処遇を閉鎖的処遇という。任意入院者の処遇については、近年、任意入院者の半数近くが閉鎖的処遇であるという実態が問題となったことがある。こうして２０００(平成12)年に任意入院者の処遇の見直しが行われ、任意入院者は原則として開放処遇を受けるべきこととなった。

(b) **処遇の現状**

しかし、閉鎖的処遇を受けている任意入院者が年々増加していること、また、人間関係や自殺企図、急激な病状の悪化といった理由のために、少し古い統計ではあるが、２０１３(平成25)年6月末の調査結果によれば、任意入院者15万７１７８人中８万９２２人(51・48%)が終日閉鎖病棟で処遇を受けている(２０１４年度「精神保健福祉白書」１５１頁)。任意入院者の開放的処遇の原則化を一層推進すべきである。しかし、①他の患者との人間関係を著しく損なうおそれがある場合、②自殺企図又は自傷行為のおそれがある場合、③症状から見て、開放的処遇を継続するのが困難な場合など、開放的処遇に適さない場合は、当該任意入院者の医療及び保護にとって欠くことのできない限度において、その行動について、必要最小限の自由の制限を認めるべきであろう。

開放的処遇を制限する場合は、管理者は制限する理由及び制限の内容を説明して、入院者からの同意を得ることが必要となる。そして、開放的処遇を制限した場合は、管理者は、①開放的処遇を制限したこと、②その理由、③同意を得たこと、④制限を開始した日時を診療録に記載しなければならない。開放的処遇の制限に同意を得られなかった場合は、退院させるか医療保護入院に切り替えるほかにないであろう。また、任意入院者が自由の制限を求めるときは、その旨の書面を作成する必要がある。そして、閉鎖的処遇が行われる場合、それはあくまで例外的処遇なのであるから、病院内の混乱を避けるために、管理者は、任意入院者の処遇状況、処遇の指針を病院内に周知するよう努めなければならない。また、任意入院者についての定期病状報告を厚生センター又は保健所に提出しなければならない。

(c) **行動の制限**

精神保健福祉法36条1項は、「精神科病院の管理者は、入院中の者につき、その医療又は保護に欠くことのできない限度において、その行動について必要な制限を行うことができる」と規定している。したがって、管理者は、入院形態の如何を問わず、指定医が医療又は保護のために必要と認めたときは、12時間を超える隔離と身体的拘束を認めることができるのであるが、任意入院については、退院制限の範囲内でのみ行動制限は可能となる(昭和63年厚生省告示第130号)。

(d) **本条違反**

法の定める手続、退院制限の手続を守らなかったとしても、それに対する精神保健福祉法違反によって処罰されることはない。しかし、退院制限時間を超えて閉鎖病棟に収容した場合には、逮捕・監禁罪(刑法220条)などの一般的な犯罪として管理者が処罰されることはありうる。また、不法行為として民事責任が問われることもある。

3 指定医の診察及び措置入院・緊急措置入院

任意入院の要件、手続、処遇等の検討を済ませたので、これからは強制入院又は非自発入院について考察する。なお、強制入院としては、前述のように、措置入院、緊急措置入院、医療保護入院及び応急入院の4つの形態が法律で定められているが、先ず、強制入院の典型ともいうべき措置入院から始めることとしたい。

措置入院とは、2人以上の精神保健指定医による診察の結果、その診察を受けた者が、精神障害者であり、かつ、医療及び保護のために入院させなければ、その精神障害のために自身を傷つけ又は他人に害を及ぼすおそれ(自傷他害のおそれ)があると認められた者につき、都道府県知事が強制的に国等の精神科病院又は指定病院に入院させる措置のことである。これを定めた法律の規定が、精神保健福祉法29条の1項と2項である。しかし、自傷他害のおそれの疑いがある精神障害者をいかにして把握し、指定医に診察させるべきであろうか。この課題を解決するための制度が、申請、通報及び届出である。

(1) 診察及び保護の申請

精神保健福祉法22条1項は、「精神障害者又はその疑いのある者を知った者は、誰でも、その者について指定医の診察及び必要な保護を都道府県知事に申請することができる」と規定している。また、同条2項は、「前項の申請をするには、次の事項を記載した申請書を最寄りの保健所長を経て都道府県知事に提出しなければならない。①申請者の住所、氏名及び生年月日。②本人の現在場所、居住地、氏名、性別及び生年月日。③症状の概要。④現に本人の保護の任に当たっている者があるときはその者の住所及び氏名。」と規定している。一般人の申請は、医療及び保護の必要があるにかかわらず、これを受けないまま放置されている精神障害者を把握するための制度であるが、23条以下の規定による警察官等の通報とは異なり、一般人に対する義務規定ではない。

(ア) 意義

精神障害者又はその疑いのある者を知った者は、「誰でも」申請できる。23条以下の通報・届出に列挙されている警察官等の者であっても、その職務と関係なく精神障害者等を知った場合には、一般の私人と同様の立場で申請を行うことができる。しかし、この点については、刑法の秘密漏示罪との関連が問題となる。刑法134条は、「医師、薬剤師、医薬品販売業者、助産師、弁護士、弁護人、公証人又はこれらの職にあった者が、正当な理由がないのに、その業務上取り扱ったことについて知り得た人の秘密を漏らしたときは、6月以下の懲役[*]又は10万円以下の罰金に処する」(134条1項)とし、また、「宗教、祈禱若しくは祭祀の職にある者又はこれらの職にあった者が、正当な理由がないのに、その業務上取り扱ったことについて知り得た人の秘密を漏らしたときも、前項と同様とする」(同条2項)としている。したがって、これらの者が申請を行ったときは、秘密漏示罪が成立しうる。精神障害者等を都道府県知事に申請することが、「正当な理由」に当たるか否かで犯罪の成否が決まるが、一説によると、「これらの者の行う申請がすべて一律に「正当な理由がないのに」行われたものと解釈することはおそらく無理である」とし、当該申請行為が秘密漏示罪に該当するかどうかを実質的に判断すべきであるとされる(詳解・258頁)。しかし、精神障害者等に対する診察及び保護の申請は、被申請者に必要な医療及び保護を加えるという公益上重要な目的のために行われるのであるから、申請の要件を充たすものである限り、一律に正当な理由に基づくものと解すべきである。

＊刑法の一部改正(令和5年法律第66号)につき、13章1を参照。

(イ) 申請の対象

申請の対象となる者は、第5条に定める精神障害者又はその疑いのある者である。精神障害者の症状・程度については何らの制限も置かれていないが、本条の趣旨に照らし、医療及び保護が必要であると合理的に判断される者が対象となるとする見解がある（条解・118頁）。これに対し、①申請を受けた都道府県知事は、必要があると認めれば、指定医に診察させ、場合によっては公権力を以て強制的に措置入院させることになり、基本的人権に重大な影響のある行政処分の発動につながりうる申請であること、また、②第三者から一方的に知らされる精神障害者又はその疑いのある者の名誉、人権に配慮すべきであること、これら2つの理由で、医療及び保護が必要であるとするだけでは足りず、29条の自傷他害のおそれのある状態にあることを要件とすべきであるとする見解が対立している（詳解・258頁）。医療及び保護の必要性を要件とするだけでは余りにも無限定になり、対象者の人権を侵害することになるから、後者の見解が妥当である。したがって、申請者は、通常人としての立場から、被申請者が自傷他害のおそれのある状態にあることを認識して申請する必要があると解すべきである。

㈦　**申請の方法及び内容**

申請は、23条以下の通報とは異なり、法律が定めている様式を備えた場合にのみ有効となる「要式行為」とされている。①申請者の住所、氏名、生年月日、②本人の現在場所、居住地、氏名、性別、生年月日、③症状の概要、④本人の保護の任に当たっている者があるときは、その者の住所及び氏名を記載しなければならない。したがって、口頭・電話等による申請は認められない。申請される対象者の人権・名誉に対する影響が大きいことから、慎重な手続が求められるのである。また、前記のように、申請書の記載事項として症状の概要が求められているが、申請者の目から見て、対象者が自傷他害のおそれがあり、医療及び保護の措置を必要としていると認めた根拠を具体的に記載すれば十分であり、医学的見地からの記載が求められているものではない。なお、申請者が法令の規定（例えば、刑法134条）に基づき、業務上知り得た秘密を漏示した場合、当該守秘義務規定と本条との関係が問題となりうるが、本条に基づく適法な申請と認められる限り、正当な理由があるものとして、秘密漏示罪は成立しない。しかし、申請書に虚偽の記載をして申請した者は、6月以下の懲役又は50万円以下の罰金に処せられる(54条2項)。

(2) 警察官の通報

精神保健福祉法23条は、「警察官は、職務を執行するに当たり、異常な挙動その他周囲の事情から判断して、精神障害のために自身を傷つけ又は他人に害を及ぼすおそれがあると認められる者を発見したときは、直ちに、その旨を、最寄りの保健所長を経て都道府県知事に通報しなければならない」と規定している。

(ア) 意　義

この規定は、職務執行中の警察官が自傷他害のおそれがある精神障害者を発見したときの通報義務について定めたものである。ここで「警察官」というのは、警察法2条で定める捜査等の警察責務を遂行するための職務権限を行使する国家公務員及び地方公務員のことであり、職務の種別を問わない。警察官通報については、当初、「警察官又は警察吏員は、警察官職務執行法3条の規定により、精神障害者又はその疑いがある者を保護した場合には、直ちに、最寄りの保健所に通報しなければならない」と規定され、通報すべき場合が著しく限定されていたため、1965(昭和40)年に現在の規定に改められた。その改正の趣旨は、通報対象を警察官職務執行法3条により保護した旧規定の下で、警察官がその他の職務執行の過程で精神障害者を発見することがあり、その場合にも警察官が23条の規定に基づき「申請」を行うという変則的な運用が行われていたので、これを改め、必ずしも警察官職務執行法3条により保護した場合に限定しないこととする反面、単に精神障害者又はその疑いのあよって適正なものになるとしたのである（条解・118頁）。

(イ) **通報の対象・方法**

警察官の通報の対象は、精神障害のために自身を傷つけ又は他に害を及ぼすおそれがあると認められる者である。一般の申請の場合は、「その疑いがある者」も含まれるが、それと異なり、自傷他害のおそれがあると認められる者、言い換えると、29条1項の措置要件に該当する蓋然性があると判断される者であることを要する。その際、警察官は、いつ（時間）、どこで（場所）、どのような状況の下で被通報者を発見したのかについて確認することを要する（「措置入院の運用に関するガイドライン」平成30年3月27日障発0327第15号）。通報は、一般の申請の場合と異なり、要式行為ではなく文書等で行う必要はない。口頭、電話、スマホなどで知らせてもよい。ただし、最寄りの保健所長を経由して都道府県知事に通報を行う義務がある。

(ウ) **通報の要件**

通報は、警察官がその「職務を執行するに当たり」対象者を発見したときに、直ちに、最寄りの保健所長を経て、都道府県知事に対して行わなければならない。警察官の職務であればよく、警邏中であるとか、捜索中であるといった要件は問わない。警察官が自傷他害のおそれがあるとして通報すべきかどうかを決する場合、その判断基準は、警察官としての一方的なものではなく、「異常な挙動その他周囲の事情」に基づいて客観的・合理的に判断することを要する。医学的判断を考慮する必要はなく、対象者の動作、態度、四囲の状況に照らして、総合的に判断することが必要である。当該警察官が単に主観的に自傷他害のおそれがあると判断したというだけでは不十分であり、通常の警察官であればそのように判断するのが自然であるというような合理的判断でなければならない。したがって、警察官が被通報者を視認していない場合、原則として警察官が通報すべき場合に当たらないが、例えば、自傷他害のおそれがある者が離島又は山岳地帯にいる場合には、通報すべきであるとされている(前掲ガイドライン)。なお、被通報者が、通報の段階で精神科病院に入院中である場合は、既に医療及び保護が実施されている状況にあるから、警察官通報の必要はない。

一方で警察官が行う精神錯乱者の保護は、警察官職務執行法3条1項に基づいて行われるが、同項は、「精神錯乱又は泥酔のため、自己又は他人の生命、身体又は財産に危害を及ぼすおそれのある者」で、「応急の救護を要すると信ずるに足りる相当な理由」があると認められた者を保護しなければならないとしており、精神保健福祉法23条の通報の要件と「応急の救護を要する」という点で差が生じてくる。すなわち警察官は、精神錯乱により自傷他害のおそれがある者であっても、その者の所在する場所や、保護によらなくてもその者を監護できる等の状況から、直ちに応急の救護を要すると認められない場合は保護しないこと、又は保護の上警察官通報を行った後であっても、保護を解除することがありうる。したがって、前記のような場合には、被通報者が保護・逮捕されていない状態でも警察官通報の行われる可能性がある。

警察官の通報を受理した都道府県知事は、原則として、その職員を速やかに被通報者の居宅等の現在場所に派遣し、被通報者に対する面接を行わせ、被通報者に関する事前調査を行った上で、措置診察の要否を決定し、これに基づいて精神保健指定医に診察させる措置を採ることになる。ただし、都道府県知事が対象者(被通報者)を引き取る義務は、定められていない。

(3) 検察官の通報

精神保健福祉法24条1項は、「検察官は、精神障害者又はその疑いのある被疑者又は被告人について、不起訴処分をしたとき、又は裁判（懲役若しくは禁錮の刑を言い渡し、その刑の全部の執行猶予の言渡しをせず、又は拘留の刑を言い渡す裁判を除く。）が確定したときは、速やかに、その旨を都道府県知事に通報しなければならない。ただし、当該不起訴処分をされ、又は裁判を受けた者について、心神喪失等の状態で重大な他害行為を行った者の医療及び観察等に関する法律（平成15年法律第110号）〔筆者注・医療観察法と略す〕第33条第1項の申立てをしたときは、この限りでない」と規定している。また、同条2項は、「検察官は、前項本文に規定する場合のほか、精神障害者若しくはその疑いのある被疑者若しくは被告人又は心神喪失等の状態で重大な他害行為を行った者の医療及び観察等に関する法律の対象者（同法第2条第2項に規定する対象者をいう。第26条の3及び第44条第1項において同じ。）について、特に必要があると認めたときは、速やかに、都道府県知事に通報しなければならない」と規定している。

(ア) **意　義**

通報の主体は、検察官である。検察官とは、検事総長、次長検事、検事長、検事及び副検事の総称である。いずれも検察庁法4条が規定する職務を行うが、特に通報との関係で重要な職務は、「刑事について、公訴を行い、裁判所に法の正当な適用を請求」すること、すなわち捜査を行いその結果に基づき起訴・不起訴の決定をし、公訴を提起した場合において、公訴を維持・遂行することである。したがって、その職務を行う検察官が通報の主体となる。

(イ) **通報の要件**

検察官は、精神障害者又はその疑いのある被疑者又は被告人について、①不起訴処分をしたとき、②裁判が確定したとき、③その他特に必要があると認めたときは、速やかに、その旨を都道府県知事に通報しなければならない。刑事処分の対象にならなかった精神障害者を医療及び保護のシステムに組み込む必要があるからである。これに対し、懲役が執行され、刑務所に収容される場合は、当該の被疑者又は被告人は、実質上医療及び保護の対象者となっているから、当然、通報の対象から除かれる。なお、通報の対象者について、自傷他害のおそれを要件とすべきであるとする説が有力であるが、これに対し、警察官通報においては、自傷他害の要件が規定されているが、検察官の場合、当該要件は規定されておらず、また、通報制度の趣旨は医療及び保護の必要な精神障害者を早期に把握することにあるから、自傷他害のおそれの要件は不要であるとする見解が対立している。

しかし、自傷他害のおそれの要件が設けられなかったのは、対象者が罪を犯した者又はその嫌疑を受けた者として、他害のおそれがあることを推定されるものだからであり、不要説が妥当である。不起訴処分とされ、又は裁判を受けた者について、検察官が医療観察法33条1項の「医療を受けさせるための申立てをしたとき」は、通報を必要としない。この場合も医療及び保護の対象となり得るからである。なお、「その他特に必要があると認めたときは」、通報しなければならないとされている。その趣旨は、不起訴処分前または裁判確定の前であっても、速やかに精神保健福祉法のシステムに移し、措置入院その他の方法により適切な医療及び保護を加える必要があると検察官が判断した場合、速やかに通報しなければならないという趣旨である。

(ウ)　**通報の方法**

検察官が職務を執行中に対象者を発見したときは、直ちに、最寄りの保健所長を経て都道府県知事に対して通報することを要する。通報は、警察官通報の場合と同じように、文書による方法に限らず、適宜の方法でなされれば足りる。なお、検察官が通報に際して都道府県知事に対し、刑事事件の記録の全部又は一部を開示する場合、公務員等の守秘義務又は秘密漏示罪における守秘義務が問題となるが、精神障害者等の医療及び保護という公益を図るために資料の開示が行われるのであるから、正当な理由に基づく行為として公務員等の守秘義務違反又は秘密漏示罪は成立しない。

(4) 保護観察所の長の通報

精神保健福祉法25条は、「保護観察所の長は、保護観察に付されている者が精神障害者又はその疑いのある者であることを知ったときは、速やかに、その旨を都道府県知事に通報しなければならない」と規定している。

(ア) 意義

保護観察には、①少年に対する保護処分の一種としての保護観察（少年法24条1項1号）、②仮釈放中又は少年院からの仮退院中の者に対して行われる保護観察（更生保護法40条、42条）、③刑の執行猶予中の者に対して行われる保護観察（刑法25条の2第1項）の3種があり、これを実施する機関が保護観察所である。この保護観察所の長は、警察官や検察官と並んで精神障害者又はその疑いのある者と接する機会が多いところから、通報義務を課されるのである。通報の主体は、もちろん保護観察所の長である。なお、保護観察における指導監督の方法は、①面接その他の適当な方法により保護観察対象者と接触を保ち、その行状を把握すること、②保護観察対象者が遵守事項を遵守し、並びに生活行動指針に則して生活し、行動するよう、必要な指示その他の措置を採ること、③特定の犯罪的傾向を改善するための専門的処遇を実施することとされており（更生保護法57条）、それらの職務を行う過程で、対象者を発見することは十分ありうる。

(イ) 通報の要件

通報の対象者は、警察官、検察官の通報の場合と同じく、精神障害者又はその疑いのある者である。自傷他害のおそれがあることを要件とすべきかについては、検察官の通報と同じ問題があるが、すでに検討したように、対象者はすでに他害事件を起こした者であり、精神障害者又はその疑いがある者であることを知った以上、他害のおそれを推定することができ、敢えて自傷他害のおそれを要件とする必要はないと解する。

(ウ) 通報の方法

通報は、保護観察所の長が、保護観察に付されている者が精神障害者又はその疑いのある者であることを知ったときに、行われなければならない。その職務執行の過程で知った場合に限られる。なお、既述のように保護観察の長が職務と関係なく一般人として通報した場合は、22条1項の「申請」に当たる。

(5) 矯正施設の長の通報

精神保健福祉法26条は、「矯正施設（拘置所、刑務所、少年刑務所、少年院及び少年鑑別所をいう。以下同じ。）の長は、精神障害者又はその疑いのある収容者を釈放、退院又は退所させようとするときは、あらかじめ、次の事項を本人の帰住地（帰住地がない場合は当該矯正施設の所在地）の都道府県知事に通報しなければならない。①本人の帰住地、氏名、性別及び生年月日。②症状の概要。③釈放、退院又は退所の年月日。④引取人の住所及び氏名」と規定している。

(ア) 意　義

矯正施設とは、広く犯罪者又は犯罪を起こすおそれのある者を改善・更生させる施設をいうが、具体的には、拘置所、刑務所、少年刑務所、少年院及び少年鑑別所のことである。拘置所とは、主として未決拘禁者、死刑確定者を収容する施設、刑務所とは、自由の剝奪を内容とする懲役の受刑者を収容する施設、少年刑務所とは、懲役に処せられた少年を収容する施設、少年院とは、家庭裁判所から保護処分として送られた少年を収容する施設、少年鑑別所とは、少年の資質について専門的知識に基づいて鑑別を行う施設をいう。いずれも法務省の施設である。これらの施設は、刑事手続又は少年審判手続のために、被告人、被疑者又は少年を収容して改善更生の処遇を行うところから、その長は、精神障害者又はその疑いのある者を発見できる立場にあり、通報が義務付けられている。

(イ) 通報の要件

通報の対象者は、ここでも精神障害者又はその疑いのある者である。自傷他害のおそれの判断は、検察官通報、保護観察所の長の通報と同じ理由で必要はないと考える。施設の長は、対象となる収容者を釈放、退院又は退所させようとするときは、対象者の帰住地、その症状の概要等の事項を本人の帰住地(帰住地がないときは、当該矯正施設の所在地)の都道府県知事に通報しなければならない。なお、通報は事前に行われることを要するが、事情によってはあらかじめ釈放の日を知ることができない場合があり、そのときは、釈放後速やかに通報を行うべきであろう。なお、1955(昭和30)年7月6日法務省矯正局長通知(甲第849号)は、各矯正施設の長に対し、矯正局長による通報対象者が自傷他害のおそれのある者に限定されないことを前提としつつ、26条2号の規定する病状の概要に関する記述の程度に関しては、自傷他害のおそれがあり、入院措置等の必要な収容者の場合については、なるべく症状を詳細に記載するとともに、入院についての意見を付すものとし、また、それ以外の軽症度の収容者の場合は病名の記載にとどめ、参考となる事項があれば併記すべきであり、それぞれ必要に応じて記載すべきであるとしている（なお、詳解・267頁）。

(6) 精神科病院の管理者の届出

精神保健福祉法26条の2は、「精神科病院の管理者は、入院中の精神障害者であって、第29条第1項の要件に該当すると認められるものから退院の申出があったときは、直ちに、その旨を、最寄りの保健所長を経て都道府県知事に届け出なければならない」と規定している。

届出は、任意入院又は医療保護入院で入院した精神障害者が入院後に措置要件を具備するに至った場合において、知事が入院措置を講ずることを可能とするための制度である。届出の主体すなわち届出を行う義務のある者は、精神科病院の管理者である。管理者の意義についてはすでに述べたが（106頁）、病院の開設者と異なり、精神科病院の診療の責任者すなわち病院長のことである。

届出の対象となる精神障害者は、任意入院又は医療保護入院で入院中の精神障害者であって、自傷他害のおそれのある措置入院の要件に該当すると認められる者である。もちろん、措置入院されている精神障害者は対象者にはならない。届出は、当初は任意入院又は医療保護入院で入院している精神障害者が、その後、措置要件を具備するに至った場合、その精神障害者を確保する観点から設けられた制度である。したがって、都道府県知事は、この届出を受けて、必要があると認めるときは、指定医の診察を経て、措置入院の手続を採ることになる。届出は、書面による必要はなく、適宜の方法で最寄りの保健所に届け出ればよい。

(7) 心神喪失等の状態で重大な他害行為を行った者に係る通報

精神保健福祉法26条の3は、医療観察法「第2条第5項に規定する指定通院医療機関の管理者及び保護観察所の長は、同法の対象者であって同条第4項に規定する指定入院医療機関に入院していないものがその精神障害のために自身を傷つけ又は他人に害を及ぼすおそれがあると認めたときは、直ちに、その旨を、最寄りの保健所長を経て都道府県知事に通報しなければならない」と規定している。

(ア) 意 義

医療観察法における指定通院医療機関の管理者及び保護観察所の長は、同法により入院によらない医療を受けている者が、その精神障害のために自傷他害のおそれがあると認めた場合には、直ちに、都道府県知事に通報しなければならないとすることにより、医療観察法に基づく通院患者についても、必要な場合には精神保健福祉法に基づく入院医療等を受ける機会を確保するための制度である。したがって、通報の主体は、管理者及び保護観察所の長である。

(イ) 通報の対象・方法

通報の対象は、指定通院医療機関に通院している精神障害者であり、入院させなければ自傷他害のおそれがあるものである。指定通院医療機関の管理者又は保護観察所の長は、そのような精神障害者を発見したときは、直ちに最寄りの保健所長を通じて、都道府県知事に通報しなければならない。書面によると電話等によるとを問わない。

(8) 申請等に基づき行われる指定医による診察

(ア) 総説

以上、申請、通報及び届出について述べたが、これらの制度は、いずれも精神障害のために自身を傷つけ他人を害するおそれのある者を把握して、適切な医療及び保護を行うためのものである。精神保健福祉法27条は、「都道府県知事は、第22条から前条までの規定による申請、通報又は届出のあった者について調査の上必要があると認めるときは、その指定する指定医をして診察をさせなければならない」と規定している(1項)。「その指定する指定医」とは、都道府県知事が個々の事案ごとに診察を委嘱した指定医のことであり、指定医とは、18条の定める精神保健指定医であることは言うまでもない。ただし、「都道府県知事は、入院させなければ精神障害のために自身を傷つけ又は他人に害を及ぼすおそれがあることが明らかである者については、第22条から前条までの規定による申請、通報又は届出がない場合においても、その指定する指定医をして診察をさせることができる」(2項)とされている。例えば、街頭において錯乱状態で自殺企図の言動を示している者については、調査をしないで指定医に診察させることができる。

(イ) 調査

ここでいう「調査」とは、措置診察の前に行ういわゆる事前調査のことであり、例えば、被申請者又は対象者が実在しているかどうか、被申請者の症状が一般人から見て精神障害者と疑うに足りる程度に達しているかどうか、あるいは申請等の原因となった症状の概要、過去の入院歴など、いわゆる前提事実について調べることをいう。この調査は、申請、通報等が適正に行われているかどうかを確認するために行われるものであり、精神障害の有無に関する医学的判断つまり診察に関する事項は含まれない。それらは指定医の診察に関するものだからである。なお、調査の結果、指定医の診察を行わない決定をすることもありうる。例えば、①被通報者が所在不明の場合、②被通報者の主治医又は担当医の見解から明らかに措置診察が不要と判断できる場合、③被通報者に精神障害と疑う根拠となる被通報者の言動が全くない場合などが考えられる。また、④酩酊により指定医の診察が困難な場合、例えば、酩酊状態で意識のレベルが下っている状態の者については、措置入院の要否を判定することが困難な場合が多いといわれている。このため、呂律が回らない状態のときは、措置診察の要否判断を一旦留保し、酩酊状態を脱した時点において改めて事前調査を行い、措置診察の判断をすべきであるとされている。

(ウ) **措置診察**

調査が終ると、都道府県知事が指名した指定医によって対象者について診察が行われる。この診察は措置入院のための診察であるところから「措置診察」といい、2人以上の指定医の診察を必要とする。法律上の規定はないが、都道府県知事が指定医を指名する場合は、同一の医療機関に所属する者を選定しないことを原則とすべきであろう。判定が偏らないためである。ただし、地域によっては指定医が不足している場合があり、措置診察を行う指定医の確保を可能とする体制を整えておく必要がある。

かくして、個別の指定医に精神障害者を診察させることになるが、措置診察を行う場所に関しては、被診察者の症状が悪化しないように、搬送等について配慮する必要がある。また、2名以上の指定医が被申請者又は被通報者等を診察する際には、1名ずつ個別に診察しても、あるいは同時に診察しても差し支えないが、措置の要否についての最終判断は、各指定医が独立して行わなければならない。指定医は、知事が指定した日時、場所等において精神障害のおそれのある者を診断し、その結果については、命令者たる知事に対して報告すれば足りる。

(エ) 職員の立ち会い等

都道府県知事は、指定医の行う診察に際して職員を立ち会わせることとしている(27条3項)。その趣旨は、指定医の診察が適法かつ確実に行われることを確認するためのほか、診察に伴う事務的援助などの必要があるからである。診察は医療施設において行われるとは限らず、対象者の自宅その他の場所で行う必要があるときもあり、その場合には、指定医及び都道府県の職員は、診察等に必要な限度でそれらの場所に立ち入ることができる(同条4項)。立ち入りに際しては、その身分を証する証票を携帯し、関係者の請求があるときはこれを呈示しなければならない(同条5項)、なお、指定医の診察を拒み、あるいは指定医・当該職員の立ち入りを拒み、又は妨げた者は、30万円以下の罰金に処せられる(55条2号)。

(オ) 措置診察の通知

精神保健福祉法28条1項は、「都道府県知事は、前条第1項の規定により診察をさせるに当って現に本人の保護の任に当っている者がある場合には、あらかじめ、診察の日時及び場所をその者に通知しなければならない」と規定している。ここでいう「現に本人の保護の任に当っている者」とは、診察を受ける者が同居している家族など、その日常生活の世話をしている者をいい、そのような者には診察の事実を知ってもらう必要があるからである。必ずしも親族関係にある者であることを要しない。なお、後見人又は保佐人、親権を行う者その他保護の任に当たっている者は、診察に立ち会うことができる(同条2項)。警察署又は刑務所等の公的施設に収容されている者が被診察者である場合であって、家族等、本人の保護に当たっている者がいないか、又は不明であるときは、当該施設の長を現に保護に当たっている者として通知の相手方とすべきである(詳解・276頁)。現に本人の保護の任に当たっている者は、措置診察に立ち会うことができる。

(カ) 診察の実施と判定基準

精神保健福祉法28条の2は、「第27条第1項又は第2項の規定により診察をした指定医は、厚生労働大臣の定

第1

1　精神保健及び精神障害者福祉に関する法律(昭和25年法律第123号。以下「法」という。)第29条第1項の規定に基づく入院に係る精神障害者であり，かつ，医療及び保護のために入院させなければその精神障害のために自身を傷つけ又は他人に害を及ぼすおそれがある旨の法第18条第1項の規定により指定された精神保健指定医による判定は，診察を実施した者について，入院させなければその精神障害のために，次の表に示した病状又は状態像により，自殺企図等，自己の生命，身体を害する行為(以下「自傷行為」という。)又は殺人，傷害，暴行，性的問題行動，侮辱，器物破損，強盗，恐喝，窃盗，詐欺，放火，弄火等他の者の生命，身体，貞操，名誉，財産等又は社会的法益等に害を及ぼす行為(以下「他害行為」といい，原則として刑罰法令に触れる程度の行為をいう。)を引き起こすおそれがあると認めた場合に行うものとすること。

2　自傷行為又は他害行為のおそれの認定に当たっては，当該者の既往歴，現病歴及びこれらに関連する事実行為等を考慮するものとすること。

〔病状又は状態像等〕省略

第2

法第29条の2第1項の規定に基づく入院に係る精神障害者であり，かつ，直ちに入院させなければその精神障害のために自身を傷つけ又は他人を害するおそれが著しい旨の法第18条第1項の規定により指定された精神保健指定医による判定は，診察を実施した者について，第1の表に示した病状又は状態像により，自傷行為又は他害行為を引き起こすおそれが著しいと認めた場合に行うものとすること。

図4　精神保健及び精神障害者福祉に関する法律第28条の2の規定に基づき厚生労働大臣の定める基準(昭和63年4月8日厚生省告示125号)

める基準に従い、当該診察をした者が精神障害者であり、かつ、医療及び保護のために入院させなければその精神障害のために自身を傷つけ又は他人に害を及ぼすおそれがあるかどうかの判定を行わなければならない」と規定している。そして、その判定の結果に基づき措置入院に関する診断書を作成することになる（昭和63年健医精発16号様式18号）。判定基準は、厚生労働大臣が定めているが（昭和63年4月8日厚生省告示第125号）、それによると、「①入院させなければその精神障害のために、自殺企図等、自己の生命、身体を害する行為（以下「自傷行為」という。）又は、殺人、傷害、暴行、性的問題行動、侮辱、器物損壊、強盗、恐喝、窃盗、詐欺、放火、弄火等他の者の生命、身体、貞操、名誉、財産等又は社会的法益等に害を及ぼす行為（以下「他害行為」といい、原則として刑罰法令に触れる程度の行為をいう。）を引き起こすおそれがあると認めた場合に行うものとすること。②自傷行為又は他害行為のおそれの認定に当たっては、当該者の既往歴、現病歴及びこれらに関連する事実行為等を考慮するものとする」とされている。

(9) 都道府県知事による入院措置

(ア) 措置入院に関する規定

精神保健福祉法29条1項は、「都道府県知事は、第27条の規定による診察の結果、その診察を受けた者が精神障害者であり、かつ、医療及び保護のために入院させなければその精神障害のために自身を傷つけ又は他人に害を及ぼすおそれがあると認めたときは、その者を国等の設置した精神科病院又は指定病院に入院させることができる」と規定している。また、同2項は、「前項の場合において都道府県知事がその者を入院させるには、その指定する2人以上の指定医の診察を経て、その者が精神障害者であり、かつ、医療及び保護のために入院させなければその精神障害のために自身を傷つけ又は他人に害を及ぼすおそれがあると認めることについて、各指定医の診察の結果が一致した場合でなければならない」と規定している。さらに、同3項は、「都道府県知事は、第1項の規定による入院措置を採る場合においては、当該精神障害者及びその家族等であって第28条第1項の規定による通知を受けたもの又は同条第2項の規定による立会いを行ったものに対し、当該入院措置を採る旨及びその理由、第38条の4の規定による退院等の請求に関することその他厚生労働省令で定める事項を書面で知らせなければならない」と規定している。そして、同4項は、「国等の設置した精神科病院及び指定病院の管理者は、病床(病院の一部について第19条の8の指定を受けている指定病院にあってはその指定に係る病床)に既に第1項又は次条第1項の規定により入院をさせた者がいるため余裕がない場合のほかは、第1項の精神障害者を入院させなければならない」と規定している。

(イ) 措置入院の意義

措置入院は、精神病者監護法によって認められた座敷牢による私宅監置制度を廃止し、それに代わるものとして、精神衛生法によって創設された入院制度である。しかし、その運用は、社会の治安的状況によって左右され、都道府県によって自傷他害のおそれの判定基準が明確でないといった問題点が指摘され、当時の厚生省は、1953(昭和28)年に厚生省衛生局長通知「精神障害者入院措置取扱要領について」を出しているが、「自傷他害のおそれ」の判断基準については、法の規定がなかったことから、1987(昭和62)年の改正で措置入院の必要があるか否かの判定を行う場合の基準が28条の2に設けられ、前述のように、措置入院制度の適正な運用を図るための厚生省告示125号によって明示されたのである。

措置入院制度については、精神衛生法時代に厚生省当局も「知事の行う公安上必要とする強制的措置」(昭和25年5月19日発衛118号)であるとし、また、現行法下においても、その基礎には治安目的があるとする有力な見解もあるが、現行法の目的規定からも明らかなように、措置入院制度も医療及び保護を目的とするものであり、その要件である「自傷他害のおそれ」は、医療及び保護を特に必要とする程度の精神疾患を表すものと解すべきである。また、1987年改正作業の過程において、措置入院に関し、入院期間を法定すべきではないかとする意見があったが（条解・144頁）、一般的には、入院期間に必要な期間は個々の患者によって大きく異なるところから、その意見は採り入れられなかった。しかし、人権擁護及び入院治療の効果の観点から入院期間の法定は必要であり、また、後述の医療保護入院について、2022（令和4）年の改正で入院期間が「6月以内」と法定されたところから、措置入院についても法定化を検討すべきであろう。

(ウ) 措置権の内容

措置入院における都道府県知事の権限を措置権という。措置権の内容は、精神障害者の身体に対する直接的な物理力を行使する事実上の行為である。この措置権の根拠については、医療における同意原則に反する措置として不当であるとする有力な見解がある（条解・145頁）。しかし、将来においてはともかく、現行の精神保健福祉法の目的・理念は、既に述べたように「精神障害者の権利の擁護を図りつつその医療及び保護を行う」（1条）ことにあり、いわゆるパレンス・パトリエ思想を根拠とする制度であるところから、社会防衛又は治安を目的とするものではないと解される。症状の悪化により、意思能力又は判断能力が低下する精神疾患については、本人の同意が得られない場合にも入院医療を行う必要があり、強制入院は、本人の医療及び保護へのアクセスの手段のための制度であると考えられる。しかし、医療及び保護のためとはいえ、措置権の行使は、重大な人権の制限を伴うものであるから、その制限は、医療及び保護の目的に即し、精神医学及び条理上、必要最小限の合理的なものに限られる。その限度を超えた入院措置は、逮捕・監禁罪（刑法220条）などの犯罪となり、また不法行為として損害賠償の対象となる。

なお、1987（昭和62）年に、措置入院の適正化の観点から、都道府県知事に対し、措置入院に際し精神障害者の退院請求等に関する権利の保護に必要な事項を書面で告知する、いわゆる「権利の告知」を義務付ける改正（「措置入院決定のお知らせ」（141頁・図5））があった。また、1995（平成7）年までは、29条の2第4項などで、精神科病院への「収容」の語が使われていたが、病院への「強制収容」をイメージされるところから、「入院」と改められている。さらに、2022（令和4）年の改正では①告知について、患者の権利擁護推進のために、現に保護の任に当たっていて、措置診察の通知を受けた者や診察に立ち会った者を対象に加えることとし、②告知すべき内容として、入院措置を取った理由が加えられた（29条3項）。そして、措置入院者の退院による地域における生活への移行を促進するための措置として、29条の6が追加され、また、措置入院時に精神医療審査会において入院の必要性に係る審査が必要となった（38条の3）。

(エ) 措置入院の要件

都道府県知事は、申請等に基づき行われた診察の結果、その診察を受けた者が、精神障害者であり、医療及び保護のために入院しなければ、その精神障害のために、自身を傷つけ又は他人に害を及ぼすおそれがあると認めたときは、入院措置を採る権限を有することになる。なお、自傷他害のおそれの意義について、①将来の危険性と解する見解、②現在の切迫した危険と解する見解とが対立している。後者は、措置入院制度を刑事上の保安処分における犯罪反復の危険と同じものと考えるのであるが、措置入院は医療及び保護のための制度と解する立場からは、医療及び保護的措置を講じなければ自傷他害の行動に出るおそれがあるという将来の危険を意味すると考える。

(a) **指定医の診察結果の取扱い**

しかし、都道府県知事が入院措置権を行使するためには、その指定する2人以上の指定医の診察を経て、「各指定医の診察の結果が一致した場合でなければならない」(29条2項)。「2人以上」とは、同一の申請、通報又は届出に基づく診察の実施者が2人以上であることを要するという意味である。診察の結果、2人以上の指定医が入院をさせなければその精神障害のために、自身を傷つけ他人を害するおそれがあり、措置入院が必要であるという点で一致すれば足りる。したがって、診断名まで一致する必要はない。なお、都道府県知事の指定医の選定に当たっては、他に指定医が確保できないなどのやむを得ない事情がある場合を除き、原則として同一の医療機関に所属する指定医を選定すべきではない。また、措置決定後の入院先は当該指定医の所属医療機関をできるだけ避けることが望ましい。診断の適正を確保するためである。

このように、措置権を行使するためには、2人以上の指定医による診察が行われたものでなければならない。2人以上の指定医が同じ時間に同じ場所で診察を行う必要はない。なお、最初に指定した指定医が、自傷他害のおそれはないとしたので、それを不服とした知事が、さらに2人の指定医を指定し、その結果、その2人以上の診察が一致した場合の取扱いが問題となる。しかし、この場合には、「各指定医の診察の結果が一致した場合」には当たらないから、現行法上は、措置権の行使は許されないと解される。また、知事が措置権行使をするためには、必ず2人以上の指定医の診察結果が一致した場合を必要とするから、指定医の診察を経ないで、あるいは指定医の診察結果に反して措置権を行使することは許されない。なお、2人以上の指定医が、診察の結果、自傷他害のおそれありとしているのに、知事が措置権を行使しない場合、法文上は「入院させることができる」とあり、措置権の行使は知事の裁量によると解することも不可能ではないが、制度の趣旨から考えてみると、これを一般的に認めることは許されないと解されるから、特段の事情がない限り、措置権の行使は都道府県知事の義務であると解すべきである。ただし、措置権を行使しようとする際、患者の家族等その他の関係者から直ちに他の病院に医療保護入院させたい旨の申出があり、かつ、医療保護入院をさせる条件がそろっており、入院までの短期間に自傷他害行為の発生の危険性が予想されないようなケースでは、措置権の行使を留保することもありうる(詳解・282頁)。

(b) **入院中の者の入院措置**

措置入院以外の形態、例えば任意入院又は医療保護入院として入院中の精神障害者について、自傷他害のおそれがあるものとして措置要件に該当する以上、都道府県知事は措置決定を行うことができることは明らかである。しかし、措置入院制度の趣旨は、自傷他害のおそれがある精神障害者を放置しておくことが、その精神障害者本人の医療及び保護にとって好ましくないという点にあるところから、当該の精神障害者が現に入院治療を受けており、社会において放置されている状態になっていなければ、敢えて措置権を行使する必要はないであろう。したがって、当該精神障害者が任意入院、医療保護入院等で入院中である場合は、その期間中、措置権の行使を留保しても違法ではない。

一方、申請又は通報の対象者が任意入院又は医療保護入院で入院している場合、2人以上の指定医の診察を都道府県知事が必要ないものとして、27条に基づく指定医の診察を実施しないことが許されるかということが問題となっている(条解・146頁)。27条の指定医の診察を実施すれば措置要件該当の診察結果が予想されるのに、財政上の理由や病床不足、事務繁忙といった不合理な理由で措置入院手続を回避するために、敢えて医療保護入院に誘導し、すでに入院中であることを理由として措置権を行使しないのは不当であるというのである。確かに、医療保護入院として現に入院中の精神障害者を改めて措置手続を採って入院させる必要はないとも思われるが、申請・通報・届出を経ているのに、敢えて必要な指定医による診察を避けて医療保護入院とするのは違法であり、

様式21

措置入院決定のお知らせ

年　　月　　日

（措置入院者の氏名）　殿

○　○　知事

【入院理由について】

あなたは、精神保健指定医の診察の結果、【①幻覚妄想状態　②精神運動興奮状態　③昏迷状態　④統合失調症等残遺状態　⑤抑うつ状態　⑥躁状態　⑦せん妄状態　⑧もうろう状態　⑨認知症状態　⑩その他（　　　　　）】にあり、ご自身を傷つけたり、又は他人に害を及ぼしたりするおそれがあることから、【①精神保健及び精神障害者福祉に関する法律第29条の規定　②精神保健及び精神障害者福祉に関する法律第29条の2の規定】による入院措置（措置入院・緊急措置入院）が必要であると認めたので通知します。

【入院中の生活について】

1　あなたの入院中、手紙やはがきなどを受け取ったり、出したりすることは制限なく行うことができます。ただし、封書に異物が同封されていると判断される場合、病院の職員と一緒に、あなたに開封してもらい、その異物は病院であずかることがあります。

2　あなたの入院中、人権を擁護する行政機関の職員、あなたの代理人である弁護士との電話・面会や、あなた又はあなたのご家族等の依頼によりあなたの代理人となろうとする弁護士との面会は、制限されませんが、それら以外の人との電話・面接については、あなたの病状に応じて医師の指示で一時的に制限することがあります。

3　あなたの入院中、治療上どうしても必要な場合は行動制限を受けることがあります。

4　入院日から7日以内に、退院後の生活環境に関し、あなたやご家族等からのご相談に応じ、必要な情報の提供や助言、援助等を行う職員として、退院後生活環境相談員が選任されます。

5　介護保険や障害福祉のサービスの利用を希望される場合又はその必要性がある場合、介護や障害福祉に関する相談先を紹介しますので、退院後生活環境相談員等の病院の職員にお問い合わせください。

6　もしも入院中の治療内容や生活について、あなたに不明な点、納得のいかない点がありましたら、遠慮なく病院の職員にお話しください。

7　あなたの入院中、もしもあなたが病院の職員から虐待を受けた場合、下記に届け出ることができます。また、もしも他の入院患者さんが病院の職員から虐待を受けたのを見かけた場合も、下記に通報してください。

自治体の虐待通報に関する連絡先（電話番号を含む。）

裏面に続く

【入院や入院生活にご納得のいかない場合】
1　あなたの入院や入院生活に納得のいかない場合には、あなた又はあなたのご家族等は、退院や病院の処遇の改善を指示するよう、都道府県知事に請求することができます。この点について、詳しくお知りになりたいときは、病院の職員にお尋ねになるか下記にお問い合わせ下さい。

自治体の連絡先（電話番号を含む。）

2　この処分について不服がある場合は、この処分があったことを知った日の翌日から起算して３か月以内に厚生労働大臣に対して審査請求をすることができます（なお、この処分があったことを知った日の翌日から起算して３か月以内であっても、この処分の日の翌日から起算して１年を経過すると審査請求をすることができなくなります。）。

3　この処分の取消しを求める訴えは、この処分の通知を受けた日の翌日から起算して６か月以内に限り、都道府県を被告として（訴訟において都道府県を代表する者は都道府県知事となります。）提起することができます（なお、この処分の通知を受けた日の翌日から起算して６か月以内であっても、この処分の日の翌日から起算して１年を経過するとこの処分の取消しの訴えを提起することができなくなります。）また、この処分の通知を受けた日の翌日から起算して３か月以内に審査請求をした場合には、この処分の取消しの訴えは、その審査請求に対する裁決の送達を受けた日の翌日から起算して６か月以内であれば、提起することができます（なお、その審査請求に対する裁決の送達を受けた日の翌日から起算して６か月以内であっても、その審査請求に対する裁決の日の翌日から起算して１年を経過するとこの処分の取消しの訴えを提起することができなくなります。）。

図５「措置入院決定のお知らせ」

また、当該精神障害者にとって、指定病院等で医療及び保護を受けさせる方が適切である場合もあるから、改めて措置診察を行わせ、措置手続を採るべきであろう。

(オ)　措置権の行使

都道府県知事は、措置要件を充たす事実を認めるときは、措置権を行使するため、対象者の身体に対して強制力を行使し、国等が設置した精神科病院又は指定病院に移送する。措置入院のための移送については、都道府県知事は、当該精神障害者について、指定医の診察を受ける必要があると判断した場合、職員を速やかに事前調査の対象者の居宅等本人の現在の場所に派遣することとし、その場合には家族等に連絡して事前調査を実施する必要がある。その結果、措置権の行使を決定した場合は、当該の精神科病院に移送しなければならない（29条の2

の2第1項)。また、その移送を行う場合には、当該精神障害者に移送を行う旨を書面で知らせなければならない(同条2項)。当該精神障害者について、入院施設まで連れて行く搬送行為つまり移送については、2人以上の指定医の診察の結果、措置入院が必要と判断されたとき、都道府県知事は、速やかに移送の対象者を本人の現在の場所から必要な場所に搬送できるよう、車両等を用意しなければならない。また、移送は、都道府県知事の責務として行われるところから、移送に当たっては、都道府県職員が移送の対象者と同行し、また、必要に応じて補助者を同行させることができる。

移送を行うに当たっては、精神障害者を診察した指定医が必要と認めたときは、その者の医療又は保護に欠くことのできない限度において、行動の制限を行うことができる。例えば、当該精神障害者が搬送に抵抗して職員に殴りかかってきたときがこれに当たるであろう。行動制限のための有形力行使は、措置権の行使として、行政上の必要性を満足させるための必要最小限に止めるべきであることはいうまでもない(29条の2の2第3項。なお、34条「医療保護入院等のための移送」参照)。この強制力の行使及び措置入院を実施する行為は、国家賠償法1条にいう「行政権の行使」に当たるから、都道府県知事が措置権を不当に行使した場合は、行政不服審査の対象となる。

措置入院のための移送の手続は、当該精神障害者が移送先の指定病院等に入院した時点で終了する。ただし、移送先の施設で措置入院が不要とされ、しかも入院自体が不要と判断された場合、都道府県知事は、移送の対象であった者の求めがあったときは、移送を開始した場所までその者を搬送すべきである(平成26年障発0311第6号)。

(カ) 権利の告知

都道府県知事は、措置権を行使するに当たって、措置入院者に対し、①当該の措置入院を採る旨及びその理由、②38条の4の規定による退院等の請求に関すること、③その他厚生労働省令で定める事項（施行規則6条により、21条7項及び33条の3第1項本文の厚生省令で定める事項と同様、36条に規定する行動の制限に関する事項を告知すべきであるとされている）を書面で知らせなければならない（29条3項）。

(キ) 入院施設

措置入院者を入院させる施設は、国若しくは都道府県が設置した病院又は指定病院に限られている。自傷他害のおそれがある措置入院者に適する施設及び職員を必要とするからである。これらの病院の管理者は、すでに措置入院者又は緊急措置入院者がいるために病床に余裕がない場合を除き、都道府県知事の決定に従って、措置入院者を優先して収容すべき義務がある（29条4項）。いわゆる措置入院優先主義が採られている。

(10) 緊急措置入院

緊急措置入院とは、措置要件が備わっている精神障害者の入院について、急速を要する場合に、措置入院の正規の手続を省略して入院措置を講ずる制度をいう。精神保健福祉法29条の2は、「都道府県知事は、前条第1項の要件に該当すると認められる精神障害者又はその疑いのある者について、急速を要し、第27条、第28条及び前条の規定による手続を採ることができない場合において、その指定する指定医をして診察をさせた結果、その者が精神障害者であり、かつ、直ちに入院させなければその精神障害のために自身を傷つけ又は他人を害するおそれが著しいと認めたときは、その者を前条第1項に規定する精神科病院又は指定病院に入院させることができる」と規定している。ここでいう前条第1項とは、措置入院の規定のことである。

(ア) 緊急措置入院の要件

正規の措置入院の場合は、①都道府県知事が指定した2人以上の指定医が診察すること(29条2項)、②この診察には都道府県の当該職員が立ち会うこと(27条3項)、③この診察については、家族に通知して診察に立ち会わせること(28条1項)、以上の手続を履む必要がある。しかし、急速を要し、これらの手続によったのでは適切な医療及び保護を行うことができない場合、都道府県知事は、次の要件の下に措置権を行使することができる。

第1は、対象者が29条1項の要件に当てはまる精神障害者又はその疑いのある者であること。この要件は、正規の措置入院手続を採ることができない場合の緊急措置の制度であるから、その前提として、対象者が精神障害者であり又はその疑いのある者を要件とすべきことは当然である。第2は、正規の手続では2名以上の指定医による診察を必要とするのであるが、それができない程度に緊急の場合、診察を省略しないで、少なくとも1名の指定医の診察を必要とすること。第3は、指定医をして診察させた結果、その者が、精神障害者であり、かつ、直ちに入院させなければその精神障害のために自身を傷つけ、他人に害を及ぼすおそれが著しいと認めた場合であること。例えば、自殺しようとして未遂に終わった場合、あるいは他人を殺害した事実がある場合、「著しい」に該当する。緊急措置入院においては、入院の緊急性に鑑み、正規の措置要件を緩和しているのであるが、実質的要件を緩和すると人権侵害の可能性が生ずるところから、法は「直ちに入院させなければ」、また「自傷他害のおそれが著しい」というように、実質的要件に絞りをかけたのである。

(イ) 警察官職務執行法との関連

以上が緊急措置入院の要件であり、都道府県知事はこの要件に基づき措置権を行使することができる。しかし、措置権を行使する前に、警察官職務執行法を適用すべきではないかが問題となりうる。既述のように警察官職務執行法3条は、警察官は、異常な挙動その他周囲の事情から合理的に判断して、「精神錯乱又は泥酔のため、自己又は他人の生命、身体又は財産に危害を及ぼすおそれのある者」であることが明らかであり、「かつ、応急の救護を要すると信ずるに足りる相当な理由のある者を発見したときは、取りあえず警察署、病院、救護施設等の適当な場所において、これを保護しなければならない」と規定している。確かに、「精神錯乱」状態の者を救護する制度として、上記の保護制度は緊急措置入院に通ずるものがあるが、緊急を要する病状にある精神障害者であれば、警察行政上の救護よりも、精神保健福祉法による精神科医療及び保護が望ましいところから、警察官の職務を執行するよりも、都道府県知事による緊急措置入院の権限を行使すべきである。

(ウ) 72時間に限定

緊急措置入院は、既述のように、実質的要件に絞りをかけるとともに、入院期間を72時間に限るものとしたのである(29条の2第3項)。したがって、同一の精神障害者について、緊急措置入院を連続して実施することは許されない。72時間に限った意味がなくなるからである。72時間以内に正規の措置入院の手続を採るか、医療保護入院等による入院形態に移すか、又は退院させなければならないのである。なお、72時間の起算点は、緊急措置入院により患者を入院させた時点である。

(エ) 緊急措置入院の手続

都道府県知事は、緊急措置入院の権限を行使したときは、「速やかに」正規の入院措置を採るかどうかを決定しなければならない(29条の2第2項)。そして、正規の入院措置を採ろうとする場合、指定医2名以上の診察を必要とするが、その指定医の診察は緊急措置入院時の指定医の診察をそのまま正規の措置入院の診察として認め、新たに診察を要するのは残り1名の指定医の診察でよいかが問題となる。しかし、この場合の正規の措置入院は、緊急措置入院の手続とは別個のものであるから、新たに2名以上の指定医を指定し、診察を行わせる必要があると考える。また、新たに2名の指定医を選ぶ際に、緊急措置入院での指定医を選んでもよいかも問題となるが、その指定医を除外する理由はないとする見解が有力である。

(オ)　措置入院・緊急措置入院のための移送

精神保健福祉法29条の2の2第1項は、「都道府県知事は、第29条第1項又は前条第1項の規定による入院措置を採ろうとする精神障害者を、当該入院措置に係る病院に移送しなければならない」と規定し、さらに同3項は、「都道府県知事は、第1項の規定による移送を行うに当たっては、当該精神障害者を診察した指定医が必要と認めたときは、その者の医療又は保護に欠くことのできない限度において、厚生労働大臣があらかじめ社会保障審議会の意見を聴いて定める行動の制限を行うことができる」と規定している。

本条1項にいう「第29条第1項」は措置入院の規定であり、また、「前条第1項」は、緊急措置入院の規定である。したがって、本条は措置入院及び緊急措置入院のための「移送」に関する規定である。この規定は、1999(平成11)年の改正により、医療保護入院のために緊急を要する患者の移送が法定化されるに伴い、それまでは措置入院に付随して行われていた移送を法文上明確にしたものである。そこで、移送に関する法律上の問題点については、医療保護入院の移送について規定した34条の解釈に譲ることとし(171頁)、ここでは措置入院及び緊急措置入院に必要な限度で移送について述べることとしたい。

都道府県知事は、措置入院及び緊急措置入院を決定したときは、当該入院先の病院に当該精神障害者を移送しなければならない。そして、緊急措置入院に係る権利の告知を書面で行わなければならない。さらに、入院先への移送を行うに当たっては、当該精神障害者を診察した指定医が必要と認めたときは、都道府県知事は、その者の医療及び保護に欠くことのできない限度において、行動制限を行うことができる。不当な強制力の行使による人権侵害を防止するためである。行動制限としては、「衣類又は綿入り帯等を使用し、一時的に当該患者の身体を拘束し、その運動を抑制する行動の制限をいう」(平成12年厚生省告示第96号)とされている(詳解・294頁)。

(カ) **緊急措置入院の終了**

緊急措置は、72時間以内に正規の措置入院がなされた場合若しくは入院措置を採らないとの決定がなされた場合、又はそのいずれの決定もなされないまま72時間を経過した場合に終了する。この点につき、精神保健福祉法29条の3は、29条1項に規定する精神科病院又は指定病院の管理者は、29条の2第1項の規定により入院した者について、都道府県知事から、29条1項の規定による入院措置すなわち正規の措置入院の手続を採らない旨の通知を受けたとき、又は29条の2第3項の期間すなわち緊急措置入院の72時間内に29条1項の規定による入院措置すなわち措置入院を採る旨の通知がないときは、「直ちに、その者を退院させなければならない」と規定している。なお、ここにいう「退院」とは、緊急措置入院解除と同義であり、病院外に退出させる場合に限らず、任意入院、医療保護入院など他の入院形態に移行した場合も「退院」に当たる。

⑾ **入院措置の解除**

入院措置の解除とは、簡単に言うと、措置入院の継続を中止し、患者を退院させることであるが、精神保健福祉法29条の4第1項は、「都道府県知事は、第29条第1項の規定により入院した者(以下「措置入院者」という。)が、入院を継続しなくてもその精神障害のために自身を傷つけ又は他人に害を及ぼすおそれがないと認められるに至ったときは、直ちに、その者を退院させなければならない。この場合において、都道府県知事は、あらかじめ、その者を入院させている同項に規定する精神科病院又は指定病院の管理者の意見を聞くものとする」と規定している。

(ア) 措置解除の要件

措置解除の決定を行うのは、都道府県知事である。都道府県知事が措置解除を決定するのは、次の2つの場合である。1つは、都道府県知事が精神科病院の管理者の症状消退届を受理した場合である。次は、都道府県知事が、措置入院者について、入院を継続しなくてもその精神障害のために自身を傷つけ又は他人に害を及ぼすおそれがないと認めるに至った場合である。この場合は、都道府県知事は、当該精神障害者が入院している病院の管理者の意見を聞くことが必要である。ここでは、「聴く」としないで「聞く」としているところから、都道府県知事は、措置を解除する際に、あらかじめ精神科病院の管理者の意見を聞かなければならないが、その意見に従う必要はない。しかし、意見を聞いた結果、措置を解除することは適当でないという判断に達したときは、入院措置を継続すべきである。このように、適切な判断ができるように、敢えて「聞く」ことを求めているのである。なお、29条の5の規定により、精神科病院の管理者から、措置症状にない旨の届出を受けた結果として措置解除を行う場合は、都道府県知事は改めて意見を聞く必要はない。

(イ) 消退届の受理

精神保健福祉法29条の5は、「措置入院者を入院させている第29条第1項に規定する精神科病院又は指定病院の管理者は、指定医による診察の結果、措置入院者が、入院を継続しなくてもその精神障害のために自身を傷つけ又は他人に害を及ぼすおそれがないと認められるに至ったときは、直ちに、その旨、その者の症状その他厚生労働省令で定める事項を最寄りの保健所長を経て都道府県知事に届け出なければならない」と規定している。精神科病院の管理者が措置入院者の症状から判断し、当該の指定医に診察させたところ、自傷他害のおそれの症状が消退したとの診断に達した場合、管理者は直ちに最寄りの保健所長を経て都道府県知事に届け出なければならない。そして、その届出を受理した都道府県知事は、速やかに、措置解除の判断をしなければならないのである。

(ウ) 指定医の診察

都道府県知事は、措置入院者の症状から措置解除の是非を検討するために、指定医を指名して、その診察の結果、当該措置入院者が入院を継続しなくてもその精神障害のために自身を傷つけ又は他人を害するおそれがないと認めることが必要である。措置入院のときは2人以上の指定医の一致した診察の結果を必要としたが、措置解除の場合は、1人の指定医の診察の結果でもよいとされている。なお、入院を継続しなくても自傷他害のおそれがない状態に至ればよく、精神障害のために入院を必要としなくなるまで措置入院を継続することは許されない。また、措置症状が消退している場合、退院後支援に関する計画等の理由で措置入院を延長することは、精神保健福祉法29条の4の規定上認められない。都道府県知事は、患者の人権保護の観点から、こうした対応を行うことがないように留意する必要があるとされている（前掲ガイドラインⅦ）。

また、指定医の診察を経て病院管理者からなされる届出に基づいて措置解除を行う場合には、重ねて指定医の診察を行う必要はない。

㈤　管理者の意見

都道府県知事は、措置入院者が自傷他害のおそれが消退したと認めるときは、措置を解除しなければならないが、精神保健福祉法29条の4第1項は、「この場合においては、都道府県知事は、あらかじめ、その者を入院させている同項に規定する精神科病院又は指定病院の管理者の意見を聞くものとする」と規定している。したがって、都道府県知事は、自傷他害のおそれが消退したと判断したときは入院措置を解除することができるが、その前に当該精神障害者が入院している精神科病院の管理者に入院解除について意見を求め、その意見を「聞く」必要がある。そこで問題となるのは、意見を求められた当該病院の管理者が措置解除に反対している場合、措置解除をしてよいかであるが、管理者の意見を「聴く」ではなく「聞く」ものとするとしており、法文の解釈としては、意見を聞くことは義務であるが、その意見に拘束されないとする趣旨であると解すべきであろう。したがって、管理者の意見に反対して措置解除すること、また、反対に、管理者の措置解除相当の意見に従わないで措置解除しないことも法律上の問題はないと考える。

㈥　措置症状の消退届出義務

精神保健福祉法29条の5は、措置入院者を入院させている精神科病院の管理者が、指定医の診察の結果、措置入院者が自傷他害のおそれがないと判断したときは、最寄りの保健所長を経て都道府県知事に届け出る義務を課している。措置入院者の措置症状が消退しているのに入院措置の処分が継続して行われないようにするためである。措置入院者の人権を尊重し、適正な医療及び保護を確保するための制度である。届出としては、精神保健福祉法施行規則9条が定めており、病名及び入院後の症状又は状態像の経過の概要等7項目を列挙しており、届出の様式が図6のように定められている。

様式24

措置入院者の症状消退届

令和　　年　　月　　日

○　○　知事　殿

病院名
所在地
管理者名

下記の措置入院者について措置症状が消退したと認められるので、精神保健及び精神障害者福祉に関する法律第29条の5の規定により届け出ます。

措置入院者	フリガナ 氏名	（男・女）	生年月日	明治 大正 昭和　　年　　月　　日生 平成 令和　　　　（満　　歳）
	住所	都道府県　　郡市区　　町村区		
措置年月日	昭和 平成　　年　　月　　日 令和			
病名	1　主たる精神障害 ICDカテゴリー（　　）	2　従たる精神障害 ICDカテゴリー（　　）	3　身体合併症	
入院以降の病状又は状態像の経過 〔措置症状消退と関連して記載すること。〕				
措置症状の消退を認めた精神保健指定医氏名	署名			
措置解除後の処置に関する意見	1 入院継続（任意入院・医療保護入院・他科）　2 通院医療　3 転医 4 死亡　5 その他（　　　）			
退院後の帰住先	1 自宅（i 家族と同居、ii 単身）　2 施設 3 その他（　　　）			
帰住先の住所	都道府県　　郡市区　　町村区			
訪問支援等に関する意見				
障害福祉サービス等の活用に関する意見				
主治医氏名				

記載上の留意事項

1　□内は、精神保健指定医の診察に基づいて記載すること。
2　措置症状の消退を認めた精神保健指定医氏名の欄は、精神保健指定医自身が署名すること。
3　選択肢の欄は、それぞれ該当する算用数字、ローマ数字等を○で囲むこと。

図6 「措置入院者の症状消退届」

(12) 措置入院者の退院後

精神障害者の退院後の支援については後述するので（175頁）、ここでは、措置入院者のための退院後の支援について述べることにしたい。

(ア) 退院後生活環境相談員

精神保健福祉法は、2022（令和4）年の改正により新たに29条の6を追加し、「措置入院者を入院させている第29条第1項に規定する精神科病院又は指定病院の管理者は、精神保健福祉士その他厚生労働省令で定める資格を有する者のうちから、厚生労働省令で定めるところにより、退院後生活環境相談員を選任し、その者に措置入院者の退院後の生活環境に関し、措置入院者及びその家族等からの相談に応じさせ、及びこれらの者に対する必要な情報の提供、助言、その他の援助を行わせなければならない」と規定している。

この規定は、令和4年に新設され、同6年に施行されたものであるが、これを要するに、精神科病院の管理者に対し、「退院後生活環境相談員」を選任し、措置入院者及びその家族の相談に応じさせ、必要な情報の提供や助言、その他の援助を義務付けたものである。精神科病院退院後の地域における支援については、改めて詳しく論ずるが、特に、措置入院者の退院の場合は、「他害のおそれ」とも関連して、地域住民の支援に対する理解を得ることが容易でないところから、それを克服する施策が極めて重要であり、退院後生活環境相談員の役割に期待するところは大きい。なお、退院後生活環境相談員の制度は、改正前の医療保護入院に関して創設されたものであるが、令和4年改正によって、措置入院者も対象とされることとなった（詳解・300頁）。改正後はこれを措置入院者のための制度とし、医療保護入院についてはこれを準用することとされた（33条の4）。ちなみに、この退院後生活環境相談員との関連では、「地域の関係者による協議の場」を設置している都道府県もあり、それを制度化することも必要であると考える（前掲ガイドラインⅨ）。なお、措置入院者を入院させている精神科病院の管理者は、当該の精神障害者本人又はその家族からの求めがあった場合、あるいは退院による地域における生活への移行を促進するため必要があると認める場合には、地域援助事業者、居宅介護支援事業者等を紹介しなければならないとしている（29条の7）。また、退院生活環境相談員の選任は、入院措置が採られた日から7日以内に行わなければならない（施行規則15条の3）。

(イ) 措置入院の費用

措置入院及び緊急措置入院の診療方針及び費用の額について、精神保健福祉法は、「国等の設置した精神科病院又は指定病院が行う医療に関する診療方針及びその医療に要する費用の額の算定方法は、健康保険の診療方針及び療養に要する費用の額の算定方法の例による」（29条の8）と規定している。したがって、措置入院及び緊急措置入院については患者本人の健康保険が適用される。

しかし、措置入院及び緊急措置入院は、都道府県知事の権限で強制的に入院治療を受けさせられるのだから、入院した期間の医療費と食事代の自己負担分は、行政が公費として支払うこととされている（公費負担分）。ただし、健康保険の制度上、患者本人やその配偶者、生計を一にする扶養義務者の前年の所得税が一定額（現在は56万4000円）を超える場合には、2万円を限度に自己負担分が発生するので、この分は措置入院者側が支払わなければならない（詳解・328頁）。なお、措置入院及び緊急措置入院の診療方針及びその医療に関する費用の算定等については、様々な事務処理が必要となるところから、都道府県知事は、その事務を「社会保険診療報酬支払基金」に委託することにしている（29条の9）。同基金に関する団体としては、全国保険協会や国民健康保険団体連合会などがあり、各都道府県においては、全国健康保険団体連合会などと委託契約を結んでいる。

措置入院及び緊急措置入院に関する公費負担分は、全額を都道府県が支払うことになっているが、都道府県が公費負担分を支弁したときは、国がその金額の4分の3を負担する（30条）。なお、前述のように、措置入院患者等は、所得税額が一定額を超える場合、2万円を限度として自己負担分を支払う義務が発生する。しかし、都道府県がそれを徴収しようとする際、相手方がそれに応じない場合でも、地方自治法により強制徴収はできないとされている。

4　医療保護入院及び応急入院

(1) 総　説

医療保護入院とは、精神障害者の医療及び保護のために、指定医の診察と家族等の同意を要件として、本人の同意を得ることなく精神障害者を入院させる制度をいう。精神保健福祉法33条1項は、「精神科病院の管理者は、……その家族等のうちいずれかの者の同意があるときは、本人の同意がなくても、6月以内で厚生労働省令で定める期間の範囲内の期間を定め、その者を入院させることができる」と規定している。

医療保護入院は、1950（昭和25）年の精神衛生法における「保護義務者の同意による入院」すなわち同意入院に由来するものであるが、同意入院というと、本人の同意による入院と誤解されるおそれがあったため、本条による入院の基本的要件が精神障害者本人の「医療及び保護のため」という点に照らし、1987（昭和62）年の改正で「医療保護入院」という名称に改められた。そして、本人の同意が得られる場合には、できるだけ任意入院とするよう努めることとされた（22条の2）。任意入院の規定は、すでに詳しく検討したように、「任意入院の推進を図る規定であって、措置入院に係る患者に対する関係では適用されないもの」であり、任意入院の「規定が設けられた趣旨を踏まえ、医療保護入院等により入院した患者についても、できるだけ任意入院への移行が行われるように配慮する」こととされている(昭和63年健医発433号)。

この改正では、第1に、措置入院、緊急措置入院と同じように、「指定医の診察の結果」という要件が新たに付け加えられた。第2に、医療保護入院の届出があった場合、都道府県知事は、当該報告又は届出に係る入院中の者の症状その他厚生省令で定める事項を精神医療審査会に通知し、入院の必要性に関して審査を求めなければならないとされた(38条の3)。第3に、入院者又は保護義務者が退院等の請求を行うことが可能となった。そして、都道府県知事は、請求の内容を精神医療審査会に通知し、入院の必要性及び処遇の適切性に関し、審査を求めなければならないとされた。第4に、医療保護入院者を入院させている精神病院の管理者は、患者の症状等について、定期に最寄りの保健所長を経て都道府県知事に報告しなければならないとされた。また、保護義務者の同意に加えて、「扶養義務者」の同意による医療保護入院の規定が設けられた。

1999(平成11)年改正では、医療保護入院の要件の明確化を図る改正が行われ、2013(平成25)年の改正では、平成5年に保護義務者制度から保護者制度に改められたものを廃止し、医療保護入院における同意は「家族等のうちいずれかの者の同意」で足りると改められた。「適切な入院医療へのアクセスを確保しつつ、医療保護入院における精神障害者の家族等に対する十分な説明とその合意の確保、精神障害者の権利擁護等を図る」ためである(平成26年1月24日障精発0124第1号)。そして、家族等がない場合又はその家族の全員がその意思を表示することができない場合であって、市町村長の同意があるときは、本人の同意がなくても入院させることができるとしたのである。さらに、2022(令和4)年の改正で、当該家族等がどうしても同意・不同意の判断ができない場合、家族等が意思表示を行わないこととすることができるようにするための改正、また、家族等の全員が意思表示を行わない場合には、医療機関は市町村長の同意の申請ができるように改められた。その上で、長い間懸案となっていた入院期間及びその更新の手続が法定化され、2024（令和6）年からの施行となったのである。

医療保護入院については、患者の意思を尊重することが重要であることから、それを全面的に廃止することも検討されたようであるが、2013（平成25）年改正と同じように、「症状の悪化により、判断能力そのものが低下するという特性を持つ精神疾患については、本人の同意が得られない場合においても入院治療へのアクセスを確保することが必要である」との趣旨から、前記のようにその一部を改正して、強制入院としての医療保護入院制度そのものは、維持することとされたのである。

そこで、改めて現行の医療保護入院制度を定義的にまとめてみると、医療保護入院とは、指定医の診察の結果、本人が精神障害者であり、かつ、医療及び保護のために入院の必要があるが、任意入院が行われる状態にないと判断されるもので、家族等のうちいずれかの者の同意がある場合に、精神障害者本人の同意がなくても最大6か月の強制入院を認める入院形態をいう。ただし、期間の更新は可能であり、入院中の指定医による診察の結果、患者に同意能力がなく（任意入院ができない）、入院の必要があると判断した場合には、入院の期間を更新することができるとされた。更新回数の制限は設けられていない。なお、精神科病院へ入院している患者総数は、2022（令和4）年度で約25万8920人、任意入院は12万5459人、医療保護入院13万490人、措置入院1546人となっている（20頁・表3）。また、在院期間は、1年未満が35％、1年以上5年未満が30％、5年以上が35％となっている。

(2) 医療保護入院の要件

(ア) 入院の契約

精神保健福祉法33条1項は、精神科病院の管理者は、精神障害者本人の同意がなくても、「入院させることができる」としている。入院「させる」とは、「他人に~をしむける」あるいは命ずるという意味であるから、同条項の趣旨は、入院を強制するということであり、したがって、医療保護入院は、措置入院の場合と同様、非自発的入院又は強制入院の一形態にほかならない。措置入院の場合は、強制する主体は都道府県知事であるが、医療保護入院の場合は、精神科病院の管理者である。ただし、「指定医による診察の結果、精神障害者であり、かつ、医療及び保護のため入院の必要がある者であって当該精神障害のために第20条の規定による入院が行われる状態にないと判定されたもの」(同項1号)であることが必要である。

それでは、精神科病院の管理者は、精神障害者を発見したときは、指定医に診察させ、その結果、精神障害者であり、医療及び保護のために入院が必要であるときは、何時でもその者を入院させることができるであろうか。措置入院の場合は、都道府県知事の行政権に基づき強制力を行使して入院させることができるが、精神科病院の管理者は、私人であり、医療及び保護のためとはいえ、行政上の権限を有する者ではない。精神保健福祉法33条の規定は、一見すると、社会に存在している精神障害者について、精神科病院の管理者は入院させる権限を有し、ただ、入院の際に家族等のうち誰か一人の同意を要件として入院させることができるように見受けられるが、縁もゆかりもない精神障害者を入院させる権限などあるはずがない。当然のことながら、当該精神障害者と管理者との間の医療の申込と管理者の同意という医療契約関係がなければ入院させることはできない。

問題は、当該精神障害者が入院に同意していない点にある。同意している場合は任意入院となるが、入院を拒否している場合には、医療契約は成立していても、管理者は、患者を入院させることはできない。患者の親族や友人が本人の医療及び保護のために入院させてやりたいと思う場合、親権者又は後見人等の法定代理人が入院の申込をし、それに精神科病院の管理者が同意して、初めて入院契約が成立するのであり、入院契約が成立していない限り、33条の適用はない。しかし、入院契約が有効に成立しても、家族等のうちいずれかの同意がなければ、当該入院契約に基づいて患者を入院させることはできない。医療保護入院の契約関係については、従来、十分な検討がされてこなかったが（詳解・３３６頁）、医療保護入院の規定は、医療契約が成立していなければ適用の余地がない。一方、入院契約が成立していても、管理者は指定医の診察及び家族等の同意がなければ、当該精神障害者を入院させることはできない。したがって、同意権限がない者の同意に基づき入院させ、あるいは精神障害者でない者を医療及び保護のためと称して強制的に入院させ、身体の自由を拘束した場合は、刑法２２０条の逮捕・監禁罪が適用されるであろう。

(イ)　指定医の診察

精神科病院の管理者は、例えば、精神状態の異常を訴えて、親権者又は配偶者に付き添われて来院した者を、統合失調症であり入院が必要であると診断した場合、何よりも先ず、指定医に診察させ、その結果、その者が「精神障害者であり、かつ、医療及び保護のため入院の必要がある者であって当該精神障害のために第20条の規定による入院が行われる状態にないと判定されたもの」（33条1項1号）についてのみ入院をさせることができる。ここで「20条の規定による入院」とは任意入院のことであり、「任意入院が行われる状態にない」とは、本人に病識がないなど、入院の必要性について本人が適切な判断をすることができない状態のことであり、結局、精神科病院の管理者は、患者を入院させるに当たっては、親権者、配偶者又は後見人との契約に基づき、指定医に診察させ、その結果、①患者が精神障害者であり、②任意入院ができる状態にはなく、③医療及び保護のため入院の必要性があると認められた場合、初めて入院させることができるのである。

問題は、「指定医による診察」と規定し、措置入院のように「2人以上の指定医の診察」としていない点にある。指定医の数を示していないところから、「1人の指定医の診察」のことであり、実務上もそうなっているが、実質上、指定医の診察によって入院の可否が決まるのであるから、審査結果の客観性を担保し、医療保護入院について慎重を期すという意味でも、2人以上の指定医の診察を要件とすべきである。ちなみに、指定医の診察の重要性にかんがみ、指定医の指定申請ができる期間は、新型コロナウィルス感染症の流行時に研修が実施されなかったことから、今後の不測の事態に備えて、当該指定に必要な研修の終了後「1年以内」から「3年以内」に改正された(18条1項4号)(詳解・140頁)。

精神科病院の管理者は、緊急その他止むを得ない理由があるときは、指定医に替えて、特定医師に診察を行わせることができる。ここで特定医師とは、①4年以上診断又は治療に従事した経験を有すること、②2年以上精神障害の診断又は治療に従事した経験を有すること、③精神障害の診断又は治療に従事する医師として著しく不適当と認められる者でないこと、以上の要件を充たす医師のことである(施行規則5条の3)。この特定医師の診察の結果、精神障害者であり、医療及び保護のため入院が必要な者であって、任意入院を行う状態にないと判定されたときは、本人の同意がなくても12時間に限り、その者を入院させることができる(同条3項)。特定医師による診察の結果、入院措置を採った精神科病院の管理者は、遅滞なく、当該入院措置に関する記録を作成し、これを保存しなければならない(同条5項)。なお、緊急に入院を必要とする状態であるが、精神障害のために患者自身が入院の必要性を理解できず、家族や主治医等が説得しても病院に行くことに同意しないような場合、精神保健福祉法34条1項の規定により精神科病院に移送された患者については、居宅等において既に指定医の診察を受けており、医療保護入院が必要な状態であると判定されている者であるから、家族等の同意があれば、指定医による診察は不要である(33条1項2号)。

(ウ) **入院の同意**

既に明らかなように、指定医の診察の結果、精神障害者であり、医療及び保護のため、入院が必要であると診断されても、それだけでその精神障害者を入院させることはできない。精神科病院の管理者は、当該の精神障害者の家族等又は市町村長の同意を得ない限り、本人を入院させることはできない。

(a) **家族等の同意**

管理者は、「家族等のうちいずれかの者の同意があるときは」精神障害者本人を「入院させることができる」としている(33条1項)。言い換えると、家族等のうち一人の同意があれば、入院させることができるのである。

それでは、「家族等」とは、何であろうか。また、いかなる理由で家族等の同意が必要なのであろうか。「家族等」の内容について精神保健福祉法5条2項は、「この法律で「家族等」とは、精神障害者の配偶者、親権を行う者、扶養義務者及び後見人又は保佐人をいう」と定義している。そして、家族等の同意が得られないときは、市町村長の同意でも入院させることができる。この点について、「家族等」という文言を入れるか否かも含めて議論が展開されたが、先の法5条2項の定義により、「家族等とは、配偶者、親権者、扶養義務者、後見人、保佐人」をいうとされた。

この定義によると、「配偶者、親権者、扶養義務者」を「家族」とし、「後見人、保佐人」を「等」とする趣旨であろう。したがって、後見人だけが同意している場合においても、入院させることができる。なお、家族等のうち、「①行方の知れない者、②当該精神障害者に対して訴訟をしている者又はした者並びにその配偶者及び直系血族、③家庭裁判所で免ぜられた法定代理人、保佐人又は補助人、④当該精神障害者に対して配偶者からの暴力の防止及び被害者の保護等に関する法律(平成13年法律第31号)第1条第1項に規定する身体に対する暴力等を行った配偶者その他の当該精神障害者の入院及び処遇についてその意思表示を求めることが適切でない者として厚生労働省令で定めるもの、⑤心身の故障により当該精神障害者の入院及び処遇についての意思表示を適切に行うことができない者として厚生労働省令で定めるもの、⑥未成年者」、これらの者は、「家族等」から除外することとされている(48頁)。

一方、なぜ家族等の同意を医療保護入院の要件としたのかについては、議論のあるところであり、筆者も明確に答えることができないので、政府の公式的な見解を紹介するに留めることにしたい。それによると、「当該改正の趣旨は、適切な入院医療へのアクセスを確保しつつ、医療保護入院における精神障害者の家族等に対する十分な説明とその合意の確保、精神障害者の権利擁護等を図るものである」(平成26年1月24日障精発0124第1号)。と説明されている。なお、これに付随して、①本人の同意が求められる状態である場合には、可能な限り、本人に対して、入院医療の必要性について説明を行い、任意入院となるように努めること、②医療保護入院においては、診察の際に付き添う家族等が、通例、当該精神障害者を身近で支える家族等であるから、管理者は、診察の際にその家族等に入院の必要性について十分な説明を行ったうえで同意を得ることが適当であること、③精神障害者に対する医療及びその後の社会復帰には、家族等の理解と協力が重要であることを踏まえ、医療保護入院はより多くの家族の同意の下で行われることが望ましいことなどが指摘されている。

したがって、管理者が家族等の間の判断の不一致を把握した場合、後見人又は保佐人の存在を把握し、これらの者が同意に反対しているときは、その意見は十分に配慮されるべきであり、また、当該入院に反対の家族等の存在を把握したときは、その家族に対して入院の必要性や手続について十分な説明をする必要がある。

管理者が家族等の同意を得る際には、当該家族の氏名、続柄等を書面で申告させて確認しなければならない。その際には、運転免許証又は被保険者証等の提示を求め、本人であることの確認を行う。また、家族等の同意を得る際に、同意者となる家族等の優先順位はないが、後見人、保佐人の存在を把握した場合には、これらの者の同意に関する判断を確認することが望ましいとされている。また、精神障害者が未成年である場合に管理者が親権者の同意を得る際には、原則として父母双方の同意を得る必要がある。このほか、管理者は、患者に対して、「医療保護入院に際してのお知らせ」として、権利の告知をする義務がある。

(b) 市町村長の同意

精神保健福祉法33条2項は、「精神科病院の管理者は、前項第1号に掲げる者について、その家族等がない場合、又はその家族等の全員がその意思を表示することができず、若しくは同項の規定による同意若しくは不同意の意思表示を行わない場合において、その者の居住地……を管轄する市町村長……の同意があるときは、本人の同意がなくても、6月以内で厚生労働省令で定める期間の範囲内の期間を定め、その者を入院させることができる」と規定している。

この規定は、2022(令和4)年に改正され、令和6年4月から施行されたものであり、家族等の同意が得られない場合の取扱いについて定めたものである。それによると、①家族等がない場合、②家族等の全員がその意思を表示することができない場合、③家族等の全員が同意若しくは不同意の意思表示を行わない場合は、市町村長の同意があれば、管理者は、当該の精神障害者を入院させることができるのである。なお、家族等のうち1人が同意すれば足りるのに対し、家族等の全員が意思表示をし、その全員が同意をしない場合は、市町村長の同意は認められないから、管理者は医療保護入院を断念しなければならない。

市町村長の同意は、行政的な立場から同意者となるものであるが、家族等の同意に代わる制度であるから、管理者は市町村長に入院の必要性について十分な説明をし、同意を得るよう努めなければならない。しかし、患者の発見から短時間のうちに医療及び保護を行うことの判断をしなければならないことも多く、病院や市町村とも調査をしないままに市町村長の同意が運用されることが懸念されてきた。そこで、２０１４(平成26)年の市町村長同意事務処理要領を一部改正して、市町村長が、病院が把握していない家族等の存在を把握して連絡が取れる場合には、その同意の有無を確認すること、また、入院の同意後、市町村長は、退院請求者として、市町村の担当者を速やかに本人に面会させ、患者の状態を把握するとともに、市町村長が同意者であること及び市町村の担当者への連絡先、連絡方法を本人に伝える必要があるとされた(令和5年11月27日障発１１２７第4号(詳解・３４２頁))。

(3) 管理者の入院措置と手続

(ア) 入院措置

精神科病院の管理者は、入院に当たって、対象となる精神障害者が入院に抵抗する場合、強制力を行使して病院内に収容する必要があるが、その強制力の行使は、身体及び行動の自由を奪う重大な人権侵害を伴うものであるから、必要最小限のものでなければならず、殴る、蹴るといった暴力によることは許されず、精神医学的又は社会的に見て合理的な方法であることを必要とする。

(a) 入院期間は「6月以内」と定められたが、従来、個々の患者の精神疾患の状態によって必要な入院期間は異なるから、適当でないとされてきた。しかし、入院期間を無限定にすることは、人権擁護上問題があるとして、令和4年の改正で、人権擁護の観点から入院期間が法定された。いつ退院できるか分からないといった状態での入院は、治療上も適切ではないから、期間の設定は妥当である。その点では、措置入院の場合も同じであり、足並みをそろえて入院期間を法定すべきである。なお、入院期間については、33条1項において「6月以内で厚生労働省令で定める期間の範囲内」と規定されているが、施行規則15条の6によると、「厚生労働省令で定める期

様式９

医療保護入院に際してのお知らせ

（医療保護入院者の氏名）　殿

年　　月　　日

【医療保護入院について】

医療保護入院とは、精神保健指定医又は特定医師による診察の結果、精神障害があり、医療と保護のために入院の必要があると判定された方であって、その精神障害のために入院に同意いただけない場合に、やむを得ずご家族等の同意を得て、精神保健及び精神障害者福祉に関する法律（以下「法」という。）に定める範囲内（医療保護入院開始から６ヶ月が過ぎるまでは３ヶ月以内、医療保護入院開始から６ヶ月が過ぎてからは６ヶ月以内）の期間を定めて入院していただく制度です。ただし、入院を続けることが必要とされた場合には、改めてご家族等の同意を得て、入院期間が更新されます。

あなたは、（□精神保健指定医・□特定医師）の診察の結果、以下の理由・目的により、入院が必要であると認められたため、　年　月　日（□午前・□午後　時　分）、入院されました。

あなたの入院は、法第33条［□①第１項、□②第２項、□③第３項後段］の規定による医療保護入院です。①又は②に該当する場合、あなたの入院の期間は、入院日から３ヶ月を超えない　年　月　日までです。

【入院理由について】

1. あなたは、診察の結果、以下の状態にあると判定されました。

□ ①幻覚妄想状態（幻覚や妄想があり、それらを現実と区別することが難しい）
□ ②精神運動興奮状態（欲動や意志が昂ぶり、興奮しやすく、自分で抑えることが難しい）
□ ③昏迷状態（意志発動性の強い抑制や、著しい混乱により、外界への応答が難しい）
□ ④抑うつ状態（気分の落ち込みや悲観的な考え、興味や喜びの消失などが続いている）
□ ⑤躁状態（気分の高揚や著しい活発さ、苛立ち等が続いている）
□ ⑥せん妄・もうろう状態（意識障害により覚醒水準が低下している）
□ ⑦認知症状態（認知機能が低下し、日常全般に支障を来している）
□ ⑧統合失調症等残遺状態（障害により日常生活動作、社会的判断・機能遂行が難しい）
□ ⑨その他（　　　　　　　　　　　　　　　　　　　　　　　　　　）

2. あなたは、以下の理由により入院されました。

□ 外来への通院等においては、十分な治療ができないことから、手厚い医療を提供するため、入院の必要性があります
□ あなたの安全を確保しながら診断や治療を行うため、入院の必要があります
□ その他（　　　　　　　　　　　　　　　　　　　　　　　　　　　）

裏面へ続く

【入院中の生活について】

1. あなたの入院中、手紙やはがきを受け取ったり出したりすることは制限なく行うことができます。ただし、封書に異物が同封されていると判断される場合、病院の職員と一緒に、あなたに開封してもらい、その異物は病院であずかることがあります。
2. あなたの入院中、人権を擁護する行政機関の職員、あなたの代理人である弁護士との電話・面会や、あなた又はご家族等の依頼によりあなたの代理人となろうとする弁護士との面会は、制限されませんが、それら以外の人との電話・面接については、あなたの病状に応じて医師の指示で一時的に制限することがあります。
3. あなたの入院中、治療上どうしても必要な場合には、あなたの行動を制限することがあります。
4. あなたの入院期間については、一定期間ごとに入院の必要性について確認を行います。
5. 入院日から7日以内に、退院後の生活環境に関し、あなたやご家族等からのご相談に応じ、必要な情報の提供や助言、援助等を行う職員として、退院後生活環境相談員が選任されます。
6. 介護保険や障害福祉のサービスの利用を希望される場合又はその必要性がある場合、介護や障害福祉に関する相談先を紹介しますので、退院後生活環境相談員等の病院の職員にお問い合わせください。
7. 入院中、あなたの病状が良くなるように力を尽くしてまいります。もしも入院中の治療や生活について不明な点、納得のいかない点がありましたら、遠慮なく病院の職員にお話しください。
8. それでも入院や入院生活に納得のいかない場合には、あなた又はあなたのご家族等は、退院や病院の処遇の改善を指示するよう、都道府県知事に請求することができます。この点について、詳しくお知りになりたいときは、退院後生活環境相談員等の病院の職員にお尋ねになるか下記にお問い合わせ下さい。

自治体の連絡先（電話番号を含む。）

9. あなたの入院中、もしもあなたが病院の職員から虐待を受けた場合、下記に届け出ることができます。また、もしも他の入院患者さんが病院の職員から虐待を受けたのを見かけた場合も、下記に通報してください。

自治体の虐待通報に関する連絡先（電話番号を含む。）

病　　院　　名
管理者の氏名
指定医・特定医師の氏名
主治医の氏名（※）
（※）指定医等とは別に、すでに主治医が決まっている場合に記載

図7 「医療保護入院に際してのお知らせ」

間は、当該医療保護入院から6月を経過するまでの間は3月とし、6月を経過した後は6月とする」と規定されている。

(b) 医療保護入院後、上限の6か月が経過した場合、入院中の精神科病院の指定医による診察の結果、患者に同意能力がなく、任意入院に切り替えることができない場合で、①医療保護入院の継続が必要と判断されたとき(33条6項1号)、②医療保護入院者退院支援委員会において、退院促進の措置についての審議が行われたこと(同項2号)を要件として、管理者は、家族等の同意を得て、6月以内の期間を定めて入院期間を更新することができる。なお、管理者は、医療保護入院者の入院期間を更新しようとするときは、その家族等に通知しなければならないが、家族等のいずれの者からも当該期間の更新について不同意の意思表示を受けなかったときは、同意を得た者とみなすことができる(同条8項)。なお、入院期間の更新については、その上限を定めて更新回数を制限すべきであると考えるが、現時点ではその制限はない。

(イ) **入院に関する手続**

管理者は、①家族等の同意による医療保護入院の措置を採ったとき、②入院期間を更新したときは、10日以内に、その者の症状、同意した者の同意書を添え、最寄りの保健所長を経て、都道府県知事に届け出なければならない(同条9項)。また、厚生労働省令で定めるところにより、遅滞なく当該入院の措置に関する記録を作成し、これを保存しなければならない(同条5項)。さらに、管理者は、市町村長の同意に基づき入院措置を採ったとき、又は入院期間の更新をしたときは、医療保護入院者の家族等に通知しなければならない(同条8項)。

入院期間の更新については、管理者は、対象患者への医療保護入院者退院支援委員会を開催して、入院継続に当たって必要な退院支援措置の検討を求め、また、家族等の同意を確認して、都道府県知事に更新届を提出しなければならない。なお、入院期間の更新に当たっては、管理者は、対象患者の任意入院や措置入院の場合と同様、権利の告知すなわち「入院（医療保護入院）に際してのお知らせ」を患者本人に告知する義務があるが、２０２３（令和5）年からは同意を行った家族等にも告知しなければならなくなった。

一方、管理者は、家族等の同意による入院、市町村長の同意による入院及び特定医師の診察による入院の措置を採る場合、又は入院期間の更新をする場合において、当該の精神障害者及びその家族等であって医療保護入院につき同意したものに対しては、同意入院の措置を採る旨又は入院期間の更新をする旨及びその理由を書面で知らさなければならない。ただし、患者の症状や保護を図る上で支障があると認め、入院措置を採った日又は入院期間を更新した日から4週間を経過する日まで延期した場合は、①知らせなかった告知事項、②延期の理由、③告知事項を知らせた年月日を診療録に記載しなければならない。また、入院時及び入院期間を更新するときに入院の必要性について、精神医療審査会の審査を受けなければならない（38条の3）。

(4) 医療保護入院者の退院

精神保健福祉法33条の2は、「精神科病院の管理者は、医療保護入院者を退院させたときは、10日以内に、その旨及び厚生労働省令で定める事項を最寄りの保健所長を経て都道府県知事に届け出なければならない」と規定している。この規定は、医療保護入院者の退院届に関するものであり、退院とは入院している患者が回復して病院から出る場合を意味するが、医療保護入院から任意入院に変わる場合、つまり入院形態の変更も医療保護入院の退院に当たるとされている。医療保護入院患者を正確に把握するための規定である。なお、医療保護入院を行う場合は指定医による診察が要件とされているが、退院の場合は人権の制限を伴うものではないので、その是非の判断について指定医の診断は要件とされていない。かくして、管理者は、退院後10日以内に都道府県知事に届出をしなければならない。届出事項は、施行規則で定められており、退院の年月日、病名、通院医療等の退院後の処置、退院後の帰住先、などである（15条の17）。

(5) 応急入院

(ア) 意義

応急入院制度は、1987（昭和62）年の法改正で設けられた入院形態であり、精神保健福祉法33条の6は、「厚生労働大臣の定める基準に適合するものとして都道府県知事が指定する精神科病院の管理者は、医療及び保護の依頼があった者について、急速を要し、その家族等の同意を得ることができない場合において、その者が、次に該当する者であるときは、本人の同意がなくても、72時間を限り、その者を入院させることができる。①指定医の診察の結果、精神障害者であり、かつ、直ちに入院させなければその者の医療及び保護を図る上で著しく支障がある者であって当該精神障害のために第20条の規定による入院が行われる状態にないと判定されたもの、②第34条第3項の規定により移送された者」と規定している。

すなわち、応急入院とは、急速を要し、その家族の同意を得ることができないが、指定医の診察の結果、その者が精神障害者であり、かつ、直ちに入院させなければその者の医療及び保護を図る上で著しく支障があり、本人に病識がないなど入院の必要性について、本人が適切な判断ができないと認めたときは、精神科病院の管理者は、72時間を限って、その者を入院させることができるという制度である。この制度は、入院に当たって、急速を要するため、患者本人ばかりでなく家族等の同意が得られない状況の下で行われる入院措置であるから、精神障害者の人権確保の観点から、法律上厳格な要件の下に許されることになっている。

(イ) 要件

応急入院の対象者は、「精神障害者であり、かつ、直ちに入院させなければその者の医療及び保護を図る上で著しく支障がある者」(33条の6第1項1号)である。例えば、昏迷状態、パニック状態等、精神障害の急激な悪化状態にあり、救急の医療及び保護が必要なのに、患者本人に病識がないなど、入院の必要性について本人が適切な判断をすることができない状態にあることが必要である。なお、医療保護入院等のために移送された者も対象となる(同条第1項2号)。

応急入院は、もっぱら医療側の判断で行われる強制入院であるから、当該の精神科病院は、入院患者に対する的確な診療と救急医療の実施が可能であり、また、人権の確保の体制が整った病院であることが求められる。したがって、精神科病院の管理者は、必ず都道府県知事が指定する病院つまり応急入院指定病院に入院させなければならないのである。厚生労働大臣の告示によると、応急入院指定病院においては、①指定医は1名以上及び看護師3名以上が、常時、応急入院に対して診療応需の体制を整えておくこと、②都道府県の承認を得て、看護、給食、及び寝具設備の基準による看護を行っていること、③応急入院のためとして、常時、1床以上を確保していること、④特定医師が配置されていること、⑤応急入院者の医療及び保護を行うのに必要な設備を有していることが求められている。そして、都道府県知事は、応急入院指定病院が基準に適合しなくなったときは、その指定を取り消すことができる(同条第6項)。

(ウ) 手続

応急入院の手続を開始するのは、「医療及び保護の依頼があった」ときである。依頼がないのに応急入院を実施することは許されない。依頼する主体は、患者の家族等以外の親戚、保健所・福祉事務所・警察等の職員である（詳解・395頁）。応急入院を決定し実施する権限を有する者は、指定精神科病院の管理者である。管理者は、指定医の診察の結果、その者が精神障害者であり、かつ、直ちに入院させなければその者の医療保護を図る上で著しく支障があると認められたときは、72時間を限ってその者を入院させることができる。なお、「緊急その他やむを得ない理由があるときは、指定医に代えて特定医師に」診察を行わせることができるが、その場合は12時間を限り入院させることができる（33条の6第2項）。入院に際しては、医療保護入院の場合と同じように、患者への告知が必要となる。そして、応急入院の措置を採った管理者は、直ちに、その措置を採った理由、患者の症状、入院年月日、時刻などの事項を、最寄りの保健所長を経て、都道府県知事に届け出なければならない（同5項）。

(6) 精神科救急医療体制整備事業

以上、応急入院について説明したが、パニック状態や昏迷状態といった精神障害の病状の急変時における救急医療体制の整備は、一般の救急医療の場合と同様、医療及び保護にとって極めて重要である。そこで、精神障害者の病状が急激に悪化したような場合について、応急入院とは別に、緊急時の精神科医療を行う体制の整備が求められてきた。1995（平成7）年には当時の厚生省の告示において、精神科救急医療システム整備事業が創設された（平成7年10月27日健医1321号）。この事業は、都道府県を主体とし、医療及び保護が必要な患者について、圏域を1ブロックから数ブロックに分け、指定病院が輪番を組み、空床を確保するものであったが、その後、精神科救急情報センター制度が創設され、各都道府県の精神科救急医療体制整備事業が少しずつ軌道に乗り、現在に至っている。また、精神科救急医療体制整備事業においては、精神身体疾患を併せ持つ患者への適切な医療体制の確保のため、身体合併症救急確保事業が設けられている。しかし、各都道府県での取組にばらつきがみられるところから、「緊急な医療を必要とする精神障害者のための精神科救急医療体制を確保すること」を目的として、新たに精神科救急医療体制の確保整備事業を展開する試みが行われつつある（令和3年1月22日「精神科救急医療体制整備に係るワーキンググループ報告書」）。

一方、精神保健福祉法は、2010（平成22）年の改正で、精神科救急医療の確保のために19条の11を追加し、「①都道府県は、精神障害の救急医療が適切かつ効率的に提供されるように、夜間又は休日において精神障害の医療を必要とする精神障害者又はその家族等その他の関係者からの相談に応ずること、精神障害の救急医療を提供する医療施設相互間の連携を確保することその他の地域の実情に応じた体制の整備を図るよう努めるものとする、②都道府県知事は、前項の体制の整備に当たっては、精神科病院その他の精神障害の医療を提供する施設の管理者、当該施設の指定医その他の関係者に対し、必要な協力を求めることができる」と規定している。

(7) 移送制度

(ア) 意　義

移送制度については、措置入院における精神障害者の移送として、先に少し言及したが、ここで改めて詳論しておきたい。精神科治療が必要かつ有効であるにもかかわらず、これを拒否する患者をどのようにして医療に結びつけるか。これは、精神科医療における1つの大きな課題であった。精神障害のために自分や他人を傷つける危険性のある患者を強制的に入院させる制度としては、措置入院及び緊急措置入院の制度がある。しかし、そのような危険性はないが、家庭内に引きこもって暴力的な振る舞いをする者、あるいは摂食障害のために衰弱してしまっている者を、本人の同意なしに病院に連れて行くことを法的に認める制度は存在しなかったのである。そのため、親戚の者が患者を縛り上げて病院に運び込み、あるいは家族等の依頼を受けた民間の警備会社等が強制的に精神障害者を搬送する等の行為については、患者の人権問題として報道されたこともあった。かくして、都道府県知事の権限と責任の下に、病院まで精神障害者を送り届けるという趣旨から、1999(平成11)年の改正により、医療保護入院及び応急入院の移送制度が創設されたのである。

医療保護入院及び応急入院のための移送は、緊急に入院を必要とする症状であるにもかかわらず、精神障害のために患者自身が入院の必要性を理解できず、家族や主治医等が説得しても本人が病院に行くことに同意しない場合に限り、本人に必要な医療を確保するため、都道府県知事が、公的責任において医療機関まで強制的に搬送する制度である(前掲障発0311第6号)。したがって、対象者を間違えることがないように、慎重な事前調査が求められる。また、悩んでいる家族のために、都道府県知事は、移送に係る相談窓口を設置する等、相談体制を整備する必要があった。

かくして、精神保健福祉法34条1項は、「都道府県知事は、その指定する指定医による診察の結果、精神障害者であり、かつ、直ちに入院させなければその者の医療及び保護を図る上で著しく支障がある者であって当該精神障害のために第20条の規定による入院が行われる状態にないと判定されたものにつき、その家族等のうちいずれかの者の同意があるときは、本人の同意がなくてもその者を第33条第1項の規定による入院をさせるため第33条の6第1項に規定する精神科病院に移送することができる」と規定している。

(イ) 移送の要件

ここにいう「第20条の規定による入院」とは、任意入院のことであり、また、「第33条第1項の規定による入院」とは、医療保護入院のことである。さらに「第33条の6第1項に規定する精神科病院」とは、都道府県知事が指定する応急入院指定病院のことである。

都道府県知事は、その指定する指定医による診察の結果、その対象者は精神障害者であり、かつ、直ちに入院させなければその者の医療及び保護を図る上で著しく支障がある者であって、任意入院が行われる状態にないと判定されたものにつき、家族等のうちいずれかのものの同意があるときは、本人の同意がなくても指定病院に移送することができる(34条1項)。また、医療保護入院の場合と同様、①家族等がない場合、②家族等の全員がその意思表示ができない場合、③家族等の全員が同意又は不同意の意思表示をしない場合は、市町村長の同意があれば、本人の同意がなくても移送することができる(同条2項)。また、急速を要し、家族等の同意を得ることができない応急入院の場合も、都道府県知事は、その患者を移送することができる(同条3項)。

移送を実施するためには、都道府県知事は、何よりも先ず指定医を選任し、その者の診察による判定を得なければならない。なお、診察を行う指定医は、診察の公平性を担保する趣旨から、移送先となる応急入院指定病院の指定医以外の指定医としなければならないであろう。ただし、移送先の応急入院指定病院以外に、指定医を確保することが困難な場合、あるいは診察を受ける精神障害者の過去の受診歴からみて、移送先の応急入院指定病院の指定医による診察を行わせた方が、より適切に診察が行われるといった特段の理由がある場合は、その指定医による診察も許されるであろう。

ここでいう「直ちに入院させなければその者の医療及び保護を図る上で著しく支障がある者」というのは、「直ちに入院させなければその患者本人の病状に著しく悪影響を及ぼし自傷他害に至るおそれがある」と判断される場合に適用があるとされているが、そのような場合を含めて、精神医学上病状に悪影響を及ぼす場合と考えれば十分であろう。また、移送は、本人の同意を得ることなく、行動の自由を奪う行為であるから、移送を行うに当たっては、可能な限り本人の同意を得るように説得をし、本人の納得が得られるように努めるべきである。しかし、患者が移送に同意しないときは、都道府県知事は、その職員に命じて、強制力を用いて移送させることができる。その移送先は、指定病院ではなく応急入院指定病院である。また、移送の手順については、「精神障害者の移送に関する事務処理基準について」(平成12年3月31日障第243号。厚生省大臣官房障害保健福祉部長通知)に示されている。なお、任意入院や措置入院、緊急措置入院の場合と同様、移送に関する権利の告知が求められている。

(ウ) 移送を伴う行動制限等

都道府県知事は、移送を行うに当たっては、当該の精神障害者に対し、移送を行う旨その他厚生労働省令で定める事項を書面で知らせなければならない。また、当該精神障害者を診察した指定医が必要と認めたときは、その者の医療又は保護に欠くことのできない限度において、行動の制限を行うことができる(34条4項)。いずれも、措置入院に係る移送に関する29条の2の2第2項及び第3項の準用規定である。

(エ) 移送制度の実態

移送制度の窓口は、主に保健所で整備されることとされている。措置入院に関する移送体制は、従来からかなり整備されており(29条の2の2)、一応、全国的に制度が活用されているといわれている。しかし、医療保護入院の移送体制は全国的に整備が遅れており、夜間・休日などについて緊急連絡網で実施している地域は全国で10%程度であり、約30%が未整備であるとされる。移送用の車両に至っては、独自に準備できているのは全国で約半数であり、残りの半数は警備会社等の民間委託又は未整備となっている。措置入院、緊急措置入院に係る移送体制は整備されているというものの、医療保護入院及び応急入院については整備が遅れており、早急の改善が期待されている。

(8) 入院者の退院促進に関する措置

(ア) 意 義

医療保護入院は、本人の同意を得ることなく行われる強制入院であることを踏まえ、本人の人権擁護の観点から、可能な限り早期に治療し、早期に退院できるようにするため、２０１４(平成26)年に、精神科病院の管理者は、医療保護入院者の退院後の生活環境に関する相談員及び指導を行う退院後生活環境相談員を置くことが義務付けられた。その後、２０２２(令和４)年の改正で、措置入院者の退院による地域における生活への移行を促進するために、措置入院者についても退院後生活環境相談員の制度が新設された(１５２頁)。措置入院者及び医療保護入院者を併せて、退院促進に関する措置についての概略を紹介しておきたい(平成26年１月24日障発０１２４第２号参照)。

(イ) 退院後生活環境相談員の選任

退院後生活環境相談員の責務・役割として、①入院者が可能な限り早期に退院できるよう、個々の入院者の退院支援のための取組において中心的な役割を果たすこと、②退院に向けた取組に当たっては、医師の指導を受けつつ、多職種連携のための調整を図ることに努めるとともに、行政機関を含む病院外の機関との調整に努めること、③入院者の支援に当たっては、当該入院者の意向に充分配慮するとともに、個人情報保護について遺漏なきよう十分留意すること、④以上の責務・役割を果たすために、退院後生活環境相談員は、その業務に必要な技術及び知識の向上を図ることが求められている。また、退院後生活環境相談員の選任に当たっては、入院者本人及びその家族等との意向に配慮し、また、配置の目安としては、相談員１人につき、概ね50人以下の医療保護入院者を担当することとし、入院者1人につき1人の相談員を7日以内に選任することが求められている。

(ウ) 資格・業務

退院後生活環境相談員の資格は、①精神保健福祉士(29条の6)、②保健師、看護師、准看護師、作業療法士、社会福祉士又は公認心理師として、精神障害者に関する業務に従事した経験を有する者、③3年以上精神障害者及びその家族との退院後の生活環境についての相談及び指導に関する業務に従事した経験を有する者であって、厚生労働大臣の研修を修了した者が選任されることになっている(施行規則15条の2)。

退院後生活環境相談員の業務は、入院者の退院後の生活環境に関し、入院者及びその家族からの相談に応じ、また、必要な情報の提供、助言その他の援助を行うことである。退院後生活環境相談員は、入院後のできるだけ早い時期に、患者とその家族らとの面接を行い、自分が相談員になったこと、「入院中や退院後の心配事の相談を受けます」とか、「生活を支援する制度を紹介します」といった内容を伝え、相談員の役割を患者やその家族に説明することとされており、主治医の指導を受け、地域援助事業者等と連携を図りながら、早期退院を目指して、継続的な相談を請け負うことをはじめ、院内や地域支援事業者との連携など、退院支援事業の中核的な役割を担うこととされている。また、医療保護入院者退院支援委員会の立案や開催も業務の一環とされている。そして、相談内容、相談記録又は看護記録等を記録する義務が課されている(令和5年11月27日障発1127第7号)。

(エ) 医療保護入院者退院支援委員会

この委員会は、医療保護入院者の地域生活への移行の促進を目指し、医療と福祉の関係者が連携し、早期退院に必要な体制の充実を図るなど、医療保護入院者が円滑に地域生活へ移行することができるように、病院関係者について、入院者の退院促進に向けた取組の推進を目的としている。

対象者は、入院時又は更新時に定める入院期間の更新が必要となる医療保護入院者である。

医療保護入院者退院支援委員会は、推定入院期間を経過する前後の２週間以内に開催することとされている。委員会のメンバーは、①主治医、②看護職員、③退院後生活環境相談員、④管理者が出席を求める病院職員、⑤医療保護入院者（出席を希望する場合）、⑥家族等、⑦地域援助事業者等から構成される。委員会においては、①入院期間の更新の必要性の有無とその理由、②入院期間の更新が必要な場合、更新後の入院期間、③退院に向けた具体的な取組について審議する。審議の結果は診療録に記録され、管理者は、それを確認して署名することになっている。審議の結果、入院の必要がないと判断された場合は、管理者は、直ちに退院に向けた手続を採らなければならない。

5　入院者訪問支援事業

⑴　意　義

２０２２（令和４）年に障害者の日常生活及び社会生活を総合的に支援するための法律の一部を改正する法律（令和４年法律１０４号）が成立し、これにより精神保健福祉法においても一部改正が行われた。この改正は、障害者基本法の基本的な理念に則り、精神障害者の権利擁護を図ることを明確にするとともに、精神障害者のニーズに応じた支援体制を整備するためのものである。特に、市町村長同意による医療保護入院者の場合、精神科病院において、家族との音信がない患者にとって、外部との面会交流を確保することは、患者の孤独感や自尊心の低下を防ぐうえで極めて重要である。そこで、精神科病院に入院している家族との音信がない患者等を対象に、外部との面会交流の機会を確保し、その権利擁護を図ることが必要となる。そのため、都道府県知事が行う研修を修了した入院者訪問支援員が、患者本人の希望により精神科病院を訪問し、患者の話を丁寧に聞くとともに、必要な情報提供等を行う入院者訪問支援事業制度が令和4年に創設され、令和6年から施行されることになった次第である。

(2) 入院者の訪問支援

精神保健福祉法35条の2第1項は、「都道府県は、精神科病院に入院している者のうち第33条第2項の規定により入院した者その他の外部との交流を促進するための支援を要するものとして厚生労働省令で定める者に対し、入院者訪問支援員(都道府県知事が厚生労働省令で定めるところにより行う研修を修了した者のうちから都道府県知事が選任した者をいう。次項及び次条において同じ。)が、その者の求めに応じ、訪問により、その者の話を誠実かつ熱心に聞くほか、入院中の生活に関する相談、必要な情報の提供その他厚生労働省令で定める支援を行う事業(第3項及び次条において「入院者訪問支援事業」という。)を行うことができる」と規定している。

ここで「第33条第2項の規定」としているのは、家族等の同意によらない市町村長の同意による医療保護入院者のことであるが、その他の入院患者、例えば家族等の同意による医療保護入院者や措置入院患者も含む趣旨である。ただし、それらの入院患者については、「外部との交流を促進するための支援を要するものとして厚生労働省令で定める者」である。都道府県知事は、医療保護入院者が求めてきた場合、入院者訪問支援員を選任し、当該の精神科病院を訪問して、「その者の話を誠実かつ熱心に聞く」、「入院中の生活に関する相談、その他の支援を行う」といった事業(仕事)を行うことができる。これを入院者訪問支援事業という。なお、入院者訪問支援員は、都道府県が行う研修を修了した者が選ばれる。地域によって事情は違うので、入院者訪問支援事業を都道府県の義務とはしないで、「行うことができる」として、任意事業としている。入院者訪問支援員は、その支援を受ける者が個人の尊厳を保持し、自立した生活を営むことができるよう、常にその者の立場にたって、誠実にその職務を行わなければならないとしている（35条の2第2項）。そして、「入院者訪問支援事業に従事する者又は従事していた者は、正当な理由がなく、その職務に関して知り得た人の秘密を漏らしてはならない」として守秘義務を課し（35条の2第3項）、それに違反した者は、1年以下の懲役又は100万円以下の罰金に処せられる（53条2項）。

(3) 支援体制の整備

精神保健福祉法35条の3は、「入院者訪問支援事業を行う都道府県は、精神科病院の協力を得て、精神科病院における入院者訪問支援員による支援の在り方及び支援に関する課題を検討し、支援の体制の整備を図るように努めなければならない」と規定している。入院患者の支援の整備は、全国的に展開すべきものであるから、入院者訪問支援事業は、任意事業としてではなく、各都道府県知事にとって義務的な事業とすべきであろう。同規定に基づき、「市町村における精神保健に係る相談支援体制整備の推進に関する検討チーム」が立ち上げられ、令和5年9月に報告書が公表された。その概要は、①精神保健に関する知識等の水準を引き上げるための研修が必要であること、②相談支援に携わる人材の育成を機能別に整理すること、③「ニーズに気づく職員」には、心のサポーター養成研修に含まれる基礎的事項を受講するよう推奨すること、④「精神保健部門で相談支援を主に担う専門職」には、保健師以外の専門職も含め、精神保健福祉相談員の講習の受講を推進するなど、組織として技術の継承も含む計画的な育成の工夫をすること、⑤「庁内において推進力を発揮する専門職」には、戦略的かつ計画的な人事の異動等による育成を図ること、以上の5点にまとめることができる。

２０２４（令和６）年４月１日の施行後、入院者訪問支援事業が本格的に展開されることになるが、特に家族等の同意が得られない市町村長同意による医療保護入院者については、入院者訪問支援員が、できるだけ早く当該の精神科病院を訪問し、本人の話を丁寧に聴き、入院中の生活相談に応じ、必要な情報の提供等の援助を行うべきである。各都道府県においては、既に支援体制の整備が進められていると想像するが、法の狙い通りに支援事業が展開されることが期待される。

第7章　精神科病院における患者の処遇

1　総説

(1) 処遇の意義

精神科病院における患者の処遇とは、精神障害に対して行う医療及び保護的措置をいう。精神科の医療及び保護は、一般の医療に比べて患者の人格にかかわる場面が多いところから、患者の人権を尊重し、その基本的人権を確保することが医療及び保護の前提となる。しかし、精神科病院における精神障害者の適切な医療及び保護を図るためには、入院中の患者の行動を制限せざるを得ない場合もある。そこで、精神科病院に入院中の精神障害者について、その行動制限の法的根拠を規定したのが、精神保健福祉法36条である。その1項は、「精神科病院の管理者は、入院中の者につき、その医療又は保護に欠くことのできない限度において、その行動について必要な制限を行うことができる」と規定している。

しかし、行動の制限は、基本的人権の中核である自由権の制限を内容とするものであり、その範囲は、慎重に画されなければならない。そこで、同条2項は、「精神科病院の管理者は、前項の規定にかかわらず、信書の発受の制限、都道府県その他の行政機関の職員との面会の制限その他の行動の制限であって、厚生労働大臣があらかじめ社会保障審議会の意見を聴いて定める行動の制限については、これを行うことができない」と規定している。信書の発受や行政機関の職員との面会等については、原則として制限できないとしたのである。そして、同条3項は、行動制限のうち、「患者の隔離その他の行動の制限は、指定医が必要と認める場合でなければ行うことができない」と規定している。こうして精神保健福祉法は、行動制限の範囲については、行動の自由の尊重を原則としつつ、医療及び保護の必要性の見地から行動制限の範囲を画すべきことを明らかにしている。

旧精神衛生法38条は、入院中の患者の行動制限について、「その医療又は保護に欠くことのできない限度において、その行動について必要な制限を行うことができる」と規定していたにすぎなかった。この規定の下に、電話・信書の発受などの通信及び面会の自由の制限、精神科病院内での保護室への収容が、医療及び保護にとって必要であるという理由で、安易に行われていた。そのため、行動の制限については、その基準の明確性、通信・面会の制限の合理性などが問題とされていた。特に、通信・面会の制限は、精神科病院における患者の処遇の実態を患者が外部に対して訴える方法・手段を奪っていたところから、精神科病院の密室化を招き、人権侵害の温床となっていた。こうした事態は、１９８４(昭和59)年3月に発覚した宇都宮病院事件(16頁)において白日の下に晒された。当時の厚生省衛生局長は、この事件を契機として「精神科病院に対する指導監督の強化」を図るため、①保護室への収容は適正に行われているか、②通信・面会の自由は尊重されているかといった点について、行政当局に対し、実地指導の強化を求めた(昭和59年6月22日衛発５８３号)。次いで、１９８５(昭和60)年10月に、当時の厚生省は、「精神病院入院患者の通信・面会に関するガイドライン」(昭和60年10月19日健医発１２６０号)を作成し、通知することになったのである。

宇都宮病院事件は、国際的な問題となり、諸外国の注目することとなったが、特に精神科病院に入院中の患者の人権侵害について、強い非難と改善のための要望・勧告がなされた。これに呼応して、公衆衛生審議会精神衛生部会は、1986（昭和61）年の中間メモにおいて、「入院患者の行動制限に関しては、患者の人権擁護の観点にたって、必要最小限に止める。特に入院患者に係る信書の発受については制限を行うことができない旨を明確にすること、また、保護室の使用等の行動制限については、精神衛生法に規定する指定医の判断に基づくものとする等の措置を検討することが必要であると考える」として、行動制限の明確化を図る見解を表明したのである。これを踏まえて、1987（昭和62）年に旧法の「行動の制限」から、精神障害者の「処遇」へと変更した精神保健法36条等の規定が誕生したのである（条解・209頁参照）。

(2) 処遇の理念

こうして、精神保健福祉法36条の見出しは「処遇」とされたが、これは、精神科病院における精神障害者に対する「扱い方」のことである。精神保健福祉法の基本理念は、精神障害者の医療及び保護を図ることであるから、何よりも精神障害者に対して適切な医療及び保護を受ける権利を保障するものでなければならない。そして、患者の医療及び保護を確保する観点から必要なものとして、強制入院による医療の外に、通信・面会の制限、外出の禁止、作業の強制、保護室への隔離、金銭的所持の制限、鎮静剤の注射・投与などが問題となってきた。

一般の病院における入院患者の処遇は、患者の個人としての尊厳を尊重し、その基本的人権に配慮しつつ、インフォームド・コンセントの法理に即して実施されなければならないが、このことは、精神科病院においても同じはずである。任意入院の患者は無論のこと、措置入院等の強制入院の患者についても、侵襲を伴う医療や自由を制限する処遇について、原則として拒否権を認めるべきである。そして、同意に基づかない治療の強制は、強要罪（刑法223条、3年以下の懲役）、保護室への隔離や身体的拘束は、逮捕・監禁罪（同220条、3月以上7年以下の懲役）として処罰されるのである。しかし、当該の精神障害者の医療及び保護にとって必要かつ不可欠の場合には、「欠くことのできない限度において」、行動の自由を制限しなければならない。言い換えると、その制限は、患者の症状に応じて、必要最小限のものでなければならないのであり、そのような行動の制限であってはじめて正当な処遇となり、違法性が阻却される。これを行動制限における必要最小限の原則という。そして厚生省告示は、「入院患者の処遇は、患者の個人としての尊厳を尊重し、その人権に配慮しつつ、適切な精神医療の確保及び社会復帰の促進に資するものでなければならない」としたのである。また、「処遇に当たって、患者の自由の制限が必要とされる場合においても、その旨を患者にできる限り説明して制限を行うよう努めるとともに、その制限は患者の症状に応じて最も制限の少ない方法により行われなければならないものとする」とした(昭和63年4月8日厚生省告示第130号)。

2　行動制限

(1) 総　説

精神科病院の管理者は、入院中の患者につき、その医療及び保護にとって欠くことのできない限度において、その行動について必要な制限を行うことができる(36条1項)。これを行動制限といい、その主体は精神科病院の管理者である。行動の制限は、すべての入院患者に適用があり、任意入院、措置入院、医療保護入院のいずれかを問わない。一方、患者に行動制限を行うことのできる者は、当該精神科病院の管理者である。行動制限の要否は、通常、主治医によって判断されるが、責任を明確にするために、行動制限自体は管理者名義で行われなければならない。したがって、医師でない者の判断で行動制限を行うことは許されない。通常の行動制限は主治医の判断で行うことができるが、厚生労働大臣が社会保障審議会の意見を聴いて定める患者の隔離その他の行動制限は、指定医の診察及び管理者の責任においてのみ行うことができるのである（36条3項）。

精神保健福祉法37条は、「厚生労働大臣は、……精神科病院に入院中の者の処遇について必要な基準を定めることができる」と規定している。具体的な行動制限としては、昭和63年4月8日厚生省告示第130号を改正した令和5年3月30日厚生労働省告示第117号が定めており、以下の4つがある。すなわち、①通信・面会の制限、②患者の隔離、③身体的拘束、④任意入院者の開放処遇の制限である。このほかにも行動制限として外出の禁止、金銭所持の禁止、鎮静剤の注射・投与などがあるが、それらについては同告示は定めていないから、それらの行動制限は、一般の基準に従い、「医療及び保護にとって欠くことができない」ものか否かによって判断される。行動の制限は、患者の人権の擁護にとって極めて重要であるから、ここでは、前記の告示に従い、個々の行動制限について詳しく検討することとしたい。

(2) 通信・面会の制限

ここでいう「通信」とは、精神科病院に入院している精神障害者が院外にいる者に意思や情報を知らせることである。また「面会」とは、病院に訪れて来た人と直接に会うことである。通信の手段・方法としては、信書、電話などがあるが、スマホやオンラインによる場合も含まれるであろう。通信及び面会は、患者と家族、地域社会との接触を保ち、コミュニケーションを図る手段となるところから、医療及び保護の面で重要であるばかりでなく、同時に患者の通信の秘密に係る人権擁護の観点からも重要である。したがって、精神科病院の管理者は、通信及び面会について、原則として制限すべきではない。管理者は、通信及び面会は、基本的に自由であることを文書又は口頭で患者及びその家族等に伝えておくべきである。ただし、電話等の通信及び面会は、患者の病状の悪化を招き、あるいは治療の効果を妨げる場合もあるから、医療及び保護上の合理的根拠があり、かつ、合理的方法・範囲の制限である以上、これを認める必要がある。

一方、精神保健福祉法36条2項は、「精神科病院の管理者は、前項の規定にかかわらず、信書の発受の制限、都道府県その他の行政機関の職員との面会の制限その他の行動の制限であって、厚生労働大臣があらかじめ社会保障審議会の意見を聴いて定める行動の制限については、これを行うことができない」と規定している。したがって、管理者は、患者について、信書の発受、行政機関の職員との面会は、いかなる場合においても制限をしてはならないのである。厚生労働省告示は、①信書の発受の制限（刃物、薬物等の異物が同封されていると判断される受信信書について、患者によりこれを開封させ、異物を取り出したうえで当該受信信書を渡すことは含まれない）、②都道府県及び地方法務局その他の人権擁護に関する行政機関の職員並びに患者の代理人である弁護士との電話の制限、③②に記した行政機関の職員と弁護士に加えて、患者又はその家族等その他の関係者の依頼により患者の代理人になろうとする弁護士との面会の制限は、してはならないとしている（平成26年3月24日厚生労働省告示第128号）。

通信の制限のうち信書の発受制限について触れておきたい。「信書」とは、手紙など、人に意思を伝える文書のことであるが、患者の病状から判断して、当該信書が治療の効果を妨げるおそれがあるときには、相手方と連絡を取り、送信を控えてもらうとか、主治医宛に発信してもらい、患者の病状をみて主治医が患者に信書を手渡す等の措置を講ずべきである。また、刃物や薬物等の異物が同封されていると判断される場合には、担当医は患者の目の前で開封し、異物を取り出したうえで患者にその信書を手渡す方法が適当である。その場合には、担当医は、その旨を診療録に記載しなければならない。電話の場合も同様とすべきである。

次に面会について考えてみると、面会についても患者の医療及び保護上制限すべき場合がありうる。ただし、面会を一律に制限することは、患者の人権特に行動の自由を擁護する上で認めることはできない。面会は、立会人なしに行われることを原則とするが、患者又は面会者の希望がある場合、あるいは医療及び保護のために必要があるときは、職員等を立ち会わせることができるとすべきである。

(3) 患者の隔離

精神保健福祉法36条2項にいう「社会保障審議会の意見を聴いて定める行動の制限」としては、患者の隔離がある。ここで「隔離」とは、患者本人が外に出ようと思っても外に出ることができない部屋(保護室)の中に、一人だけ入室させることにより、当該患者を他の患者から遮断することをいう。隔離を必要とする基本的な考え方としては、①患者の隔離は、患者の症状からみて、本人または周囲の者に危険が及ぶ可能性が著しく高く、隔離以外の方法では、その危険を回避することが困難であると判断される場合に、その危険を最小限に減らし、患者本人の医療及び保護を図ることを目的として行われるものとすること、②隔離は、患者の症状からみて、その医療又は保護を図る上でやむをえずなされるものであって、制裁や懲罰、見せしめのために行われることはあってはならないこと、③隔離には、12時間を超える隔離と12時間を超えない隔離とがあり、12時間を超える隔離の要否の判断は、指定医が当該患者を直接診察して必要と認めることを要する。この場合、診察を行う指定医は、当該精神科病院に勤務する指定医でも、外部の指定医でもよいとされている。厚生労働大臣が定める行動制限を指定医が行う場合、当該指定医が診療録に記載しなければならない事項としては、①行動制限を必要と認めた指定医の氏名、②必要と認めた行動制限の内容、③行動制限を開始した年月日及び時刻、④行動の制限を行ったときの症状が求められている。

対象となる患者としては、①ほかの患者との関係を著しく損なうおそれがある等、その言動が患者の病状の経過や予後に著しく悪く影響する場合、②自殺を企図又は自傷行為が切迫している場合、③他の患者に対する暴行行為や著しい迷惑行為又は器物損壊行為が認められ、他の方法ではこれを防ぎきれない場合、④急性精神運動興奮等のため、不穏、多動、爆発性などが目立ち、一般の精神病室では医療又は保護を図ることが著しく困難な場合、⑤身体的合併症を有する患者について検査及び処置のため隔離が必要な場合、以上の5つの場合である。

隔離は、当該精神科病院の管理者の権限で担当医が行うが、担当医の遵守事項としては、①隔離を行っている閉鎖的環境の部屋にさらに患者を入室させることがあってはならないこと、②隔離を行うに当たっては、当該患者に対して隔離を行う理由を知らせるように努めるとともに、隔離を行った旨及びその理由並びに隔離を開始した日時及び解除した日時を診療録に記載すること、③隔離を行っている間、定期的な会話等による注意深い臨床的観察と適切な医療及び保護を確保しなければならないこと、④隔離中、洗面、入浴、掃除等、患者の部屋の衛生の確保に配慮すること、⑤隔離が漫然と行われることがないように、医師は原則として少なくとも毎日1回診察を行うこと、以上が担当医に求められる事項である。

隔離が必要であるという判断は担当医が行うが、12時間を超える隔離については、「指定医が必要と認める場合でなければ行うことができない」(36条3項)。また、隔離は、患者の身体・行動の自由を完全に制限するものであるから、隔離以外に適当な方法がなく、やむを得ない場合にのみ許される行動制限であり、必要最小限のものでなければならない(前掲厚生省告示130号第3参照)。

(4) 身体的拘束

精神保健福祉法37条1項は、「厚生労働大臣は、……精神科病院に入院中の者の処遇について必要な基準を定めることができる」と規定している。その基準として定められたものが、前述の昭和63年4月8日厚生省告示

130号である。その告示の身体的拘束についての基本的な考え方としては、①身体的拘束は、制限の程度が強く、2次的な身体的障害を生じさせる可能性があるため、代替の方法が見出されるまでの間のやむをえない処置として行われる行動の制限であり、できるかぎり早期に他の方法に切り替えるよう努めなければならないこと、②身体的拘束は当該患者の生命を保護すること及び重大な身体の損傷を防ぐことに重点を置いた行動の制限であり、制裁や懲罰あるいは見せしめのために行なわれるようなことがあってはならないこと、③身体的拘束を行う場合は、身体的拘束を行う目的のために特に配慮して作られた衣類又は綿入り帯等を使用するものとし、手錠等の刑具類や他の目的に使用される紐、縄その他のものは使用してはならないこととされている。

対象となる患者の症状としては、①自殺企図又は自傷行為が著しく切迫している場合、②多動又は不穏が顕著である場合、②精神障害のために、そのまま放置しておいた場合、患者の生命にまで危険が及ぶおそれがある場合、以上の3つの場合である。遵守事項としては、①当該患者に対して身体拘束を行う理由を知らせるよう努めるとともに、身体的拘束を行った旨及びその理由並びに身体拘束を開始した日時、及び解除した日時を診療録に記載すること、②身体的拘束を行っている間は、原則として常時の臨床的観察を行い、適切な医療及び保護を確保すること、③身体的拘束が漫然と行われることがないように、医師は頻回に診察を行うこと、以上の3つが掲げられている。

厚生労働省の精神保健福祉資料によると、身体的拘束件数は、2004年には7673件であったものが、徐々に増加し、10年後の2014年には1万件を超え、2017年には1万2817件となり、その後1万2000件台を推移し、2021年の統計によると1万2699件となっている。その原因としては、精神科病院における指導・監督及び管理体制の問題などが考えられるが、特に身体的拘束は、先の告示もいうように、行動制限の程度が強く、隔離以上に患者の心身に重大な侵襲を加えるものであるから、できるだけ早く廃止すべきである。厚生労働省も不適切な隔離・身体的拘束をゼロとする取組に努めているところであり、処遇基準の見直しも検討されている。

具体的には、①切迫性・非代替性・一時性の考え方を処遇基準告示上で明確に規定すべきである、②「多動性又は不穏が顕著である場合」という身体的拘束の要件を、「多動又は不穏が顕著であって、かつ、患者に対する治療が困難であり、そのまま放置すれば患者の生命にまで危険が及ぶおそれが切迫している場合又は常時の臨床的観察を行っても患者の生命にまで危険が及ぶおそれが切迫している場合」に限定し、身体的拘束の対象の明確化を図ること、③隔離・身体的拘束の最小化について、管理者のリーダーシップのもと、組織全体で取り組む必要があるとされている。また、隔離・身体的拘束の可否は、精神保健指定医が判断するとともに、病院内の関係者が幅広く参加したカンファレンス等において、病院全体で妥当性や代替手段の検討を行う旨を明示するべきであるとしている（令和4年「精神保健福祉の動向について」厚生労働省資料2）。

以上の見解は、身体的拘束の件数を最小化する方策として妥当なものと考えられるが、身体的拘束が掛替のない手段となるのは、おそらく自殺企図又は自傷行為が切迫している場合であり、その点に絞って身体的拘束の最小化又は廃止を検討すべきであろう。それ以外の場合、例えば、多動性又は不穏が顕著である場合は隔離で足りるはずである。なお、日、米、独、豪、ニュージーランドなど9か国の2013〜20年の身体的拘束、保護室への隔離の件数や時間を計算して比較した研究によると、患者を専用ベルトでベッドに固定する身体的拘束は、日本が人口10万人当たり年120件で最多であり、次に多いのは独で81件、オランダ22件、最小のニュージーランドは、0.72件、イングランドが1.9件である。一人当たりの拘束の平均時間も日本が最長の730時間で、1.1時間であり、最短のニュージーランドの663倍、2番目に長いオランダは54時間だったという（2024年2月9日朝日新聞朝刊）。

3　任意入院者の開放的処遇の制限

任意入院者の開放的処遇の制限についての基本的な考え方として、①任意入院者は、原則として、開放的な環境での処遇（開放処遇）を受けるものとし、そのことを当該任意入院者に文書で伝えること、②任意入院者の開放的処遇の制限は、当該任意入院者の医療又は保護を図ることが著しく困難であると医師が判断する場合にのみ行われるものであって、制裁や懲罰、見せしめのために行なわれるようなことがあってはならないこと、③任意入院者の開放的処遇の制限は、医師の判断によってのみ行われるが、72時間以内に精神保健指定医は、当該任意入院者の診察を行い、必要に応じて積極的に診察を行うよう努力すること、④任意入院者本人の意思により開放的処遇の制限される環境に入院させることもあり得るが、この場合は開放的処遇の制限には当たらないものとし、本人の意思による制限である旨の書面を得なければならないこと、以上の4つの事項が求められている。

開放的処遇における行動の制限の対象となる任意入院者としては、①他の患者との人間関係を著しく損なうおそれがある等、その言動が患者の病状の経過や予後に悪く影響する場合、②自殺企図又は自傷行為のおそれがある場合、③当該任意入院者の病状から見て、開放処遇を継続することが困難な場合であること、以上の3つの場合がある。

精神科病院の管理者の遵守事項としては、①任意入院者の開放的処遇を行うに当たっては、当該任意入院者に対して開放的処遇の制限を行う理由を文書で知らせるよう努めること、また、開放的処遇の制限を始めた日時を診療録に記載すること、②開放的処遇の制限が漫然と行なわれることがないように、任意入院者の処遇状況及び処遇方針について、病院内に周知するよう努めることが求められる。

以上、厚生省告示第130号に基づき、行動の制限についての説明をしたが、精神科病院内の患者に対する行動の制限、特に隔離及び身体的拘束は、人間の尊厳に反する非人道的な自由の拘束であるから、現時点ではできる限り実施数の最小化を目指すとともに、一日も早く代替の方法の開発が期待される。

4　処遇についての指定医の役割

精神科病院の管理者は、前記のように、入院中の患者の行動制限を行うことができる。しかし、入院中の患者を適切に処遇する役割を担うのは、個々の病院の指定医である。指定医は、人権に配慮した医療を行う中核的な存在であり、医師として自ら精神科の診療に当たるとともに、患者自身についての行動制限の判定を行うだけでなく、精神科病院に入院しているすべての精神障害者の適切な処遇の確保に努力しなければならない立場に置かれているのである。精神保健福祉法37条の2は、「指定医は、その勤務する精神科病院に入院中の者の処遇が第36条の規定に違反していると思料するとき又は前条第1項の基準に適合していないと認めるときその他精神科病院に入院中の者の処遇が著しく適当でないと認めるときは、当該精神科病院の管理者にその旨を報告すること等により、当該管理者において当該精神科病院に入院中の者の処遇の改善のために必要な措置が採られるよう努めなければならない」と規定している。

ここで「入院中の者」とは、任意入院者、医療保護入院者、応急入院者、措置入院者、緊急措置入院者の全てをいう。また、「処遇」とは、いかなる場合にも行うことのできない信書の発受の制限、人権擁護に関する行政機関等の職員等との電話の制限及び当該職員等との面会の制限、並びに医療又は保護に欠くことのできない限度において行うことのできる患者の隔離及び身体的拘束のことである。さらに「基準」とは、既述の厚生省告示第

130号に定める基準である。そして、「入院中の者の処遇が著しく適当でない」とは、既述の隔離や身体的拘束等の処遇だけでなく、精神科病院における医療や療養環境等が、入院患者の人権擁護の観点から見て、明らかに違反している場合のことである(詳解・454頁)。

指定医は、医療における人権保護の核心的な存在であるから、単に自らの職務である措置入院や医療保護入院といった強制入院や隔離等の行動制限の判定を行うだけでなく、自ら勤務している精神科病院の管理者に対し、入院中のすべての患者に対する適正な処遇を確保するため、入院者に対する違法な又は著しく適当でない処遇つまり不当な処遇を報告することによって、管理者が入院中の精神障害者の処遇の改善のために必要な措置を採るように努める努力義務を課しているのである。

改めて言うまでもなく、入院中の患者の処遇は、病院の管理者の名義で行われるが、実質的には指定医の判断で行われるのであるから、指定医としては、病院全体が入院患者の適正な処遇を可能とするように、違法又は不当な処遇の事実を報告するだけでなく、管理者に対し、「処遇改善のために必要な措置」を採るように努力する義務を課したのである。したがって、指定医の職務として、入院中の者のための医療及び保護といった本来の職務に加えて、病院全体の入院患者の適切な処遇の確保について努力することが求められているのである(詳解・454頁)。その意味で、指定医の各入院者に対する適切な処遇を確保するために果たすべき役割は、極めて大きいものがある。

5　運用状況と問題点

行動制限の運用状況を見ると、閉鎖病棟内の電話の設置や通信・面会の制限については、特に問題は生じてい

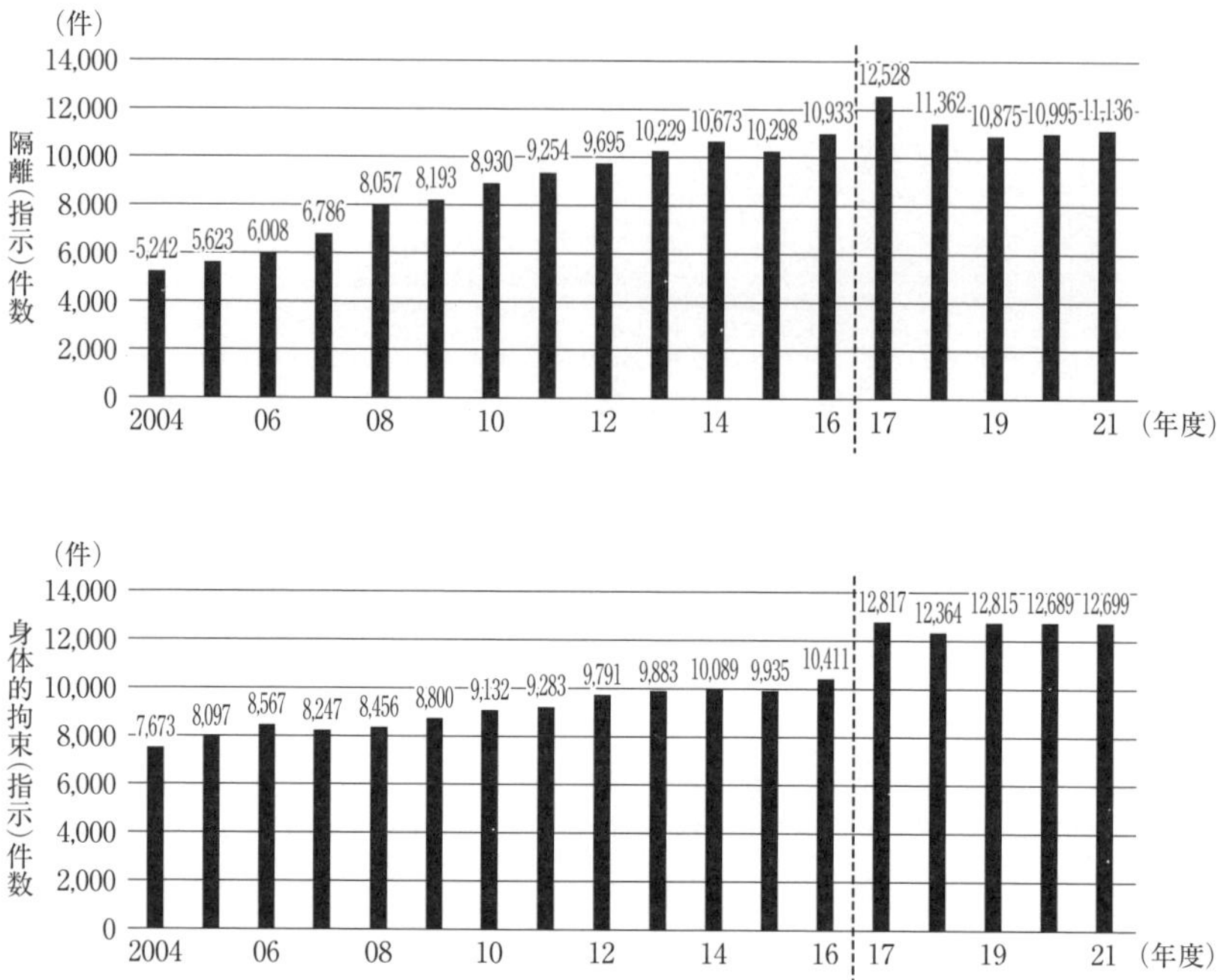

図8　隔離・身体的拘束(指示)の件数．2016年度までは実施の件数，2017年度からは指示の件数を示す(精神保健福祉資料)

ないようである。また、精神科病院における患者の人権意識もかなり定着してきたと言ってよいであろう。しかし、人権問題と深く係わる病院内の患者の隔離及び身体的拘束には、先に指摘したように問題があるように思われる。隔離及び身体的拘束の件数が多すぎるという感は否めない。隔離と身体的拘束を最小化する方策は、焦眉の急を要する課題である。

行動制限の最小化を目指す際に問題とすべきことは、重大な人権侵害に結び付き、場合によっては刑法上の逮捕・監禁罪を構成する隔離や身体的拘束の件数が、なぜ増えてきたかである。その要因は、一口で言えば、告示で明らかにされている処遇の基準を厳格に遵守する指導・監督及び管理体制の不備にあると考える。その意味で、厚生労働省が、①新たに「行動制限最小化」のための委員会を設置して定期的に開催すること、②隔離・身体的拘束の最小化のための指針を整備すること、③隔離・身体的拘束を最小化するための診療報酬の取扱いを含む実効的な方策を検討することは、是非とも必要である。しかし、何よりも大切なのは、都道府県及び指定都市において、告示に盛り込まれた基準を徹底すべく、精神科病院の管理者及び指定医に対し効果的な指導・監督を実施することである。併せて、医療監視及び実地指導も徹底する必要があると思われる。

措置入院、医療保護入院といった強制入院が正当化されるのは、医療及び保護にとって自由の制限が欠かすことのできない手段だからであり、精神障害者は、いわば自由と引き換えに医療及び保護を取得するのである。その意味において、入院患者としての精神障害者は、適切な医療及び保護を受ける権利があるといってもよいのである(町野朔「精神障害者の権利とは何か?」法と精神医療32号(2017)45頁)。したがって、医療及び保護に値しない隔離や身体的拘束は、禁止されなければならない。事案によっては、逮捕・監禁罪(刑法220条)を適用すべきである。隔離及び身体的拘束の実態からみても、おそらく病院内の秩序を乱すとか、管理上の都合で行われている場合が多いと思われる。隔離及び身体的拘束といった行動制限の最小化を目指すためには、指定医及び管理者は、行動制限の基本理念に則り、医療及び保護の必要性を貫徹すべきである。精神科病院に対する指導・監督の徹底が求められるゆえんである(令和3年1月13日障発0113第1号厚生労働省社会・援護局障害保健福祉部長通知)。

第8章　適正な入院医療の確保

1　社会復帰への相談、援助

精神保健福祉法38条は、「精神科病院その他の精神障害の医療を提供する施設の管理者は、当該施設において医療を受ける精神障害者の社会復帰の促進を図るため、当該施設の医師、看護師、その他の医療従事者による有機的な連携の確保に配慮しつつ、その者の相談に応じ、必要に応じて一般相談支援事業を行う者と連携を図りながら、その者に必要な援助を行い、及びその家族等その他の関係者との連絡調整を行うように努めなければならない」と規定している。

この規定は、精神障害者の社会復帰の促進を図る観点から、1987（昭和62）年の精神衛生法改正において、精神障害者社会復帰施設等に関する9条から10条の2までの規定とともに新設されたものである。62年改正による社会復帰施設の法定化により、「精神科病院から社会復帰施設へ」という流れが形成されたが、1993（平成5）年改正では、さらに「社会復帰施設から地域社会へ」という流れを形成するため、社会復帰の道程にある精神障害者に対して援助を行うという課題が設けられた。そこで、9条から10条の2までは他の規定に替えて削除されたが、38条については、相談・援助等の主体として、精神科病院のみならず精神科診療所を加える趣旨から、

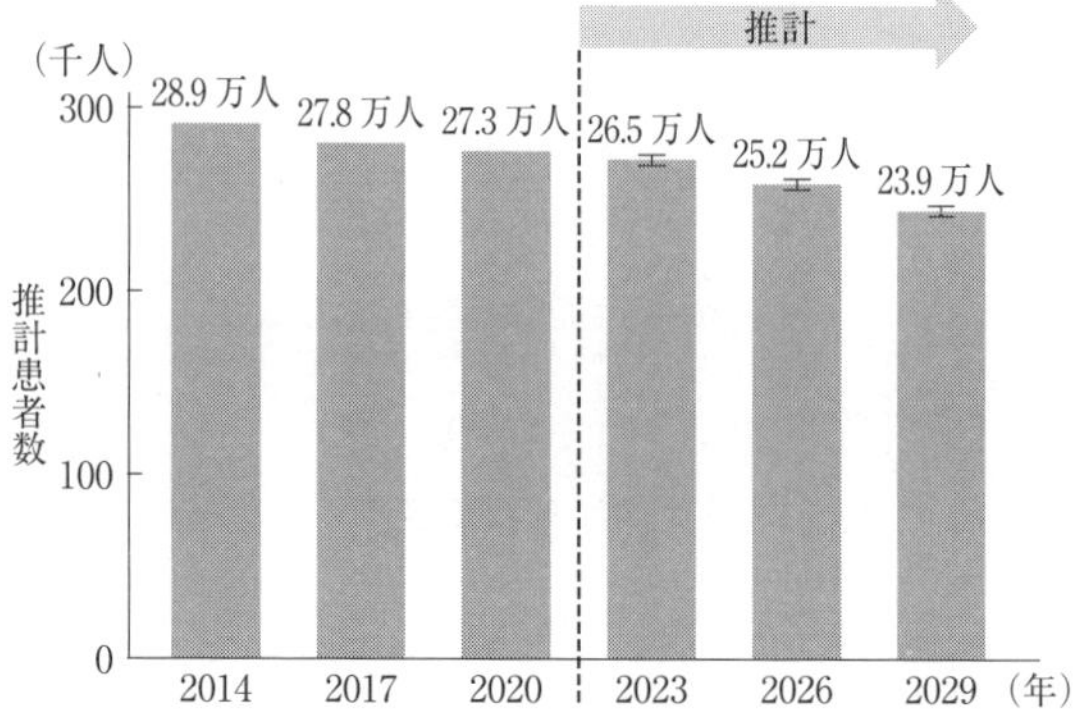

図９　入院患者数の推移．精神病床に入院している患者数のこれまでの推移と，「精神病床における基準病床数の算定式改定案」を用いて，将来の入院患者数を推計した（令和４年度厚生労働科学研究「良質な精神保健医療福祉の提供体制構築を目指したモニタリング研究」研究班作成．
注１）患者調査実測値．
注２）エラーバーは都道府県が調整できる係数の上限値の場合と下限値の場合の推計入院患者数を示している．

「その他の精神障害の医療を提供する施設」と規定し、さらに相談援助等を受ける者として、入院中の者だけでなく通院患者も加えるという趣旨から「当該施設において医療を受ける精神障害者」に改められた。さらに、２０１０（平成22）年改正では、障害者自立支援法の改正で入院中から障害者の地域移行に向けた支援を行うサービスを新設したことに伴い、入院中から精神障害者の地域移行を支援し、地域移行後も持続的にサポートする地域定着支援を行う一般相談支援事業者との連携に関する規定が加えられたのである（詳解・４５６頁）。

精神保健福祉行政の目標は、精神障害者が病気を克服して社会復帰し、自立して社会経済活動に参加することに帰着するが、そのためには、「精神医療施設から社会復帰施設へ」、そして「社会復帰施設から地域社会へ」といった段階でのきめ細かな援助が必要となる。したがって、精神保健福祉法38条は、精神科病院ばかりでなく、その他の精神障害者の医療を提供する施設（診療所）の管理者は、自らの施設の精神科の医師、看護師などの医療従事者と連携して、患者からの相談に応じ、あるいは必要に応じて一般相談支援事業者として、「地域移行支援」や「地域定着支援」を行う者と連携して援助を行い、その家族等その他の関係者との連絡調整を行うよう努力する義務を課したのである。なお、「相談に応じ、その者に必要な援助」は、管理者の指揮・監督の下に、精神保健福祉士等に行わせることも可能である。また、「必要な援助」には、障害者福祉サービス、精神障害者保健福祉手帳、障害年金、生活保護等の申請手続やレクリエーション活動に対する援助などが含まれる。いずれも、管理者が、当該精神障害者の担当医師、看護師さらに家族等のほか、保健所や精神保健相談員、ケースワーカー、精神障害者福祉事業の職員等と連携を図りながら必要な援助を行うものである。なお、これらの精神障害者に対する援助は、いずれも精神科医療の一環として、医療施設内で行われるものであるから、適正な入院医療を確保するためのものとして、敢えて本節において検討した。

2　病状報告

病状報告は、措置入院者及び任意入院者に関し、人権擁護に基づく適正な医療を確保するため、病状報告を病院管理者に義務付ける制度である。精神保健福祉法38条の2第1項は、「措置入院者を入院させている第29条第1項に規定する精神科病院又は指定病院の管理者は、措置入院者の症状その他厚生労働省令で定める事項（以下この項において「報告事項」という。）を、厚生労働省令で定めるところにより、定期に、最寄りの保健所長を経て都道府県知事に報告しなければならない」とし、「この場合においては、報告事項のうち厚生労働省令で定める事項については、指定医による診察の結果に基づくものでなければならない」と規定している。このような定期の病状報告について、改正前の規定では、同条2項として、「前項の規定は、医療保護入院に準用する」とされていたが、2022（令和4）年の改正により、医療保護入院の入院期間が最大6か月とされ、また、入院期間の更新の際には、指定医の診察により6月以内に期間を定めるとされ、定期の病状報告によって入院の必要性の判断をする意味がなくなったところから、2項が削除され、措置入院者に限られることとなった。また、2項では、

「都道府県知事は、条例で定めるところにより、精神科病院の管理者……に対し、当該精神科病院に入院中の任意入院者……の症状その他厚生労働省令で定める事項について報告を求めることができる」と規定している。

定期の報告義務を負う者は、措置入院者を入院させている国等の設置した精神科病院又は指定病院の管理者である。管理者は、精神科を専門とする医師でない場合であっても報告義務を負う。報告は、厚生労働省令で定められているところにより、定期にしなければならない。措置入院者を入院させている国等の病院又は指定病院の管理者は、措置入院の措置が採られた日の属する月の翌月を初月とする同月以降の6か月(入院年月日から起算して6か月経過するまでの間は3か月)ごとに、最寄りの保健所長を経て都道府県知事に病状等を報告しなければならない(施行規則19条3項)。報告すべき事項は、厚生省令で定める事項であり、措置入院者の年齢、病名、生活歴及び現病歴、現在の状態像などであるが、特に、現在の病状については指定医による診察の結果でなければならない。

都道府県知事は、前記のように任意入院者の病状等を当該精神科病院の管理者に対し、報告を求めることができる(38条の2第2項)。任意入院者の病状報告を求めることができる病院の要件は施行規則が定めており、①改善命令等を受けてから5年間を経過しない病院であること、又は②改善命令を受けてから、相当の期間が経過しても、なお当該精神科病院に入院中の者の処遇が改善されないと認められる病院であることが必要である。また、病状報告を求めることができる任意入院者の要件は、①入院後1年以上経過していること、②入院後6月を経過するまでの間、行動の制限を受けたこと、又は、夜間以外の時間帯に病院から自由に外出することを制限されたことである。

3　入院措置時及び定期の入院の必要性に関する審査

(1)　都道府県知事の取扱い

2022（令和4）年に改正された精神保健福祉法38条の3は、都道府県知事は、措置入院措置を採ったとき、又は医療保護入院の届出を受理したとき、若しくは前記の定期病状報告があったときは、精神医療審査会に通知し、当該入院者について、その入院の必要性があるかどうかに関し、精神医療審査会に審査を求めなければならないと規定している。

この規定によると、都道府県知事は、①措置入院の措置を採ったとき、②医療保護入院の届出を受理したとき、③医療保護入院の入院期間更新の届出を受理したとき、④措置入院の定期の病状報告を受けたとき、⑤任意入院の病状報告を受けたとき、以上の5つの場合には、精神医療審査会に通知し、その入院の必要性について審査を求めることになる（1項、5項）（詳解・466頁）。いずれも、精神科病院の入院患者の人権に配慮した適正な医療を確保するためのものである。精神医療審査会への審査請求は、必要的であり、都道府県知事の裁量によって審査請求を行わないという取扱いは、許されない。

入院の必要性に関する審査に関連して、2013（平成25）年の改正では、新規の医療保護入院者については、原則として1年以内に退院することを基本的な考え方とし、入院届（又は入院届に添付される入院診療計画書）に記載される推定入院期間が、特段の理由がないのに1年以上の期間とされていないか、あるいは定期病状報告の際に添付される医療保護入院者退院支援委員会審議記録において、特段の理由がないのに入院の継続が必要と判断されていないか等が、新たに精神医療審査会の審議事項に加えられた。そして、令和4年の改正では、①医療保護入院の入院期間が法定化されたことに伴い、定期病状報告が廃止され、②措置入院の入院時にも、入院の必要性の審査を行うこととされた。

(2) 精神医療審査会による審査

都道府県知事から審査を求められた精神医療審査会においては、会長は会議を招集し、その会議において合議体を構成する。合議体は、当該審査に係る入院中の者について、その入院の必要があるかどうかの審査を行うが、審査するに当たって必要があると認めるときは、当該入院者に意見を求め、あるいはその入院者の同意を得て、指定医である当該審査会の委員に入院者を診察させ、又はその入院者が入院している精神科病院の管理者その他の関係者に対して報告又は意見を求め、さらに診療録その他の帳簿書類の提出を命じ、必要があれば出頭を命じて審問することができる(38条の3第2項～3項)。審査が終了したら、精神医療審査会は合議体での審査結果を都道府県知事に対して、速やかに通知しなければならない(同条2項)。

精神医療審査会は、次に示す内容の審査結果を通知しなければならない。①現在の入院形態での入院が適当であると認められる、②他の入院形態への移行が適当であると認められる、③合議体が定める期間内に、他の入院形態へ移行することが適当であると認められる、④合議体の定める期間経過後に、当該患者の病状、処遇等について報告を求めることが適当と認められる、⑤入院の継続は適当でないと認められる、⑥当該患者の入院中の処遇は適当であると認められる、⑦当該患者の処遇は適当でないと認められる。審査結果の通知の内容は以上であるが、各項目について、理由の要旨を付さなければならないとされている(平成12年3月28日障第209号「精神医療審査会運営マニュアル」)。

精神医療審査会運営マニュアルによると、「他の入院形態へ移行することが適当と認められる」という審査結果が予定されている。当然のことながら、現在の実務においてもこの方法が採られている。しかし、例えば、精神医療審査会の審査結果が医療保護入院者について、「任意入院が適当」とした場合、患者本人が入院について同意しなかった場合は、任意入院への移行は不可能であるから、都道府県知事は、当該精神科病院の管理者に対し、その入院者の退院を命ずる他はない。したがって、「任意入院が適当」とする審査結果を都道府県知事に通知する場合には、事前に患者本人の意向を確かめておく必要があるように思われる。もっとも、合議体では、患者本人に意見を求めることができるから(38条の3第3項)、実際上は医療保護入院者に意見を求めた上での審査結果になると思われるが、いずれにせよ、事前に患者本人ないしその家族等の意向を確かめておく必要がある。なお、措置入院者について、医療保護入院への移行を認めることが可能かという問題もあるが、措置入院の場合は、措置を解除して、改めて医療保護入院又は任意入院の要件により入院させるか又は退院させることになる。

(3) 都道府県知事の対応

都道府県知事は、精神医療審査会の審査結果に基づき、入院継続が必要でないと認められた措置入院者については、その者を退院させ、また、医療保護入院者については、当該精神科病院の管理者に対し、その者を退院させることを命じることとなる(同条4項)。通常の措置入院者の措置解除であれば、自傷他害のおそれが消退していることについての指定医の診察を必要とするが(29条の4第2項)、精神医療審査会の審査結果に基づいて措置入院者を退院させる場合は、改めて指定医の診察を行う必要はないから、そのまま退院させることになる。一方、精神医療審査会の審査結果が当該入院が適当と認められるというものであった場合は、特に病院管理者等に対する通知は必要としない。また、他の入院形態への移行が適当であるとの審査結果であった場合には、都道府県知事は、審査結果を本人及び家族等に通知するとともに、当該病院の管理者に協力を求め、精神医療審査会の審査結果に従い、患者本人又は家族等に任意入院の意思又は医療保護入院における家族等の同意の確認をするといった措置を講ずる必要がある。なお、都道府県知事は、条例で定める任意入院者の症状について報告を求め、病状報告を受けたときは、当該入院中の者の症状について、その入院の必要があるかどうかに関し、精神医療審査会に審査を求めることができる（38条の3第5項）。審査結果については、既述の措置入院に係る審査の場合と同じ形式が採られる。

4　退院等の請求による精神医療審査会の審査

(1)　患者等の退院請求及び処遇改善請求

精神保健福祉法38条の4は、「精神科病院に入院中の者又はその家族等（その家族等がない場合又はその家族等の全員がその意思を表示することができない場合にあってはその者の居住地を管轄する市町村長とし、その家族等の全員が第33条第1項若しくは第6項又は第34条第1項の規定による同意又は不同意の意思表示を行わなかった場合にあってはその者の居住地を管轄する市町村長を含む。）は、厚生労働省令で定めるところにより、都道府県知事に対し、その者を退院させ、又は精神科病院の管理者に対し、その者を退院させることを命じ、若しくはその者の処遇の改善のために必要な措置を採ることを命じることを求めることができる」と規定している。この規定は、入院患者やその家族等に対し、①措置入院者にあっては措置解除をすること、②医療保護入院等の入院患者にあっては精神科病院の管理者に退院命令をすること、③精神科病院の管理者に対して処遇改善命令をすること、以上3つを請求することができるとするものである。なお、退院等の請求は、入院患者本人、その家族等の代理人である弁護士によっても行うことができる。もとより入院患者の人権擁護を確保するためである。

退院の請求を行いうる者すなわち請求権者は、入院患者本人、医療保護入院において同意した家族等又はその代理人である弁護士、そして市町村長である。これに対し、請求の相手方は都道府県知事である。その内容は、①当該措置入院中の者を退院させること、又は②精神科病院の管理者に対し当該医療保護入院中の者を退院させることである。退院等の請求は書面をもって行うことが原則とされており、その記載事項としては、①患者の住所、氏名、生年月日、②請求人が家族等又は弁護士である場合は、その者の住所、氏名、患者との続柄、③患者が入院している精神科病院の名称、④請求の趣旨及び理由、⑤請求年月日、以上の5つの項目が求められている。例外的に口頭で行うことも認められているが、都道府県知事が受けた電話相談に関しては、精神医療審査会にその内容を報告し、審査会が口頭による退院請求もやむを得ないと判断した場合に限り、退院請求として扱うこととされている(平成12年3月28日障第209号)。また、都道府県知事は、聴取者の氏名及び書面による請求ができない理由について、書面を作成しておくことが求められている。退院を求める理由については、特に限定されていない。入院者本人からの請求の場合は、病状が改善されていることを理由とすることが多いと思われるが、例えば、措置入院の場合、1人の指定医にしか診察を受けていないとか、医療保護入院者の場合は、家族等の同意はなかったといったような手続上の違法を理由とする場合も認められている。

処遇改善請求権者は、都道府県知事に対し、「精神科病院の管理者に対し、当該入院中の者の処遇の改善のために必要な措置を採ることを命ずること」を請求することができる。例えば、閉鎖病棟を懲罰の目的で使用すること、及び不適切な隔離・身体的拘束の実施などが対象となるが、適正な審査の実施という観点からは、処遇改善請求について、請求の内容を明確にする必要がある。なお、退院及び処遇改善請求については、措置入院又は医療保護入院の手続に違反していることを理由とする退院等の審査を認めるべきか否かが問題となってきた。例えば、先に述べた措置入院に関する例のように、請求者は、指定医1名の診察の結果、その診察を受けた者が精神障害者であり、かつ、医療及び保護のために入院させなければその精神障害のために自傷他害のおそれがあると認めたので、都道府県知事はその指定医の診察を信頼して入院措置を行ったと主張している場合、あるいは、医療保護入院の場合、医療契約上に問題はなかったが、家族等の同意がなかったと請求者が主張した場合、その手続違反を理由とする審査は可能かという問題である。

1987(昭和62)年法改正の趣旨は「入院の必要性や処遇の適切さについて、広く入院患者等から都道府県知事に対する調査請求を認める」ことにあるから、精神医療審査会の審査は、精神医学的な観点からの退院及び処遇改善の必要性を中核とするものであるが、入院手続違反も広い意味では医療及び保護に係わるものであるから、退院や処遇改善請求として、精神医療審査会の審査の対象とすべきであると考える(詳解・475頁)。ただし、入院患者等の主張が事実であることが判明した場合は、38条の4の規定に従い、「厚生労働省令で定めるところにより、都道府県知事に対し、その者を退院させ、又は精神科病院の管理者に対し、その者を退院させることを命じ、若しくはその者の処遇の改善のために必要な措置を採ることを命じることを求めることができる」。

(2) 審査の方法

都道府県知事は、入院患者又はその家族から退院請求又は処遇改善の請求を受けたときは、その内容を精神医療審査会に通知し、また、審査会の審査を求めるに先立って、請求を受理したことを関係者に通知し、当該請求に係る入院中の者について、その入院の必要があるかどうか、又はその処遇が適当かどうかに関し、審査を求めなければならない(38条の5第1項)。通知を受けた精神医療審査会は、当該審査に係る者について、その入院の必要があるかどうか、又はその処遇が適当であるかどうかに関し審査を行い、その結果を都道府県知事に通知しなければならない(同条2項)。

精神医療審査会は、審査するに当たって、当該請求者及びその入院中の者が入院している精神科病院の管理者の意見を聴かなければならない。ただし、精神医療審査会がこれらの者の意見を聴く必要がないと認めた場合は、意見を聴く必要はない（同条3項）。例えば、頻回に同じ内容の請求が行われている場合、あるいは意味不明の請求の場合等がこれに当たる。精神医療審査会は、審査をするに当たって必要があると認めるときは、当該審査に係る入院中の者の同意を得て当該医療審査会の委員（医療委員）に診察させ、又はその者が入院している精神科病院の管理者その他の関係者に対し報告を求め、診療録その他の帳簿書類の提出を命じ、あるいは出頭を命じて審問することができる（同条4項）。

退院等の請求の審査中に、請求者から請求を取り下げたい旨の申出が書面又は口頭により都道府県知事になされた場合、あるいは当該患者が病院からすでに退院していた場合は、審査会はそれにより終了する。ただし、精神医療審査会が、当該退院前の入院等の適否の審査を行う必要があると認めた場合には、この限りではない。なお、退院等の請求の受理、都道府県知事の行う手続、精神医療審査会における審査の取扱いについては、前述の「精神医療審査会運営マニュアル」において定められている。

(3) 審査結果の取扱い

精神医療審査会は、審査終了後、速やかに都道府県知事に対し、次に示す内容の審査結果を通知しなければならない。まず、退院の請求の場合は、①引き続き現在の入院形態での入院が適当と認めること、②他の入院形態への移行が適当と認めること、③合議体が定める期間内に、他の入院形態へ移行することが適当と認めること、④入院の継続は適当でないと認めること、以上の審査結果のいずれかについて通知しなければならない。次に、処遇改善請求の場合は、①処遇は適当と認めること、②処遇は適当でないと認めること、及び合議体が求める処遇を行うべきこと、以上の審査結果のいずれかを通知しなければならない。

都道府県知事は、精神医療審査会からの審査結果を受理した場合は、審査結果に基づき、その入院が必要でないと認められた者を退院させ、又は当該精神科病院の管理者に対し、その者を退院させることを命じ、若しくはその者の処遇改善のために必要な措置を採ることを命じなければならない（同条5項）。また、退院等を請求した者に対し、精神医療審査会の審査結果及びそれに基づいて採った措置を通知しなければならない。なお、都道府県知事の退院命令又は処遇改善命令は、当該精神科病院にとっては行政上の不利益処分となるため、当該の命令に対して、当該精神科病院の管理者は、行政不服審査法に基づく審査請求をすることができる。

都道府県知事の退院命令に違反した者については、3年以下の懲役又は１００万円以下の罰金に処せられる（52条2号）。なお、罰則は、退院命令違反に限られ、処遇改善命令違反は処罰の対象とされていない。精神保健福祉法は、さらに精神科医療及び保護の適正な運用を確保し、患者の人権擁護に資するという観点から、入院患者の診療及び処遇を適正に行っているか、また、入院の手続を適法に行っているかという点を明らかにするために、報告徴収等の制度を設けている（38条の6）。

5　報告徴収及び処遇改善・退院命令

以上、退院及び処遇改善請求について述べてきたが、精神保健福祉法は、さらに精神科医療及び保護の適正な運用を確保し、患者の人権擁護に資するという観点から、入院患者の診療及び処遇を適正に行っているか、また、入院の手続を適正に行っているかという点を明らかにするために報告徴収の制度を設け、その結果を踏まえた処遇改善・退院命令制度を設けている。

(1) 患者の診療及び処遇報告徴収

精神保健福祉法38条の6第1項は、「厚生労働大臣又は都道府県知事は、必要があると認めるときは、精神科病院の管理者に対し、当該精神科病院に入院中の者の症状若しくは処遇に関し、報告を求め、若しくは診療録その他の帳簿書類の提出若しくは提示を命じ、当該職員若しくはその指定する指定医に、精神科病院に立ち入り、これらの事項に関し、診療録その他の帳簿書類（その作成又は保存に代えて電磁的記録の作成又は保存がされている場合における当該電磁的記録を含む。）を検査させ、若しくは当該精神科病院に入院中の者その他の関係者に質問させ、又はその指定する指定医に、精神科病院に立ち入り、当該精神科病院に入院中の者を診察させることができる」と規定している。また、同条2項は、「厚生労働大臣又は都道府県知事は、必要があると認めるときは、精神科病院の管理者、精神科病院に入院中の者又は第33条第1項から第3項までの規定による入院若しくは同条第6項の規定による入院の期間の更新について同意をした者に対し、この法律による入院に必要な手続に関し、報告を求め、又は帳簿書類の提出若しくは提示を命じることができる」と規定している。

前記の規定では、「厚生労働大臣又は都道府県知事」とあるところから、報告徴収等の権限は、厚生労働大臣又は都道府県知事のどちらが行使してもよいようにも解される。しかし、精神保健福祉行政は都道府県を中心に行われ、精神科病院の監督は原則として都道府県知事が行うこととされていることに鑑みると、報告徴収等の権限行使は、第一義的には都道府県知事が行い、厚生労働大臣は、その監督的立場にあるところから、報告徴収等の権限行使は、例えば、精神科病院における業務従事者による患者の殺人事件と言った都道府県の枠を超えて生じた問題や広域にわたる特例的な重大な問題に限って行使されるべきである。

(2) 報告徴収等の事項

厚生労働大臣又は都道府県知事は、「必要があると認めるときは」、報告徴収等を求めることができる。入院患者の症状及び処遇に関する事項としては、①精神病院の管理者に対し、入院患者の症状又は処遇に関し、報告を求め、診療録その他の書類の提出を求めること、②職員又は指定医に、入院患者の症状又は処遇に関し、精神科病院に立ち入り、診療録その他の帳簿書類を検査させ、入院患者その他の関係者に質問させること、③指定する指定医に、精神科病院に立ち入り、入院中の患者を診察させること、以上の3つがある。なお、職員又は指定医が精神科病院に立ち入るときは、身分証を提示し、関係者の求めがあるときは、これを提示しなければならない。

厚生労働大臣又は都道府県知事は、必要があると認めるときは、精神科病院の管理者、入院中の患者又は医療保護入院及び入院期間の更新に同意した者に対し、入院に必要な手続に関し、報告を求め、帳簿書類の提出又は提示を求めることができる。ここで「必要があると認めるとき」とは、入院患者の症状又は処遇、あるいは入院に必要な手続等に関し、精神科病院等に報告徴収等を求めることに合理的理由が認められる場合を意味しており、厚生労働大臣等は、いかなる場合でも自らの判断で報告徴収等の権限を行使できるわけではない。具体的には、①精神医療審査会から合議体の審査の必要上、報告徴収を行うよう要請された場合、②定期病状報告に疑義ある場合、③入院患者の処遇改善等を図るため、精神科病院等に対する調査を行う場合、④その他、諸般の状況から判断して、必要があると認められる場合などである。かくして、厚生労働大臣又は都道府県知事は、適正な医療及び保護を確保し、患者の人権擁護を徹底する見地から、必要があると認めるときは、精神科病院の管理者及び関係者に対し、報告徴収等の権限を行使することができるのである。

(3) 処遇改善・退院命令

(ア) 処遇改善命令

精神保健福祉法38条の7第1項は、「厚生労働大臣又は都道府県知事は、精神科病院に入院中の者の処遇が第36条の規定に違反していると認めるとき又は第37条第1項の基準に適合してないと認めるときその他精神科病院に入院中の者の処遇が著しく適当でないと認めるときは、当該精神科病院の管理者に対し、措置を講ずべき事項及び期限を示して、処遇を確保するための改善計画の提出を求め、若しくは提出された改善計画の変更を命じ、又はその処遇の改善のために必要な措置を採るべきことを命ずることができる」と規定している。

ここで「36条の規定」とは、入院形態を問わず精神科病院に入院中の全ての患者に関する行動制限のことであり、通信・面会・患者の隔離・身体的拘束、開放処遇の制限がこれに当たる。具体的には、①36条2項に規定されている信書の発受等の絶対的に禁止されている行動の制限の基準に適合していない場合、例えば、信書の発受を管理者が禁止している場合、②36条3項に規定されている指定医が必要と認める場合でなければ許されない行動の制限の基準に適合していない場合、例えば、指定医の意見を無視して12時間を超える隔離をしている場合、③37条1項の基準とは、厚生労働大臣が定める精神科病院に入院中の者の処遇の基準のことであり、これに適合していない場合、例えば、身体の拘束の手段として手錠を使用しているような場合のことである。これらは、いずれも違法な処遇に当たるが、さらに「その他精神科病院に入院中の者の処遇が著しく適当でないと認めるとき」、例えば、看護師等の病院内の業務従事者による「いじめ」を病院管理者が放置しているような場合がこれに当たる。

「処遇が著しく適当でない」とは、患者の人権確保の視点に照らし、通常から明らかに逸脱する不当な処遇がなされている場合のことである。これらの違法又は不当な処遇を管理者が放置していたのでは、入院中の者の人権擁護は確保することはできないところから、厚生労働大臣又は都道府県知事は、管理者に対し、正常な処遇を確保するために、何を改善すべきであり、いつまでに改善すべきかといった改善計画の提出を求め、その結果、改善計画が提出されたが、それでは患者の処遇は改善されないと判断した場合は、改善計画の変更を命じ、又は処遇改善のために必要な措置を示して、それを実施するように命令することができるとしたのである。処遇改善のために必要な措置としては、「身体的拘束のために手錠を使用することはやめること」、「3人の患者を同時に同じ隔離室に入室させることはやめること」といったように、処遇改善命令の内容は、できるだけ具体的であることが必要である。

なお、38条の7の規定では「厚生労働大臣又は都道府県知事」となっているが、通常は、都道府県知事の権限で命ずべきであろう。また、「命ずることができる」とあるが、精神科病院で不当な処遇がなされていることを知っていながら放置することは許されないから、本来ならば「命ずる」とすべきところ、都道府県知事の権限であるとする趣旨から、「命ずることができる」としたと解される。したがって、前記のような違法又は不当な「処遇」がなされている場合は、都道府県知事は、その改善を命ずる責務があると解すべきである。ただし、精神医療審査会から患者の処遇を改善すべきである旨の審査結果の通知を受けた場合、都道府県知事は、その審査結果に基づく処遇改善命令を発しなければならないから(38条の5第5項)、その場合には、本条の適用はない。

(イ) 退院命令

精神保健福祉法38条の7第2項は、厚生労働大臣又は都道府県知事は、任意入院、医療保護入院、応急入院で入院した者について、「その指定する2人以上の指定医に診察させ、各指定医の診察の結果がその入院を継続する必要があることに一致しない場合又はこれらの者の入院がこの法律若しくはこの法律に基づく命令に違反して行われた場合には、これらの者が入院している精神科病院の管理者に対し、その者を退院させることを命ずることができる」と規定している。先にも触れたとおり、退院命令の主体は都道府県知事と考えるべきであり、都道府県知事が精神科病院に入院中の者について、必要があると認めたときは、その指定した2人以上の指定医に診察させ、その2人以上の指定医の診察の結果、入院の必要があるという点で一致した場合は問題ないが、例えば、3人の指定医に診察させ、その結果、1人の指定医が「入院を継続する必要はない」としていた場合、後の2人の指定医が「入院を継続する必要がある」と診断しても、知事は、管理者に対して退院を命じなければならない。したがって、最初の指定医が「入院を継続する必要はない」と診断した場合は、2番目の指定医の診断を待つまでもなく、都道府県知事は、退院を命じなければならないのである。なお、この場合とは別に、精神医療審査会から、定期の報告又は退院等の請求の審査の結果、当該患者の入院につき継続の必要が認められないとの通知を受けた都道府県知事は、38条の3第4項又は38条の5第5項の規定により、退院させ、又は精神科病院の管理者に退院を命じなければならない。不必要な入院の継続を避けるためである。また、当該の入院が精神保健福祉法の規定に違反して行われた場合、例えば、家族等の同意がなかったのに入院させた場合も、退院を命じなければならない。

(ウ) 命令違反の効果

精神科病院の管理者は、処遇改善・退院命令に従うべきであるが、管理者がこれに従わなかったときは、都道府県知事等はその旨を公表することができる(38条の7第3項)。改めて言うまでもなく、「公表」とは、正式に世間に知らせること、又は公に発表することを意味するが、それによって当該精神科病院に対する世間の評判が悪くなる、あるいは信用がなくなるといった効果が期待できる。また、都道府県知事は、前記の命令に違反したときは、当該精神科病院の管理者に対し、精神障害者の入院に係る医療の提供を、期間を定めて制限することを命ずることができるとしており、病棟の一部閉鎖といった措置を命ずることができる。ただし、恒久的に営業の制限を行う趣旨ではなく、改善計画の達成が見込まれるまでの緊急措置として、その改善を促すためのものである。なお、医療提供制限を命じたときは、都道府県知事は、その旨を公示しなければならないとされている（同条5項）。公示とは、例えば、官報等で一般の人に知らせることをいう。さらに、退院命令に違反した精神科病院の管理者は、3年以下の懲役又は100万円以下の罰金に処せられる（52条3号）。

6　無断退去者に対する措置

(1) 意　義

精神保健福祉法39条は、「精神科病院の管理者は、入院中の者で自身を傷つけ又は他人に害を及ぼすおそれのあるものが無断で退去しその行方が不明になったときは、所轄の警察署長に次の事項を通知してその探索を求めなければならない。①退去者の住所、氏名、性別及び生年月日。②退去の年月日及び時刻。③症状の概要。④退去者を発見するために参考となるべき人相、服装その他の事項。⑤入院年月日。⑥退去者の家族等又はこれに準ずる者の住所、氏名、その他厚生労働省令で定める事項。」と規定している。

この規定は、自傷他害のおそれのある入院患者が、精神科病院から無断で退去して行方不明になった場合、精神科病院の管理者は、所轄の警察署に通知して探索を求めなければならないとするものである。その趣旨は、精神科病院に入院中の患者の医療及び保護を確保することにある。

ここで「入院中の者」というのは、措置入院者ばかりでなく、緊急措置入院者、医療保護入院者、応急入院者、退院制限任意入院者を含む趣旨である。それらの者のうち「自身を傷つけ又は他人に害を及ぼすおそれのある」者に限り、無断退去者に対する措置が適用される。そうすると、自傷他害のおそれを要件として入院している措置入院者、緊急措置入院者にはすべて本条の適用があることに問題はないが、医療保護入院者や任意入院者についても、病状が自傷他害のおそれがあるときは、医療及び保護上、探索を求める必要があるということになる。医療保護入院者、応急入院者で自傷他害のおそれがない患者については、もちろん本条の適用はない。

(2) 発見したときの警察官の対応

警察官が無断退去者を発見したときは、直ちに、その旨を当該精神科病院の管理者に通知しなければならない。そして、その警察官は、当該精神科病院の管理者がその者を引き取るまでの間、24時間を限り、その患者を警察署、病院、救護施設等の精神障害者を保護するのに適当な場所に保護することになっている(同条2項)。なお、警察官職務執行法3条1項は、警察官の目から見て、「異常な挙動その他周囲の事情から合理的に判断して」精神錯乱のために自傷他害のおそれがある者であることが明らかであり、「かつ、応急の救護を要すると信ずるに足りる相当な理由のある」ときには、保護しなければならないと規定している。したがって、無断退去者が、そのような状態に達していないときは、精神保健福祉法39条の措置により保護することができる。なお、警察署長に対する通知事項として、当該退去者が入院前に障害者福祉サービスを利用していた場合には、当該福祉サービスに係る事業を行う者の名称、所在地及び連絡先が求められている(施行規則22条の2)。

(3) 仮退院

仮退院とは、精神科病院における措置入院者の正式な退院ではなく、仮に退院させることである。精神保健福祉法40条は、「第29条第1項に規定する精神科病院又は指定病院の管理者は、指定医による診察の結果、措置入院者の症状に照らしその者を一時退院させて経過を見ることが適当であると認めるときは、都道府県知事の許可を得て、6月を超えない期間を限り仮に退院させることができる」と規定している。

ここで「第29条第1項に規定する精神科病院又は指定病院」とは、国等の設置した精神科病院又は指定病院のことであるが、それらの病院における仮退院は、「指定医」による診察の結果に基づいて行われなければならない。ただし、その指定医は、法文上限定されていないから、当該措置入院者が入院している病院の指定医である必要はなく、適切な診断ができる指定医であれば足りると解されている。措置入院者が入院している精神科病院の管理者は、その指定医の診察の結果、措置入院者の症状から判断して、その措置入院者を一時退院させて経過を見ることが適当であると認めたときは、退院させることができるのである。しかし、入院させたのは都道府県知事であるから、仮退院でも知事の許可は必要である。「都道府県知事の許可を得て」とされている所以である。

「6月を超えない期間」については、例えば、仮退院の期間を「3月」と決めて都道府県知事の許可を得たが、3月を経過した段階で、なお継続して仮退院させて経過を見る必要があるとき、期間を更新して、あと3か月の仮退院を認めてよいかが問題となる。しかし、その場合は、都道府県知事の許可を必要とするであろう。なお、措置症状が消退した場合は、仮退院の期間中であっても、管理者は直ちに措置を解除しなければならないから、この規定は、措置症状が消退したかどうかの診断が困難な場合に適用されるものと解されている（詳解・513頁）。したがって、仮退院の期間中は、措置入院は継続していることになり、仮退院中に症状が悪化し、自傷他害のおそれが生じたときは、精神科病院の管理者は、その患者を病院に連れ戻すことができる。

第9章　精神科病院における虐待の防止

1　虐待の意義と防止の取組

(1)　虐待の意義とその防止

虐待とは、一般的に、特定の者に対し、暴力を加え、あるいは冷酷かつ冷淡な接し方をし、相手方に心身の苦痛を感じさせる行為をすることだとされている。具体的な行為の内容は様々であり、身体的に暴力を加える身体的虐待、心理的に苦痛を与える精神的虐待、セクハラ等の性的虐待、金銭を使わせない金銭的虐待などがある。こうした虐待を防止するために、２０１１(平成23)年に制定された法律が、「障害者虐待の防止、障害者の養護者に対する支援等に関する法律」(平成23年6月24日法律79号。以下、「虐待防止法」と略す)である。

一方、精神科病院における患者に対する虐待は、ここ十数年来、精神科病院における不祥事件として、新聞等でしばしば報道され、重大かつ深刻な社会問題となってきている。厚生労働省当局も、精神科病院における精神障害者に対する虐待は、精神障害者の尊厳を害するものであり、その医療及び保護にとって極めて有害であるところから、虐待防止法の施行以来、精神科医療機関に対しても、①精神科医療機関における虐待防止等の取組事例を周知するなど、虐待が疑われる事案の取組強化に努めること、②虐待が疑われる事案が発生した場合、速やかにその概況を各都道府県等に報告するよう管内精神科医療機関に対し周知徹底するとともに、各都道府県においても早期に事案の詳細を把握し、当該精神科医療機関と連携して再発防止に努めること、③「精神科病院に対する指導監督等の徹底について」(平成10年3月3日通知)に基づき、原則として1施設につき年1回実施する実地指導において、病院職員や入院患者に対して行われる人権の保護に関する聞き取り調査と併せて、虐待が疑われる事案についても聞き取りを行うなど、その把握の徹底に努めること、といった施策(令和2年7月1日付精神・障害保健課事務連絡)が講じられ、管理者のリーダーシップのもと、虐待発生の防止や早期発見の取組が、個々の精神科病院の組織全体で推進されてきたとされる。しかし、その間、精神科病院における患者虐待の不祥事件は後を絶たず、当局は虐待防止のためのこれまでの取組を見直すべく、2022(令和4)年の法改正に至った次第である。

(2) 施策の見直し

厚生労働省は、前記の虐待防止法を踏まえ、「精神科病院における虐待防止に向けた取組の一層の推進」と題して、①精神科病院の医療従事者への研修や患者への相談体制の整備等の虐待防止のための措置の実施を、精神科病院の管理者に義務付ける、②精神科病院の医療及び保護に係る業務に従事する者すなわち業務従事者(医師、精神保健福祉士、看護師、看護助手、作業療法士など)による虐待を受けたと思われる患者を発見した者に、速やかに都道府県に通報することを義務付ける、③精神科病院の業務従事者は、都道府県に通報したことを理由として解雇等の不利益な取扱いを受けないことを明確化する、④都道府県知事は、毎年度、精神科病院の業務従事者による虐待の状況等を公表するものとする、⑤精神科病院の業務従事者による虐待に係る調査及び研究を行うものとするとし、見直しの内容を明らかにしてきた。

2　虐待防止のための新設規定

(1) 管理者への義務付け

虐待の防止に関する規定は、精神保健福祉法40条の2から40条の8に至る7か条であるが、冒頭の40条の2は、「精神科病院の管理者は、当該精神科病院において医療を受ける精神障害者に対する虐待の防止に関する意識の向上のための措置、当該精神科病院において精神障害者の医療及び保護に係る業務に従事する者(以下「業務従事者」という。)その他の関係者に対する精神障害者の虐待の防止のための研修の実施及び普及啓発、当該精神科病院において医療を受ける精神障害者に対する虐待に関する相談に係る体制の整備及びこれに対処するための措置その他の当該精神科病院において医療を受ける精神障害者に対する虐待を防止するため必要な措置を講ずるものとする」(1項)としている。さらに同条2項は、「指定医は、その勤務する精神科病院の管理者において、前項の規定による措置が円滑かつ確実に実施されるように協力しなければならない」と規定している。

かくして、新規定は、精神科病院における虐待防止のための従来の取組を見直し、精神科病院の管理者に対して、①自ら管理する精神科病院の看護師等の業務従事者に対する虐待防止の意識を向上させるための措置、②医療従事者に対する研修の実施及び普及啓発、③相談体制の整備及びその措置を義務付け、併せて、その病院の指定医に対し、その措置が円滑かつ確実に実施されるよう、管理者に協力する義務を課したのである。精神科病院の虐待防止のための取組は、従来においても推進されてきたが、個々の業務者又は関係者に向けた取組は十分でなかったところから、遅きに失したとはいえ、管理者の義務を明確にした点において、精神障害者虐待防止への効果は大いに期待できるであろう。

(2) 精神障害者虐待の内容

精神保健福祉法40条の3第1項は、「精神科病院において業務従事者による障害者虐待（業務従事者が、当該精神科病院において医療を受ける精神障害者について行う次の各号のいずれかに該当する行為をいう。以下同じ。）を受けたと思われる精神障害者を発見した者は、速やかに、これを都道府県に通報しなければならない。①虐待防止法第2条第7項各号（第4号を除く。）のいずれかに該当すること。②精神障害者を衰弱させるような著しい減食又は長時間の放置、当該精神科病院において医療を受ける他の精神障害者による虐待防止法第2条第7項第1号から第3号までに掲げる行為と同様の行為の放置その他の業務従事者としての業務を著しく怠ること」と規定している。

虐待行為の内容は、虐待防止法に基づく行為として、①患者の身体に外傷が生じ、若しくは生じさせるおそれのある暴行を加え、又は正当な理由がなく患者の身体を拘束すること、②患者にわいせつな行為をすること又は患者をしてわいせつな行為をさせること、③患者に対する著しい暴言、著しく拒絶的な対応又は不当な差別的言動その他の患者に著しい心理的外傷を与える言動を行うこと、④患者の財産を不当に処分すること、その他患者から不当な財産的利益を得ること、⑤患者を衰弱させるような著しい減食又はその状態を長時間にわたって放置すること、⑥精神科病院において医療を受けている他の患者による「わいせつな行為をすること又はわいせつな行為をさせる」行為を放置しておくこと、⑦同じ精神科病院に入院している他の患者からの著しい暴言、著しく拒絶的な対応又は不当な差別的言動その他の著しい心理的外傷を与える言動を放置しておくこと（虐待防止法2条7項1号から5号参照）、⑧業務従事者としての業務を著しく怠ること、以上の8つである。

(3) 通報義務と秘密漏示

精神科病院において業務従事者による前記の障害者虐待を受けたと思わる精神障害者を発見した者は、速やかに、都道府県知事に通報しなければならない。ここで「発見した者」とは、業務従事者（医師、精神保健福祉士、看護師、准看護師、作業療法士等）であるかどうかは問わない。入院者訪問支援者が、偶然に病院内で発見した場合であっても通報義務は課される。「速やかに」とは、「可能な限り早く」とする趣旨である。また、通報とは「知らせる」ことであり、方法・手段は問わず、当該の職員に電話で知らせてもよいが、都道府県知事に伝わることが肝心である。問題は通報義務を怠った場合の扱いであるが、精神障害者虐待を発見した業務従事者等が通報しなかったとしても、法律上の制裁はない。しかし、精神科医療施設では虐待は許されないといった規範意識を醸成するためにも、通報義務を認めることが必要であり、何らかの制裁規定を設けるべきであると考える。なお、業務従事者による障害者虐待を受けた精神障害者は、その旨を都道府県知事に届け出ることができる（40条の3第2項）。

業務従事者が、業務従事者による精神障害者虐待を都道府県知事に通報した場合、精神保健福祉法40条の3第4項は、「業務従事者は、第1項の規定による通報をしたことを理由として、解雇その他不利益な取扱いを受けない」と規定している。この規定は、障害者虐待について内部告発をした業務従事者について、しばしば制裁人事が行われてきた過去の実態に鑑み、業務従事者が障害者虐待を都道府県知事に通報した場合は、「解雇その他不利益な取扱いを受けない」と明文で明らかにし、解雇等の不利益処分は無効にすることを明らかにしたのである。

一方、刑法134条や保健師助産師看護師法44条の4等が定める秘密漏示罪において、各業務従事者の守秘義務が規定されているが、精神保健福祉法40条の3第3項は、「刑法……の秘密漏示罪の規定その他の守秘義務に関する法律の規定は、第1項の規定による通報……をすることを妨げるものと解釈してはならない」と規定している。つまり、業務従事者には守秘義務があるという理由で障害者虐待の通報をしてはならないと解釈してはならないとしたのである。言い換えると、障害者虐待の通報は、業務従事者の守秘義務違反には該当しないとした。この条文の文言には理解しにくい面もあるが、精神科病院における精神障害者虐待については、業務従事者は、躊躇せずに積極的に通報すべきであるとする趣旨と解してよい。

精神保健福祉法40条の4は、前記の都道府県知事への通報及び届出を受けた「都道府県の職員は、その職務上知り得た事項であって当該通報又は届出をした者を特定させるものを漏らしてはならない」と規定している。通報した業務従事者又は届出をした精神障害者は、当該の行為を他の者に知られたくないのが普通であり、また、口外されると分かれば通報や届出をしなくなるところから、当該通報又は届出を秘密として扱い、都道府県の担当職員に他の者には漏らしてはならない義務すなわち秘密保持義務を課したのである。したがって、これに違反して第三者に漏らせば、刑法134条1項の秘密漏示罪となり、6月以下の懲役又は10万円以下の罰金に処せられる。

3　報告徴収等及び改善命令

(1)　報告徴収等

精神保健福祉法40条の5第1項は、「厚生労働大臣又は都道府県知事は、必要があると認めるときは、第40条の2第1項の措置又は第40条の3第1項の規定による通報若しくは同条第2項の規定による届出に関し、精神科病院の管理者に対し、報告を求め、若しくは診療録その他の帳簿書類の提出若しくは提示を命じ、当該職員若しくはその指定する指定医に、精神科病院に立ち入り、診療録その他の帳簿書類（その作成又は保存に代えて電磁的記録の作成又は保存がされている場合における当該電磁的記録を含む。）を検査させ、若しくは当該精神科病院に入院中の者その他の関係者に質問させ、又はその指定する指定医に、精神科病院に立ち入り、当該精神科病院に入院中の者を診察させることができる」と規定している。

ここで「第40条の2第1項」としているのは、既述の当該精神科病院の虐待防止に関する意識の向上を図るための管理者の措置のことである。また、「第40条の3第2項」としているのは、業務従事者による虐待を受けた精神障害者からの届出のことである。これらの規定は、38条の6の報告徴収制度と同じように、厚生労働大臣又は都道府県知事が、監督権限者の立場から、精神科病院の管理者に対して報告や資料の提出を求め、通報又は届出及び虐待防止に関する管理者の措置の状況について検査することを目的とするものであり、それによって、精神科病院における業務従事者による虐待の防止の徹底を図ろうとするものである。

なお、厚生労働省は、都道府県・指定都市精神保健主管部に対する事務連絡として、患者等からの退院請求や処遇改善請求の内容、又は外部からの都道府県等への情報提供の内容から判断し、患者に対する虐待等が疑われる場合には、①必要な情報収集や実地指導等の適切な指導監督の実施を図ること、②情報収集を行う際、病院職員だけでなく、入院患者からも丁寧に聞き取りを行うなど、適切な情報収集を図ること、③入院患者に対する虐待が強く疑われる緊急性の高い場合等については、予告期間なしに対象の精神科病院に対し実地指導することができるとしている。また、退院請求又は処遇改善請求中の案件であっても、精神医療審査会の審査結果を待たずして、実地指導を行うことが可能であることから、こうした場合には、速やかに実地指導を実施することとする通知をしている（令和5年2月17日厚生労働省社会・援護局障害保健福祉部精神・障害保健課事務連絡）。

(2) 改善命令とその公示等

精神保健福祉法40条の6第1項は、「厚生労働大臣又は都道府県知事は、第40条の2第1項の必要な措置が講じられていないと認めるとき、又は第40条の3第1項の規定による通報若しくは同条第2項の規定による届出に係る精神科病院において業務従事者による障害者虐待が行われたと認めるときは、当該精神科病院の管理者に対し、措置を講ずべき事項及び期限を示して、改善計画の提出を求め、若しくは提出された改善計画の変更を命じ、又は必要な措置を採ることを命ずることができる」と規定している。この規定も、38条の7第1項とほぼ同じ内容のものであり、報告徴収等の結果に基づき、当該精神科病院の管理者に対し、改善措置を命ずるものである。そして、この命令に管理者が従わないときは、都道府県知事は、その旨を公表することができるとされている(40条の6第2項)。また、任意入院、措置入院、医療保護入院等にかかる医療提供の全部又は一部を制限することを命じることができる(同条3項)。例えば、病棟の一部閉鎖、病床数の削減がこれに当たる。その場合には、命令の内容を「公示」しなければならない(同条4項)。なお、国は、業務従事者による障害者虐待の事例の分析を行うとともに、業務従事者による障害者虐待の予防及び早期発見のための方策並びに業務従事者による障害者虐待があった場合の対応方法に関する事項についての調査及び研究を行うものとしている(40条の8)。

第10章　精神科医療の指針等

精神保健福祉法においては、第5章第7節と第8章に雑則が設けられている。すなわち精神保健福祉法の本体第5章「医療及び保護」の第6節「虐待の防止」の後に規定されており、第5章を補足する趣旨で、41条、43条及び44条が規定されたものと思われる。一方、第8章にも「雑則」が規定されており、一つの法律の中に雑則が2つもある法律は珍しいが、こちらは法律の全体を補足する趣旨であろう。そこで、本章では、精神保健福祉法第5章第7節41条、43条及び44条の内容を明らかにしておきたい。

1　精神科医療の指針

精神保健福祉法41条は、「厚生労働大臣は、精神障害者の障害の特性その他の心身の状態に応じた良質かつ適切な精神障害者に対する医療の提供を確保するための指針（以下この条において「指針」という。）を定めなければならない」と規定している。そして、指針に定める事項としては、①精神病床の機能分化に関する事項、②精神障害者の居宅における保健医療のサービス及び福祉サービス提供に関する事項、③精神障害者の医療提供に当たっての医師、看護師その他の医療従事者と精神保健福祉士その他の精神障害者の保健及び福祉に関する専門知識を有する者との連携に関する事項、④その他良質かつ適切な精神障害者に対する医療の提供の確保に関する事項を掲げ（同条2項1〜4号）、厚生労働大臣は、これらの事項についての指針を定め、これを変更したときは、公表しなければならないと規定している（同条3項）。

この規定は、2004（平成16）年の「入院医療中心から地域生活中心へ」という精神保健福祉の改革ビジョンの基本理念の推進という観点から、2012（平成24）年に開催された「精神科医療の機能分化と質の向上等に関する検討会」で取りまとめられたものであり、精神科医療においても訪問医療やチーム医療が重要となっていることを踏まえ、政府は、精神保健福祉の改革を一層加速することとし、前記の項目について、厚生労働大臣に今後の精神科医療の方向性を定めて、これを指針とし、公表させることとしたのである。その結果、厚生労働大臣が指針を定めて公表したものが、「良質かつ適切な精神障害者に対する医療の提供を確保するための指針」である（平成26年3月7日厚生労働省告示65号）。

この「指針」は、①精神医療においてもインフォームド・コンセントの理念に基づき、精神障害者本位の医療を実現していくことが重要であり、精神障害者に対する適切な医療及び保護の確保の観点から、精神障害者本人の同意なく入院が行われる場合においても、精神障害者の人権に最大限配慮した医療を提供すること、②精神疾患の発生を予防し、発症した場合であっても早期に適切な医療を受けられるよう、精神疾患に関する知識の普及・啓発や精神医療体制の整備を図るとともに、精神障害者が地域の一員として安心して生活できるよう精神疾患に対する理解の促進を図ること、③精神障害者同士の支え合いを行うピアサポートを促進するとともに、精神障害者を身近で支える家族を支援することにより、精神障害者及びその家族が、それぞれ自立した関係を構築することを促し、社会からの孤立を防止する取組を推進すること、以上を基本的な考え方とし、前記の41条2項において定められた今後の施策を提唱したのである。2022（令和4）年の精神保健福祉法の大幅な改正もこの指針に基づくものであり、同指針は、一読に値する貴重なものと評価すべきであろう（詳解・530頁）。

2　刑事事件に関する手続との関連

精神保健福祉法43条1項は、「この章の規定は、精神障害者又はその疑いのある者について、刑事事件若しくは少年の保護事件の処理に関する法令の規定による手続を行い、又は刑若しくは保護処分の執行のためこれらの者を矯正施設に収容することを妨げるものではない」と規定している。また、同条2項は、「第24条、第26条及び第27条の規定を除くほか、この章の規定は矯正施設に収容中の者には適用しない」と規定している。

これらの規定は、例えば、窃盗の罪を犯した者が、2人の指定医の一致した診断の結果、都道府県知事によって措置入院させられたところ、それ以前に窃盗の罪を犯していた場合、その者を警察官が逮捕・勾留し、また、検察官が起訴することを妨げるものではなく、刑事事件に関する手続が優先するとする趣旨である。したがって、起訴又は不起訴、刑の執行等の処分を行うことも妨げるものではない。さらに、少年事件で家庭裁判所が少年院送致等の保護処分を決定することも可能である。

精神保健福祉法24条の検察官通報が行われた場合は、検察官が刑務所等の施設に収容されていない被疑者又は被告人を、精神保健福祉法による医療及び保護を加える方が適切であると判断して通報したのであるから、その時点から精神保健福祉法の適用があり、刑事手続は留保されることになる。また、23条の警察官通報、26条の矯正施設すなわち拘置所、刑務所、少年刑務所、少年院及び少年鑑別所の長の通報についても同様となる。さらに、後述する「心神喪失等の状態で重大な他害行為を行った者に係る手続」についても、通報の方が優先する。なお、精神保健福祉法24条（検察官の通報）、26条（矯正施設の長の通報）、27条（申請等に基づき行われる指定医の診察等）を除くほか、この章（医療及び保護）の規定は、矯正施設に収容中の者には適用されない（43条2項）。

3　心神喪失等の状態で重大な他害行為を行った者に係る手続との関係

精神保健福祉法44条1項は、「この章の規定は、心神喪失等の状態で重大な他害行為を行った者の医療及び観察等に関する法律の対象者について、同法又は同法に基づく命令の規定による手続又は処分をすることを妨げるものではない」と規定している。また、同条2項は、「前各節の規定は、心神喪失等の状態で重大な他害行為を行った者の医療及び観察等に関する法律第34条第1項前段若しくは第60条第1項前段の命令若しくは第37条第5項前段若しくは第62条第2項前段の決定により入院している者又は同法第42条第1項第1号若しくは第61条第1項第1号の決定により指定入院医療機関に入院している者については、適用しない」と規定している。

「心神喪失等の状態で重大な他害行為を行った者の医療及び観察等に関する法律」（平成15年法律110号）については、改めて補章で詳述するが、この法律は、精神の障害のために、法律上許されているかどうかの判断ができない状態で、殺人等の重大な罪を犯した者の「病状の改善及びこれに伴う同様の行為の再発の防止を図り、もってその社会復帰を促進することを目的」（1条1項）として、裁判所が強制的な入院又は通院を命ずる制度である。そこで、精神保健福祉法上の入院との関連が問題となるが、精神保健福祉法44条1項は、それらの対象者については、医療観察法に基づく命令の規定による手続又は処分をすることを妨げるものではないとしたのである。言い換えると、精神保健福祉法に基づいて入院している措置入院者、医療保護入院者、又は任意入院者となっている者に対しても、医療観察法による医療が必要と認められる場合は、医療観察法による措置を採るのが合理的であるとの観点から、その方を優先させることとし、第5章「医療及び保護」に関する規定は、医療観察法又は同法に基づく命令の規定による手続又は処分をすることを妨げるものではないとしたのである。

精神保健福祉法44条2項は、医療観察法における鑑定入院命令（34条1項前段、60条1項前段、37条5項前段）及び入院等の決定（62条2項前段、42条1項1号、61条1項1号）により指定医療機関に入院している者については、精神保健福祉法に基づく措置入院、医療保護入院、任意入院を行う必要がないところから、精神保健福祉法の措置入院等に関する規定は適用しないとしたのである。

第11章　精神保健及び福祉

1　総説

(1)　精神保健福祉の見直し

(ア)　医療及び保護に関する法改正

1950(昭和25)年に精神衛生法が制定されて以来、1987(昭和62)年の改正によって精神保健法が成立し、また、1995(平成7)年の改正によって現行法の「精神保健及び精神障害者福祉に関する法律」(精神保健福祉法)となり、法律の題名を変えながら、これから検討する「保健及び福祉」の章が追加され、精神保健と精神障害者福祉を統合する大幅な改正が断行された。現行法になってからも、小規模ながら時代に即応した見直しがなされ、「精神分裂病」を「統合失調症」とする呼び方を改める改正、精神医療審査会の委員構成の見直し、「特定医師」の導入、任意入院者に関する病状報告制度の新設、処遇改善命令等に従わない精神科病院に関する公表制度の導入などの改正が行われた。

その間にあって、医療保護入院者の入院期間の長期化、精神科病院内での患者の虐待、不適切な隔離・身体的拘束等、精神科病院における人権侵害が社会の大きな関心事となってきた。こうした状況を背景として、安心して信頼できる入院医療の実現に向けて、精神障害者の希望やニーズに応じた支援体制の整備を法改正の基本的な理念とし、精神科病院における権利擁護の拡充が検討され、２０２２（令和４）年に精神保健福祉法が大幅に改正された。措置入院の必要性に関する精神医療審査会の審査、医療保護入院の期間の法定化と更新の手続、家族等が同意・不同意の意思表示を行わない場合の取扱い、患者の虐待防止の法定化、不適切な隔離・身体的拘束をゼロとするための基準の見直しなどが行なわれた。

(イ) 精神保健及び福祉に関する法改正

以上は、主として医療及び保護に係る改正であるが、精神保健及び福祉に関連する改正としては、２００４（平成16）年９月に策定した「精神保健福祉の改革ビジョン」において、「入院医療中心から地域生活中心へ」という指針の下に、様々な施策が講じられてきたが、近年の精神疾患を有する患者数は増加傾向にあり、平成29年度には４２０万人となり、精神障害は、国民にとって身近な疾患となってきている。そこで、平成29年２月に公表された「これからの精神保健医療福祉のあり方に関する検討会」報告書において、精神障害の有無や程度に係わらず、誰もが地域の一員として安心して暮らせるよう医療、障害福祉・介護、住まい、地域の助け合い、教育、これらが包括的に確保された「地域包括ケアシステム」の構築を目指すことを新たな理念として、平成29年度から、精神障害にも対応した地域包括ケアシステムの構築・支援事業が推進されている（国民衛生の動向68巻９号（２０２１）１２６頁）。この観点から、「精神障害にも対応した地域包括ケアシステムの構築に係る検討会」が開催され、２０２１（令和３）年３月に報告書が取りまとめられ公表された。さらに、令和４年６月には、「地域で安心して暮らせる精神保健医療福祉体制の実現に向けた検討会」による報告書が公表された。精神保健福祉上のニーズを有する者が、病状の変化に対応して、保健、医療、障害福祉、介護、居住、就労等のサービスを、身近な地域で切れ目なく受けられるようにすることが必要であるとすることを基本的な考え方とし、①身近な市町村で精神保健に関する相談支援を受けられる体制を整備すること、②人権擁護の観点から、市町村長同意による医療保護入院者を中心に、医療機関以外の者との面会交流を確保すること、③退院後支援の推進に向けた方策を整理することなどが検討課題とされ、今日に至っている。

(2) 精神保健及び福祉における相談支援体制

厚生労働省は、既述のように、２０１７(平成29)年以来、精神障害の有無や程度に係わらず、誰もが安心して自分らしく暮らすことができるような地域づくりを推進するために、医療、障害福祉・介護、社会参加、住まい、地域の助け合い及び教育が、包括的に確保された地域包括ケアシステムの構築を目指すことを基本理念として、その構築推進事業を進めているところである。これを精神障害にも適用し、保健・医療・福祉関係者による協議の場を設置した上で、２０２４(令和6)年4月から市町村を中心とした地域包括ケアシステムの構築を推進し、相談等の支援事業を開始している。

現代の価値の根源である個人の尊重又は個人主義を基礎とした共生社会においては、精神障害者の人権擁護の強化と併せて、その意思ないし主体性を重視すべきであり、従来の相談及び指導による支援の考え方を変えて、「相談、必要な情報の提供、助言その他の援助」として、対象者の意思ないし主体性を尊重しつつ援助することに改められた。また、既に本書において解説してきた措置入院者及び医療保護入院者についての退院による地域における生活への移行を促進するための措置(29条の6、33条の5)として、退院後生活環境相談員を制度化し、その者に措置入院者及び医療保護入院者の退院後の生活環境に関し、入院者及びその家族等からの相談に応じさせ、また、相談及び必要な情報の提供、助言その他の援助を行わせることとしたが、これと併せて、入院者訪問支援員による入院者訪問支援事業を創設したことは、適正な入院医療の確保のみならず、精神障害者の社会福祉及び人権擁護にとって、貴重な成果をもたらすことが期待される。

精神障害者の医療及び保護さらには保健及び福祉を貫く理念は、精神保健福祉上のニーズを有する者が、病状の変化に応じて、地域で安心して暮らせる精神保健医療福祉体制を実現することにあり、そのためにはできる限り、本人の意思ないし主体性を尊重し、保健、医療、介護、居住、就労等のサービスについて、身近な地域で切れ目なく受けられるようにすることが必要である。また、個人の尊重又は個人主義を基礎とする共生社会においては、上からの目線で精神障害者やその家族等を指導・監督するのではなく、対等の立場で相談に応じ、相手の立場になって必要な情報を提供し、助言をするといった支援をすることが大切である。そして、その役割を担う都道府県、市町村は、上記の機能を発揮できる相談支援体制を構築する必要がある。退院後生活環境相談員や入院者訪問支援員の制度化もその一環であるが、その中核となるのは、精神障害者等の対象者の意思又は主体性を尊重した相談、情報の提供、助言を軸とした支援である。

２０２２(令和４)年の改正法によって導入された「相談及び援助」は、特に都道府県及び市町村が実施する精神保健に関する相談及び支援について、精神障害者のほか、精神保健に課題を抱える者も対象とすることができるようにするとともに、これらの者の心身の状態に応じた適切な支援の包括的な確保を法律上明確にした。以下においては、１９９５(平成７)年の改正において、精神障害者に対する支援策として導入された精神障害者保健福祉手帳の制度を概観した後、「相談指導等」を改め、「相談及び援助」として法定化された第６章第２節を解説することとしたい。

2　精神障害者保健福祉手帳

(1)　意　義

精神障害者保健福祉手帳は、長期にわたり日常生活や社会経済生活への制約がある人を対象とした社会復帰及

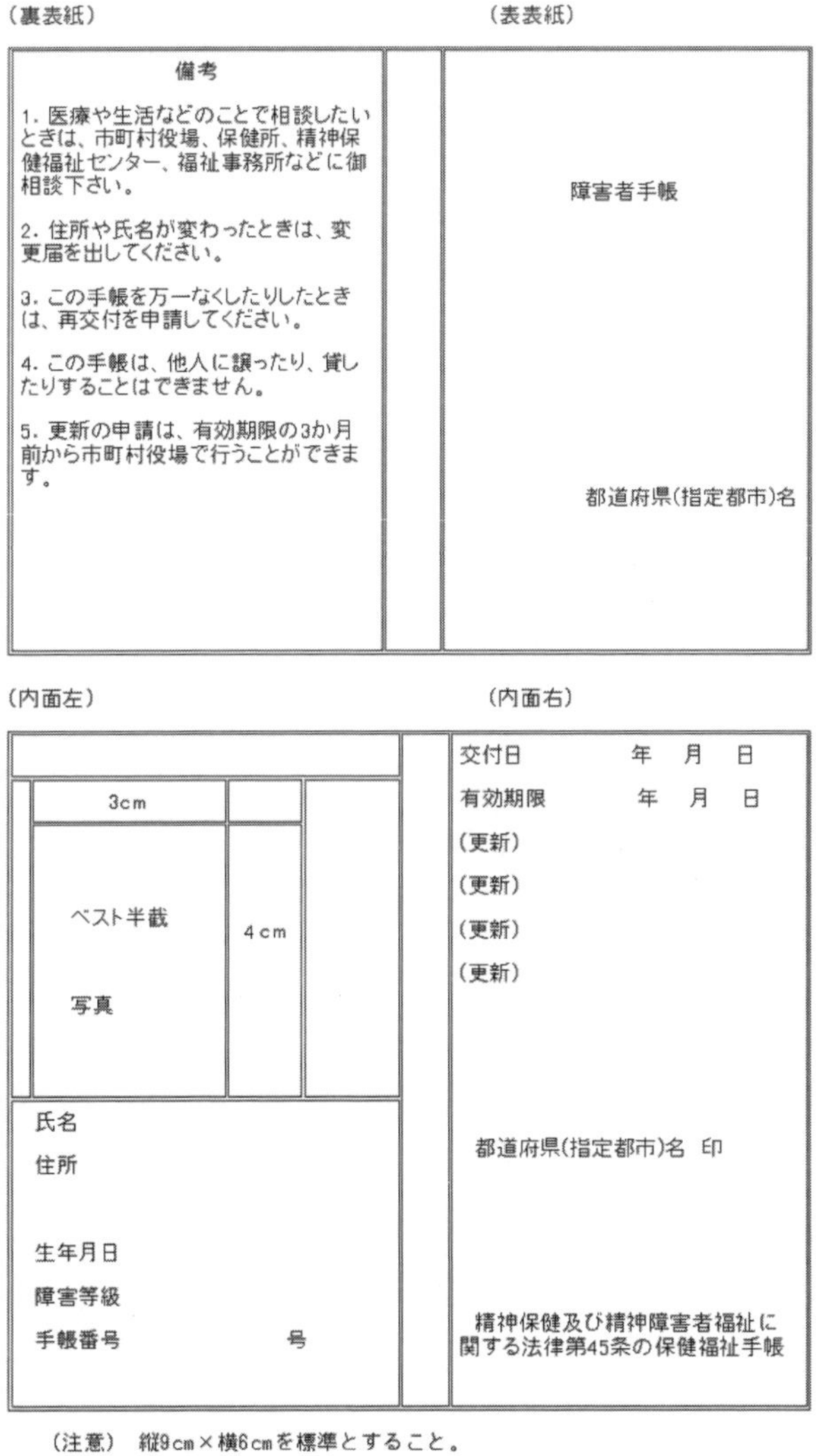

(裏表紙)
備考
1. 医療や生活などのことで相談したいときは、市町村役場、保健所、精神保健福祉センター、福祉事務所などに御相談下さい。
2. 住所や氏名が変わったときは、変更届を出してください。
3. この手帳を万一なくしたりしたときは、再交付を申請してください。
4. この手帳は、他人に譲ったり、貸したりすることはできません。
5. 更新の申請は、有効期限の3か月前から市町村役場で行うことができます。
(表表紙)
障害者手帳
都道府県(指定都市)名
(内面左)
3cm
ベスト半截
写真
4cm
氏名
住所
生年月日
障害等級
手帳番号　号
(内面右)
交付日　年　月　日
有効期限　年　月　日
(更新)
(更新)
(更新)
(更新)
都道府県(指定都市)名　印
精神保健及び精神障害者福祉に関する法律第45条の保健福祉手帳
(注意)　縦9cm×横6cmを標準とすること。

図 10　精神障害保健福祉手帳．精神保健及び精神障害者福祉に関する法律施行規則(昭和 25 年厚生省令第 31 号)別記第 3 号による．

び自立と社会経済活動を支援するためのものである。精神保健福祉法45条1項は、「精神障害者（知的障害者を除く。以下この章及び次章において同じ。）は、厚生労働省令で定める書類を添えて、その居住地（居住地を有しないときは、その現在地）の都道府県知事に精神障害者保健福祉手帳の交付を申請することができる」と規定している。身体障害者及び知的障害者については、障害者の社会復帰及び自立と社会参加の促進を図ることを目的として、所得税や住民税の控除、生活保護の障害者への支給額の加算、さらには公共施設の入場料や公共交通機関の運賃の割引など、様々な障害者支援施策に基づくサービスが実施されており、精神障害者については、一定の精神障害の状態にあることを証する手帳を精神障害者保健福祉手帳（以下、「手帳」と略す）と称し、その手帳の交付を受けた者に対して、各種の福祉支援策を講ずることとしている。なお、法文では「知的障害者を除く」とされているが、知的障害者については、知的障害者福祉法に基づく支援策が講じられているところから、本章（保健及び福祉）と次章（精神障害者社会復帰促進センター）においては、対象から除くこととしたものである。

(2) 手帳に基づく支援

現在行われている手帳に基づく全国一律のサービスとしては、ＮＨＫ受信料の免除、所得税、住民税の免除、自動車税・自動車取得税の軽減、生活保護の障害者加算、生活福祉資金の貸与などがある。また、地域・事業者によって行われているものとしては、鉄道、バス、タクシー等の運賃割引、上下水道料金の割引、心身障害者医療費助成、公共施設の入場料等の割引などがある。

手帳に基づく支援は、精神障害者による手帳の申請と都道府県知事による手帳の交付によって行われるが、申請と交付についての法律上の規定はなく、もっぱら「精神障害者保健福祉手帳制度実施要領」（平成7年9月12日健医発第１１３２号厚生省保健医療局長通知）によって定められている。それによると、手帳は、「一定の精神障害の状態にあることを認定して交付することにより、手帳の交付を受けた者に対し、各方面の協力により各種の支援策が講じられることを促進し、精神障害者の社会復帰の促進と自立と社会参加の促進を図ることを目的とする」制度であり、精神障害者は、都道府県知事に対して手帳の交付を申請できるとしている。

申請及び交付の手続の詳細については、前記の実施要領に委ねるが、都道府県知事は、精神障害者の申請書に基づいて審査し、申請者が障害等級で定める精神障害の状態にあると認めたときは、申請者に手帳を交付しなければならないとされている(45条2項)。ここで障害等級とは、「1級　日常生活の用を弁ずることを不能ならしめる程度のもの。2級　日常生活が著しい制限を受けるか、又は日常生活に著しい制限を加えることを必要とする程度のもの。3級　日常生活若しくは社会生活が制限を受けるか、又は日常生活若しくは社会生活に制限を加えることを必要とする程度のもの」とされており、障害等級の判定に当たっては、精神疾患の状態とそれに伴う生活能力障害の状態の両面から総合的に判定を行うものとしている。判定の基準については、「精神障害者保健福祉手帳の障害等級の判定基準について」(平成25年4月26日障発0426第5号)が定めている。なお、都道府県知事は、申請者が精神障害の状態にないと認めたときは、理由を付して、その旨を申請者に通知しなければならない」(同条3項)。

(3) 手帳の更新・変更

手帳の有効期間についても法律上の規定は置かれていないが、前記の実施要領においては、2年間と定められている。したがって、有効期間の延長を希望する者は、申請して、手帳の更新手続を行うことが必要である。なお、手帳の交付を受けた者は、2年ごとに、障害等級に定める精神障害の状態にあるかどうかについて、都道府県知事の認定を受けなければならない(45条4項)。そして、手帳の交付を受けた者は、手帳の有効期間内において、その精神障害の状態が重くなった（又は軽くなった）ことにより、手帳に記載された障害等級と異なる障害等級に該当するに至ったと考えるときは、障害等級の変更申請を行うことができる。その申請について、障害等級の変更を認めたときは、都道府県知事は、変更事項を記載した新しい手帳を交付しなければならない。

⑷ 手帳の返還

精神保健福祉法45条の2第1項は、「精神障害者福祉手帳の交付を受けた者は、……精神障害の状態がなくなったときは、速やかに精神障害者保健福祉手帳を都道府県に返還しなければならない」と規定している。精神障害者は、手帳を交付されることによって各種の優遇制度の適用を受けることができるのであり、そうした優遇制度の適正な運用を確保する趣旨から、精神障害の状態がなくなったときは返還すべきであり、したがって、都道府県知事は、法律上、返還を命じることができるとしたのである。同じような趣旨から、手帳の譲渡や貸与も禁止している（同条2項）。なお、都道府県知事は、手帳の返還を命じるときは、返還を命じようとする対象者について、あらかじめその指定する指定医に診察させなければならない（同条4項）。返還命令は、精神医学上の精神障害の状態に基づくものだからである。

3 相談及び援助

⑴ 総説

精神障害者からの相談に応じ、情報の提供、助言といった援助が、精神障害者の保健及び福祉にとって極めて重要であることは、改めて言うまでもない。また、精神障害者本人の病気や病状を心配する家族にとっても、そのような援助は、大変有益である。そこで、精神保健福祉法は、1993(平成5)年まで、第6章第2節に「相談指導等」を規定し、精神保健及び精神障害者の福祉に関し、精神障害者本人及びその家族等からの相談に応じ、指導する支援体制を整えてきた。

しかし、近年、児童・高齢者・障害者虐待、生活困窮、自殺、いじめ、引きこもり等で苦しんでいる者に対する支援も、精神保健の維持・増進にとって重要であることが識者によって指摘されてきた。従来は、精神障害者に対する医師等の相談及び指導といった支援が中心であったが、精神保健の見地からは、精神保健福祉法第5条に定める精神障害者の定義に該当しなくても、例えば、生活困窮者に対する就職に関する情報提供といった支援を行う必要がある。

2022(令和4)年12月に「障害者の日常生活及び社会生活を総合的に支援するための法律等の一部を改正する法律」が成立し、また、令和4年に精神保健福祉法の改正が行なわれ、46条において「この節に定める相談及び援助は、精神障害の有無及びその程度にかかわらず、地域の実情に応じて、精神障害者等(精神障害者及び日常生活を営む上での精神保健に関する課題を抱えるもの(精神障害者を除く。)として厚生労働省令で定める者をいう。以下、同じ。)の心身の状態に応じた保健、医療、福祉、住まい、就労その他の適切な支援が包括的に確保されることを旨として、行われなければならない」と規定された。本条で「厚生労働省令で定める者」とは、施行規則31条の定める「保健、医療、福祉、住まい、就労その他日常生活に係る精神保健に関する課題を抱える者」をいう。そのほか規定上改められたものとしては、旧47条1項・2項・3項・4項末尾の「及びこれらの者を指導させなければならない」を、47条1項等で「及びこれらの者に対する必要な情報の提供、助言その他の援助を行わせなければならない」と改め、「指導」の語が除去されたこと、また、5項として精神保健に関する課題を抱える者に対する相談援助が定められたこと、6項では改正前5項「市町村、精神保健福祉センター及び保健所は、精神保健及び精神障害者の福祉に関し、精神障害者及びその家族等……」としていた規定の「精神障害者」が「精神障害者等」に改められた。

かくして、精神保健福祉法46条は、子育て、介護、生活困窮等で日常を営む上で精神保健に関する課題を抱える者が顕在化している現状を踏まえ、精神障害者等の社会復帰及び自立と社会参加の促進を目指すばかりでなく、都道府県等が実施する精神保健に関する支援について、精神障害者のほか精神保健に関する課題を抱えている者も対象とすることができるようにするとともに、これらの者の心身の状態に応じた適切な支援の包括的な確保を図る趣旨から、精神保健福祉法第6章第2節「相談指導等」を「相談及び援助」に改め、「精神障害者等に対する包括的支援の確保」と題して新たに1か条を加えている。さらに46条の2では、「都道府県及びその市町村は、精神障害についての正しい知識の普及のための広報活動等を通じて、精神障害者の社会復帰及びその自立と社会経済活動への参加に対する地域住民の関心と理解を深めるように努めなければならない」と規定して、都道府県のみならず市町村といった地域住民に対しても、精神障害者の福祉への関心を喚起している。そして、47条において「相談及び援助」と題し、6項目にわたって規定したのである。

(2) 多様な相談及び援助

(ア) 都道府県等の場合

精神障害者の精神保健及び福祉に関する相談や情報の提供、助言等の援助について、精神保健福祉法47条1項は、「都道府県、保健所を設置する市又は特別区（以下「都道府県等」という。）は、必要に応じて、次条第1項に規定する精神保健福祉相談員その他の職員又は都道府県知事若しくは保健所を設置する市若しくは特別区の長（以下「都道府県知事等」という。）が指定した医師をして、精神保健及び精神障害者の福祉に関し、精神障害者及びそのの家族等その他の関係者からの相談に応じさせ、及びこれらの者に対する必要な情報の提供、助言その他の援助を行わせなければならない」と規定している。

この規定によると、都道府県等は、精神保健及び精神障害者の福祉に関し、必要に応じて、①精神保健福祉相談員、②その他の職員、③指定医に対し、精神障害者本人及びその家族等その他の関係者について、相談、情報の提供・助言等の援助を行うこととしている。ここで特別区とは、東京23区のことであり、また、「次条第1項に規定する精神保健福祉相談員」の「次条第1項」とは、48条1項のことであるが、それによると、「都道府県及び市町村は、精神保健福祉センター及び保健所その他これらに準ずる施設に、精神保健及び精神障害者の福祉に関する相談に応じ、並びに精神障害者等及びその家族等その他の関係者を訪問して必要な情報の提供、助言その他の援助を行うための職員(次項において「精神保健福祉相談員」という。)を置くことができる」とし、その2項は、「精神保健福祉相談員は、精神保健福祉士その他政令で定める資格を有する者のうちから、都道府県知事又は市町村長が任命する」と規定している。

このようにして、精神障害者の精神保健及び福祉に関する相談等の支援を行う者つまり相談従事者は、精神保健福祉相談員、その他の職員(保健師、臨床心理士等)及び指定医ということになる。また、相談する側の者は、「精神障害者及びその家族等その他の関係者」である。したがって、精神障害者以外の者は、ここでの支援の対象とはならないのである。

相談や情報の提供、助言といった援助は、精神障害者本人やその家族等の来訪を受けて、保健所又は精神保健福祉相談所等で相談するか、あるいは、精神障害者及びその家族の自宅等を訪問して行うか、電話等の通信機器で行われる。また、相談、情報の提供、助言等の援助の内容は、例えばアルコール中毒、過重労働といった心の健康(メンタルヘルス)に関する相談、断酒クリニックの紹介などの情報の提供、仕事のあっせんなどの援助など、精神障害者の保健、医療、福祉などについて、相談従事者と精神障害者本人又は家族等で話し合い、その結果に基づき、相談従事者は、病院、ハローワーク、福祉サービス事業者、自助グループ等を具体的に紹介し、あるいは情報の提供、助言等の支援を行わなければならない。また、相談の中身が複雑で精神保健福祉相談員等では対応が困難な場合は、精神保健福祉センター、福祉事務所、児童相談所その他の関係機関を紹介すべきである。

精神保健福祉法47条2項は、「都道府県等は、必要に応じて、医療を必要とする精神障害者に対し、その精神障害の状態に応じた適切な医療施設を紹介しなければならない」と規定している。ここで、「都道府県等は」としているが、紹介する者(主体)は、保健所等の精神保健相談室の相談従事者(指定医)である。精神科医療は、一般の医療とは異なり、患者やその家族にとって心理的抵抗感の強い、いわば受診しにくい場所である。特に急性期の精神症状があらわれている時には、患者やその家族は、どこの診療所又は病院に行けばよいのか、大いに迷うところである。そうした事情を考慮し、「適切な医療施設を紹介しなければならない」と規定して、相談従事者に対し、敢えて相談体制の整備を促している。いずれにしても、都道府県等は、医療施設と連携し、重症者や複雑困難なニーズに対応しうる精神科病院等の医療機関を紹介する義務が課されている。

(イ) **市町村の場合**

精神保健福祉法47条3項は、「市町村(保健所を設置する市を除く。次項において同じ。)は、前2項の規定により都道府県が行う精神障害者に関する事務に必要な協力をするとともに、必要に応じて、精神障害者の福祉に関し、精神障害者及びその家族等その他の関係者からの相談に応じ、及びこれらの者に対し必要な情報の提供、助言その他の援助を行わなければならない」と規定している。ここで「前2項」とは、前記(ア)の都道府県が行う支援のことであるが、これらは、いずれも保健所又は都道府県の精神保健福祉相談所の事務を通じて実施されるところから、管内の市町村に対し、その事務に協力する義務を課したものである。しかし、その重点は、むしろ、「精神障害者の福祉に関し、精神障害者及びその家族等その他の関係者からの相談に応じ、及びこれらの者に対し必要な情報の提供、助言その他の援助を行わなければならない」としている箇所にある。つまり、都道府県等は、精神保健及び精神障害者の福祉に関する相談及び援助の双方を担当するが、精神障害者の「福祉」については、これを市町村の専権事項とする趣旨であるところから、「行わなければならない」とする義務規定にしたものと解される。かくして、市町村は、福祉、介護・母子保健等の支援の主体となって活動するのである。

一方、精神保健福祉法47条4項は、「市町村は、前項に定めるもののほか、必要に応じて精神保健に関し、精神障害者及びその家族等その他の関係者からの相談に応じ、及びこれらの者に対し必要な情報の提供、助言その他の援助を行うように努めなければならない」と規定している。ここでは、精神障害者の医療及び保護といった精神保健に関する相談援助は、都道府県等がその実施主体であることを前提として、市町村に対しては「努めなければならない」とする努力義務規定にしたものと解される。

(ウ) 都道府県及び市町村の場合

精神保健福祉法47条5項は、「都道府県及び市町村は、精神保健に関し、第46条の厚生労働省令で定める者及びその家族等その他の関係者からの相談に応じ、及びこれらの者に対し必要な情報の提供、助言その他の援助を行うことができる」と規定している。ここで「第46条の厚生労働省令で定める者」とは、「日常生活を営む上での精神保健に関する課題を抱えているもの(者)」である。その代表的な例は、生活困窮者、いじめや虐待の被害者等であろう。そのために苦しみ、やがて絶望して自殺に追い込まれるような者が、ここでいう「精神保健に関する課題を抱える者」である。これらの者についても、都道府県及び市町村は、心の健康を害された者として、精神障害者に準じて相談及び援助を行うことができることとしたのである。

問題は、相談支援の主体は都道府県なのか、あるいは市町村なのかということであるが、規定上は、「都道府県及び市町村」となっており、文言上は、都道府県と市町村が「共同」して、あるいは「分担」してのいずれかを意味すると考えられる。しかし、従来の相談及び指導の実態を見ると、福祉に関する相談・指導は市町村が中心となって行い、必要に応じて都道府県が援助する形を採っている。したがって、相談支援においても同様な形になると思われるが、特に、精神保健に関する課題を抱える者も対象とする新しい制度においては、保健、福祉、就労といった複合的ニーズへの個別的相談支援は、地域住民に身近で、福祉・母子保健、介護等を担当している市町村だからできるのであり、その意味で、「包括的支援」を旨とする新制度については、市町村が実施主体となり、都道府県は、市町村が行う精神保健に関する相談及び支援に関し、市町村への必要な援助を行うことが必要となる。

かくして、都道府県は、市町村が主体となって行う精神保健に関する相談及び支援に関し、市町村への必要な援助を行うよう努めなければならないことが明確となり、市町村の精神障害者及び日常生活を営む上で精神保健に関する課題を抱える住民への相談及び支援に協力し、市町村のバックアップ体制の強化が求められることになったのである。すでに、8割以上の市町村で自殺対策、虐待、生活保護・介護等の各分野において、精神保健に関する相談に対応しており、重層的支援体制整備事業を活用する市町村が増えてはきている。しかし、福祉部局と保健部局の連携が不十分であり、相談窓口を設置しても、相談支援の引き受け手を探すのに苦労しているのが現状であるとされる。特に、専門職の配置がない小規模の町村では、事務職員が相談を引き受けている場合もあり、適切な支援につながらないところから、市町村における精神保健に係る相談支援体制の整備が、喫緊の課題となっている。

しかし、都道府県は、市町村が行う精神保健に関する相談及び支援について、市町村への必要な援助を行うよう努めなければならないことが明確にされ(48条の3第1項)、各市町村は、今後、日常生活を営む上での精神保健に関する課題を抱える住民への相談支援体制の整備を図るとともに、都道府県は、市町村のバックアップ体制の強化が求められるであろう。

(3) 行政機関連携の必要性

精神保健福祉法47条6項は、「市町村、精神保健福祉センター及び保健所は、精神保健及び精神障害者の福祉に関し、精神障害者等及びその家族等その他の関係者からの相談に応じ、又はこれらの者に対し必要な情報の提供、助言その他の援助を行うに当たっては、相互に、及び福祉事務所(社会福祉法(昭和26年法律第45号)に定める福祉に関する事務所をいう。)その他の関係行政機関と密接な連携を図るよう努めなければならない」と規定している。2022(令和4)年の改正前は「精神障害者及びその家族等」とされていたが、「精神障害者等及びその家族等」と改められている。「日常生活を営む上で精神保健に関し課題を抱える者」を付け加える趣旨からである。市町村は、精神障害者福祉を中心に相談等の支援を行ってきたが、新たに精神保健に関し課題を抱える者の心身の状態に応じた相談等の支援を行うに当たっては、市町村における福祉サービスの主たる提供主体である社会福祉協議会その他の介護・福祉事業者と密接な連携を図る必要があることは言うまでもない。特に、精神障害者及び精神保健に関し課題を抱える者の相談等の支援については、保健所との連携を欠かすことは許されない。

(4) 支援体制の整備

精神保健福祉法は、令和4年の改正により、精神障害者等に対する包括的支援の確保の観点から、精神障害者・精神保健に関し課題を抱える者及びその家族に対する相談、情報の提供、助言その他の援助を内容とする支援を法定化するとともに、それを実施する体制について、新たに規定を設け、また、前述のように規定の文言の修正を施している。

㋐ 精神保健福祉相談員

相談及び援助の支援体制で最も重要なものは、その支援を担う人材である。精神保健福祉法48条1項は、「都道府県及び市町村は、精神保健福祉センター及び保健所その他これらに準ずる施設に、精神保健及び精神障害者の福祉に関する相談に応じ、並びに精神障害者等及びその家族等その他の関係者を訪問して必要な情報の提供、助言その他の援助を行うための職員（次項において「精神保健福祉相談員」という。）を置くことができる」と規定している。そして、この精神保健福祉相談員は、精神保健福祉法上その他の政令で定める資格を有する者のうちから、都道府県知事又は市町村長が任命することと定められている（同条2項）。このように、精神保健福祉法は、支援体制の中核として、精神保健福祉相談員制度を設置している。

精神保健福祉相談員については、先にも一言したが、その任に当たる最適の者は、現時点ではおそらく精神保健福祉士以外にないと思われる。精神保健福祉士は、1997（平成9）年に、精神科病院等の医療施設において、医療を受け、また、精神障害者の社会復帰の促進を図ることを目的とする施設を利用する者の社会復帰に関する相談に応じ、助言、指導、日常生活への適応のための相談及び援助を行う者を国家資格とするために制定された制度である。現在は、約6000人が、精神科病院、精神保健福祉センター及び保健所に配属され、医師を中心とするチームの一員として、医師の医学的指導の下に面接相談や家庭訪問を行い、精神保健福祉について患者及び家族の個別的援助を行っている。また、管内における精神保健の実態を把握するため、保健師、衛生統計技術職員などと協力して、①調査及び集計を行う、②その記録を整備する、③精神保健福祉指導票の作成及び整備保管を行う、④精神保健福祉相談票及び精神保健福祉指導票の整備保管を行うといった多方面にわたる業務に従事している。

精神保健福祉士の資格、さらに「精神保健及び精神障害者の福祉に関する相談に応じ、並びに精神障害者等及びその家族等その他の関係者を訪問して必要な情報の提供、助言その他の援助を行う」(48条1項)という仕事の内容に照らしてみると、都道府県及び市町村は、精神保健福祉相談員として、精神保健福祉士を選任すべきであろう。

(イ) 協議会の設置

新しい支援体制においては、地域社会の中心である市町村を軸に支援を展開すべきであると考える。精神保健福祉法48条の2は、「支援体制の整備」として追加されたものであるが、「都道府県及び市町村は、障害者の日常生活及び社会生活を総合的に支援するための法律第89条の3第1項に規定する協議会の活用等により、精神障害者等への支援の体制の整備について、関係機関、関係団体並びに精神障害者等及びその家族等並びに精神障害者等の保健医療及び福祉に関連する職務に従事する者その他の関係者による協議を行うように努めなければならない」と規定している。ここで「精神障害者等」とは、精神障害者及び精神保健に関し課題を抱えている者のことであるから、本条は、両者を支援するための規定である。そして、従来は、精神障害者の精神保健についての相談及び援助は都道府県が、また、精神障害者の社会福祉についての相談・指導は市町村が中心となる支援体制が採られてきたところから、日常生活を営む上での精神保健に関する課題を抱えている者については、相談及び援助の支援体制は、市町村においては、十分整備されていないのが現状である。

従来、市町村においては、自殺対策、児童・高齢者・障害者虐待防止対策、生活困窮者支援、生活保護、母子保健・子育て支援等が実施されてきているが、精神保健に関する課題を抱えている者についての相談及び支援は新しいものであり、これらの者に対する支援の必要性を身近に感じている地域住民を擁する市町村が主体となって、新たな支援体制を整備するのが合理的であると思われる。令和4年の改正では、既述のように「行うことができる」(48条1項)とされ、義務規定とはされなかった。おそらく、各市町村の事情を考慮し、協議会の協議を踏まえ、相談及び援助の支援体制の整備は、住民の意思に委ねることにしたのだろうと思われる。法改正の準備段階では、相談援助の支援体制の「設置を努力義務化」する方針であったと伝えられていたが、「できる」とするに留められた。しかし、日常生活を営む上で精神保健に関する課題を抱える者に対する相談及び援助は不可欠であり、支援体制の設置に向けての一層の努力が期待される。市町村、保健所、社会福祉協議会、介護サービス協会等、相談支援事業者等の代表者による協議会を速やかに設置して、地域の相談支援体制を構築し、その整備を図るべきである。

(ウ) **都道府県の協力**

市町村による新たな相談及び援助の支援体制について、精神保健福祉法は、48条の3を追加して「都道府県は、市町村(保健所を設置する市を除く。)の求めに応じ、第47条第4項及び第5項の規定により当該市町村が行う業務の実施に関し、その設置する精神保健福祉センター及び保健所による技術的事項についての協力その他当該市町村に対する必要な援助を行うように努めなければならない」と規定している。精神保健に関して課題を抱える者に対する相談及び援助等の支援は、精神保健ないし精神医療に関するものが多いところから、都道府県に対し、保健所及び精神保健福祉センターに協力義務を課している。なお、前記の協力に関連して、都道府県は、「保健所を設置する市及び特別区が行う業務の実施に関し、その設置する精神保健福祉センターによる技術的事項についての協力その他当該保健所を設置する市及び特別区に対する必要な援助を行うように努めなければならない」(48条の3第2項)として、市町村が主体となって行われる相談及び援助について支援体制の整備を促している。

(エ) 相談及び援助と支援事業者の利用

精神保健福祉法49条1項は、「市町村は、精神障害者から求めがあったときは、当該精神障害者の希望、精神障害の状態、社会復帰の促進及び自立と社会経済活動への参加の促進のために必要な訓練その他の援助の内容等を勘案し、当該精神障害者が最も適切な障害福祉サービス事業の利用ができるよう、相談に応じ、必要な助言を行うものとする。この場合において、市町村は、当該事務を一般相談支援事業又は特定相談支援事業を行う者に委託することができる」とし、もっぱら精神障害者に関する支援事業の利用について規定している。したがって、支援事業については、精神保健に関し課題を抱えている者は対象とされていない。

(a) 市町村の支援事業

市町村における精神障害者の相談等支援体制については、旧障害者自立支援法(現障害者総合支援法)において、障害のある人が自立した日常生活又は社会生活を営むことができるようにするため、市町村における「精神障害者の福祉に関する相談等」を義務化することにより、相談支援の強化が図られたのである。この場合において、市町村は、相談等についての事務を、一般相談支援事業又は特定相談支援事業を行う者に委託することができる(49条1項)。

ここで一般相談支援事業者とは、障害者、その家族又は介護者からの相談に応じ、必要な情報の提供及び助言等を行うとともに、「地域移行支援」すなわち「障害者支援施設又は精神科病院等に入所・入院している障害者が地域生活に移行するための相談等」及び「地域定着支援(居宅において単身等の状況で生活している障害者の相談等)」を行う事業のことである。一方、特定相談支援事業者とは、市町村が指定している相談支援事業者のことであり、例えば、障害者福祉サービスを利用するためのサービス等利用計画を作成し、又は作成したサービス等利用計画が適切かどうかをモニタリングし、必要であれば見直しや修正を行い、よりよい個人生活又は社会生活を送れるようにするための事業である。

ところで、市町村は、相談支援事業所から助言を受けた精神障害者から求めがあったときは、必要に応じて、障害福祉サービス事業の利用について、あっせん又は調整を行い、精神障害者の希望に沿うよう努めなければならない。そして、必要に応じて、サービス業者に対し、当該の精神障害者のサービス事業の利用について、要請をすることとしている(同条2項)。なお、市町村がサービス事業の利用をスムーズに調整するためには、それぞれの事業の内容、利用料等について把握しておくことが必要である。

(b) **支援事業に対する協力**

前記のように、精神障害者から求めがあったときは、サービス事業の利用について、市町村は、あっせん、調整、要請を行う必要があるが、この点について都道府県は、その設置する保健所による技術的事項についての協力その他市町村に対する必要な援助及び市町村相互間の連絡調整を行うこととされている(同条3項)。また、障害福祉サービス事業を行う者は、市町村の福祉サービス事業利用のあっせん、調整及び要請に対し、できる限り協力しなければならない(同条4項)。

4　精神障害者社会復帰促進センター

(1) 意義

精神障害者に関する施策は、従来、主として国や地方公共団体が推進してきたが、社会復帰対策を強化するためには、行政による施策と併せて、精神障害者が置かれている状況を最もよく理解している家族等が関与する地域の民間法人によって行われることが合理的であり、また効果的である。こうした観点から、精神障害者社会復帰促進センターは、1993(平成5)年の精神保健福祉法の改正によりに創設された制度で、精神障害者の家族等が関与する地域の民間法人が社会復帰施設等における処遇の研究開発を行い、精神障害者の社会復帰に従事する職員等の研修や啓発活動を円滑に、また継続的かつ安定的な実施体制を確保するため、厚生労働大臣が指定するセンターを設置することとしたものである。精神保健福祉法51条の2第1項は、「厚生労働大臣は、精神障害者の社会復帰の促進を図るための訓練等に関する研究開発を行うこと等により精神障害者の社会復帰を促進することを目的とする一般社団法人又は一般財団法人であって、次条に規定する業務を適正かつ確実に行うことができると認められるものを、その申請により、全国を通じて、1個に限り、精神障害者社会復帰促進センター(以下「センター」という。)として指定することができる」と規定している。

厚生労働大臣は、申請により全国で1個に限り「精神障害者社会復帰促進センター」を指定することができるとされ、厚生労働大臣が指定したときは、社会復帰促進センターは、その名称、住所及び事務所の所在地を公示しなければならない(同条2項)。社会復帰促進センターは、その名称、住所又は事務所の所在地を変更しようとするときは、あらかじめその旨を厚生労働大臣に届け出なければならない(同条3項)、そして、届出があったときは、その届出に係る事項を公示しなければならないとされている(同条4項)。

(2) 業務

精神保健福祉法51条の3は、社会復帰促進センターの業務として、①精神障害者の社会復帰の促進に資するための啓発活動及び広報活動を行うこと、②精神障害者の社会復帰の実例に即して、精神障害者の社会復帰の促進を図るための訓練等に関する研究開発を行うこと、③精神障害者の社会復帰の促進に関する研究を行うこと、④精神障害者の社会復帰の促進を図るため、研究開発の成果又は研究の成果を、定期的に又は時宜に応じて提供すること、⑤精神障害者の社会復帰の促進を図るための事業の業務に関し、当該事業に従事する者及び従事しようとする者に対して研修を行うこと、⑥前記のほか、精神障害者の社会復帰を促進するために必要な業務を行うこと、以上6点を掲げている。

センターがこれらの業務を行うに当たっては、関係各方面の意見を集め、連絡、調整を図ることが必要である。そこで、センターに、「精神障害者社会復帰促進センター運営委員会」を設置して、社会復帰促進センターの運営について審議することとされている。この委員会のメンバーとしては、財団法人全国精神障害者家族会連合会、研究者、全国精神保健福祉センター長会、社団法人日本精神科病院協会、日本精神神経科診療所協会、社会復帰施設協会、社団法人日本医師会、公益法人日本看護協会、ＰＳＷ協会、作業療法士会等の代表者が考えられている。そして、精神科病院その他の精神障害者の医療を提供する施設の設置者及び障害者福祉サービス事業を行う者は、社会復帰促進センターの求めに応じ、社会復帰促進センターの精神障害者の社会復帰の促進を図るための訓練等に関する研究開発等の業務を行うために必要な限度において、社会復帰促進センターに対し、精神障害者の社会復帰の促進を図るための訓練等に関する情報又は資料その他の必要な情報又は資料で厚生労働省令で定めるものを提供することができる（51条の4）。社会復帰促進センターへの協力として施行規則が定めているものとしては、「精神障害者の社会復帰の促進を図るための相談及び訓練に関する情報又は資料」等がある（施行規則37

条)。

(3) 情報管理と秘密保持

社会復帰促進センターの収集できる情報は、個人情報に係わるものが多いところから、精神保健福祉法51条の5第1項は、センターは、精神障害者の社会復帰の促進を図るための訓練等に関する研究開発及び精神障害者の社会復帰に関する研究、両者の業務に係る情報及び資料(特定情報)の管理並びに使用に関する規程(特定情報管理規程)を作成し、厚生労働大臣の認可を受けなければならないとし、これを更新するときも同様とするとしている。精神障害者の個人情報を保護するためである(同条2項)。特に、特定情報に関する業務は、精神障害者の秘密に関わるものであるため、精神保健福祉法51条の6は、センターの役員若しくは職員又はこれらの職にあった者に対し、秘密保持義務を課しており、この義務に違反した者は、1年以下の懲役又は100万円以下の罰金に処せられる(53条の2)。また、情報管理規程によらないで特定情報の管理若しくは使用を行ったとき、あるいは秘密保持義務に違反したときは、厚生労働大臣は、センターに対し当該の役員又は職員を解任するよう命ずることができる(51条の7)。

(4) 事業計画と業務の監督

社会復帰促進センターは、業務について、毎事業年度の事業計画書及び収支予算書を作成し、当該事業年度の開始前に厚生労働大臣に提出しなければならない。また、これを変更するときも同様とする。さらに、事業年度の事業報告書及び収支決算書を作成し、事業年度経過後の3月以内に厚生労働大臣に提出しなければならない(51条の8)。一方、厚生労働大臣は、業務の適正な運営を確保するために、センターに対して、必要と認める事項について報告を求め、また職員にその事業所に立ち入り、業務の状況、帳簿書類、その他の物件を検査させることができる。また、業務に対する監督命令をすることができる。そして、センターの業務を適正かつ確実に実施することができないと判断したとき、また、指定に関し不正な行為をしたとき、さらに厚生労働大臣の命令に違反したときは、指定を取り消すことができるとしている（51条の9〜11）。

(5) 指定ゼロの現実

精神保健福祉法は、精神障害者社会復帰促進センターの効用を重視して、1章を設け、前記のように詳細な規定を置いたのであるが、1994（平成6）年7月1日付で財団法人全国精神障害者家族会連合会が指定されたところ、その基となった財団が解散されたことにより、2007（平成19）年付けで指定が取り消されており、現在指定されている法人は存在していない。はなはだ遺憾な状況にあり、申請する団体が1日でも早く出現することを期待したい。

第12章　雑　則

1　審判の請求

(1) 市町村長の権限

精神保健福祉法51条の11の2は、「市町村長は、精神障害者につき、その福祉を図るため特に必要があると認めるときは、民法第7条、第11条、第13条第2項、第15条第1項、第17条第1項、第876条の4第1項又は第876条の9第1項に規定する審判の請求をすることができる」と規定している。この規定は、家庭裁判所に後見人、保佐人、補助人の審判の請求をする場合、本人、配偶者、4親等内の親族や検察官等に限って請求権を認め、市町村長には認めていないところから、判断能力が不十分な精神障害者のうち、身寄りがない場合など、当事者による審判の請求が期待できない状況にある者について、これらの者に対する相談及び援助の実情を把握できる立場にある市町村長に対し、審判の請求権を付与するとしたものである。その結果、市町村長は、以下の6つの審判について家庭裁判所に請求することが可能となっている。

その1は、後見開始の審判の請求（民法7条）である。「精神上の障害により事理を弁識する能力を欠く常況にある者」について、家庭裁判所は市町村長の審判の請求により、後見開始の審判をすることができる。後見が開始されると後見人が決まり、精神障害者本人は被後見人となり、後見人が精神障害者本人に代わって法律上正当な行為を行うことができる。例えば、市町村長同意による医療保護入院の患者について、医療及び保護のため他人との契約を結ぶ必要があるが、患者本人は精神障害のために事理を弁識する能力がないため契約を結ぶことができない場合、市町村長が家庭裁判所に審判を請求して成年後見人を決めてもらい、その成年後見人が患者本人に代わって法律上正当な契約を結んでもらうことができる。精神障害者の医療・保護及び社会復帰のための制度であることはもちろんである。

その2は、保佐開始の審判の請求である(民法11条)。「精神上の障害により事理を弁識する能力が著しく不十分である者」については、家庭裁判所は、市町村長の請求により、保佐開始の審判をすることができる。例えば、患者は契約をしたいが、弁識能力が十分でないため契約をすることはできない。そこで、市町村長が家庭裁判所に保佐の審判の請求をし、保佐開始の審判が行われれば、患者本人は被保佐人になり、例えば、家屋の新築や増築といった財産上重要な行為についても正当な契約を結ぶことができるのである(民法13条1項)。

その3は、保佐人の同意を要する行為の範囲を拡張するための審判の請求である(民法13条2項)。財産上重要な行為は保佐人の同意を必要とするが、同意できる法律上の範囲が決められているので、その同意の範囲を拡張する場合、法律上定められている行為以外の行為をすることについて、家庭裁判所は審判をすることができる。また、精神障害者の相談及び援助等のサービスを実施する過程で、保佐人の同意を必要とする行為の範囲を逸脱する場合、裁判所の審判が必要となる。その審判の請求も市町村長は行うことができる。

その4は、補助人の同意権付与の審判の請求である(民法15条1項)。「精神上の障害により事理を弁識する能力が不十分である者」について、家庭裁判所が補助開始の審判をすると補助人が決まり、「能力が不十分な者」は被補助人となる。しかし、被補助人が特定の法律行為をするには、補助人の同意を必要とする。この補助人の同意権の付与については、家庭裁判所の審判が必要となる。この審判の請求も市町村長が行うことができる。

その5は、保佐人の代理権の付与の審判の請求である(民法876条の4第1項)。家庭裁判所は、保佐人若しくは保佐監督人の請求によって、被保佐人のために特定の法律行為について、被保佐人の代理権を付与する旨の審判をすることができるのであるが、被保佐人が精神障害者である場合は、市町村長がその審判の請求をすることができる。

その6は、補助人の代理権の付与の審判(民法876条の9第1項)の請求である。家庭裁判所は、補助人若しくは補助監督人の請求により被補助人のために特定の法律行為について補助人に代理権を付与する旨の審判をすることができるが、被補助人が精神障害者である場合は、市町村長がその審判の請求をすることができる。

(2) 後見等を行う者の推薦

前記のように、市町村長において精神障害者の弁識能力を補完するために、精神保健福祉法は、後見人、保佐人、補助人に関する審判の請求権付与制度を導入したのであるが、この制度を円滑かつ効果的に運用するためには、弁護士、司法書士等の専門家のほかに、一般の市民が担う後見人等を必要とすることは言うまでもない。そこで、精神保健福祉法51条の11の3第1項は、「市町村は、前条の規定による審判の請求の円滑な実施に資するよう、民法の規定する後見、保佐及び補助(以下この条において「後見等」という。)の業務を適正に行うことができる人材の活用を図るため、後見等の業務を適正に行うことができる者の家庭裁判所への推薦その他の必要な措置を講ずるよう努めなければならない」と規定している。

精神障害者に係る後見等を適正に行うことができる人材は、精神障害者を支援する者の高齢化にともない、年々少なくなっている。市町村長が家庭裁判所に後見人等の審判を請求する場合、特定の者の選任を求める必要はないが、精神障害者についての成年後見等が想定通りうまく運用されるかどうかは、成年後見人等に適任者が選任されるか否かにかかっている。したがって、市町村長は、請求時に後見等の業務を適正に行うことができる適任者を、家庭裁判所に推薦できるくらいの準備をしておく必要がある。かくして、同条2項は、「都道府県は、市町村と協力して後見等の業務を適正に行うことができる人材の活用を図るため、前項に規定する措置の実施に関し助言その他の援助を行うように努めなければならない」と規定している。

2　大都市特例と事務の区分

(1)　都道府県から移譲される事務

精神保健福祉法51条の12第1項は、「この法律の規定中都道府県が処理することとされている事務で政令で定めるものは、指定都市においては、政令の定めるところにより、指定都市が処理するものとする。この場合においては、この法律の規定中都道府県に関する規定は、指定都市に関する規定として指定都市に適用があるものとする」と規定している。この規定は、いわゆる大都市特例の規定であり、これにより都道府県が処理することとされている事務については、一部を除いては政令指定都市が処理するものとされている。すなわち、地方自治法252条の19第1項は、「政令で指定する人口50万以上の市(以下「指定都市」という。)は、次に掲げる事務のうち都道府県が法律又はこれに基づく政令の定めるところにより処理することとされているものの全部又は一部で政令で定めるものを、政令で定めるところにより、処理することができる」と規定している。そして、同条1項10号において、その事務として、「精神保健及び精神障害者の福祉に関する事務」を掲げている。

この法律の規定に基づき、地方自治法施行令174条の36においては、都道府県の事務は、精神科病院の設置義務を除いて、すべて指定都市に委譲することとされている。このように、都道府県について精神科病院の設置義務を除いた理由としては、医療法上の医療計画で精神科病院の病床数の規制は都道府県単位で行われているが、指定都市が新たに精神科病院を設置しなければならないとすると、精神科病院が全国的に過剰となっている現状に照らし適切でないからだとされている。かくして、精神科病院の設置に関する事務以外の都道府県の精神保健及び精神障害者の福祉に関する事務は、すべて指定都市に委譲されることとなった。本書において、「都道府県（政令指定都市を含む）」としてきた所以である。

(2) 再審査請求

精神保健福祉法51条の12第2項は、「前項の規定により指定都市の長がした処分（地方自治法第2条第9項第1号に規定する第1号法定受託事務……に係るものに限る。）に係る審査請求についての都道府県知事の裁決に不服がある者は、厚生労働大臣に対し再審査請求をすることができる」としている。ここで「法定受託事務」とは、「法律又はこれに基づく政令により都道府県、市町村又は特別区が処理することとされる事務のうち、国が本来果たすべき役割に係るものであって、国においてその適正な処理を特に確保する必要があるものとして法律又はそれに基づく政令に特に定めるもの」（地方自治法2条9項1号）のことである。また、精神保健福祉法51条の12第3項は、「指定都市の長が第1項の規定によりその処理することとされた事務のうち第1号法定受託事務に係る処分をする権限をその補助機関である職員又はその管理に属する行政機関の長に委任した場合において、委任を受けた職員又は行政機関の長がその委任に基づいてした処分につき、地方自治法第255条の2第2項の再審査請求の裁決があったときは、当該裁決に不服がある者は、同法252条の17の4第5項から第7項までの規定の例により、厚生労働大臣に対して再々審査請求をすることができる」と規定している。いずれも法定受託事務に係る不服申立ての処理に関するものである。

(3) 事務の区分

(ア) 法定事務委託

精神保健福祉法51条の13第1項は、「この法律（第1章から第3章まで、第19条の2第4項、第19条の7、第19条の8、第19条の9第1項、同条第2項（第33条の7において準用する場合を含む。）、第19条の11、第29条の9、第30条第1項及び第31条、第33条の6第1項及び第6項、第5章第4節、第40条の3、第40条の7、第6章並びに第51条の11の3第2項を除く。）の規定により都道府県が処理することとされている事務は、第1号法定受託事務とする」と規定している。

ここでいう「法定受託事務」とは、法令により都道府県、市町村又は特別区が処理するものとされている事務のうち、国又は都道府県が本来果たすべき役割に関する事務であって、国又は都道府県において適正な処理を特に確保する必要のある事務として、法律が定めるもののことである。これには第1号法定受託事務と第2号法定受託事務とがある。

(イ) 第1号事務

第1号法定受託事務とは、法律又はこれに基づく政令により、都道府県、市町村、特別区が処理することとされている事務のうち、国が本来果たすべき役割に係わるものであって、その適正な処理を特に確保する必要があるものとして、法律又は政令で特に定めるものをいう。これには、以下のものがある。

精神保健福祉法6条1項の精神保健福祉センターの設置、6条2項の精神保健福祉センターの業務・知識普及・調査研究・相談援助・精神医療審査会の事務、9条1項の地方精神保健福祉審議会の設置、12条の精神医療審査会の設置、13条1項の精神医療審査会の委員の任命、19条の2第4項の都道府県知事の指定医に関する厚生労働大臣への通知、19条の7の都道府県立精神科病院の設置、19条の8の指定病院の指定、19条の9第1項の指定病院の指定の取消、同条第2項の地方精神保健福祉審議会の取消に関する意見の聴取、19条の11の精神科救急医療の確保、29条の9の社会保険診療報酬支払基金への事務の委託、30条1項の入院に要する費用の負担、31条の入院費用の徴収、33条の6第1項の応急入院病院の指定、同条第6項の応急入院病院の指定の取消等が第1号受託事務の主なものである。

(ウ) 第2号事務

第2号法定受託事務とは、法律又はこれに基づく政令により、市町村及び特別区が処理するものとされている事務のうち、都道府県が本来果たすべき役割に係るものであって都道府県においてその適正な処理を特に確保する必要があるものとして、法律又はこれに基づく政令において特に定める事務をいう。しかし、精神保健福祉法上の事務には、第2号受託事務は定められていない。

一方、精神保健福祉法51条の13第2項は、「この法律(第6章第2節を除く。)の規定により保健所を設置する市又は特別区が処理することとされている事務(保健所長に係るものに限る。)は、第1号法定受託事務とする」と規定している。また、同条第3項は、「第33条第2項及び第6項並びに第34条第2項の規定により市町村が処理することとされている事務は、第1号法定委託事務とする」と規定している。いずれも事務の重要性に配慮したものである。なお、精神保健福祉法51条の14第1項は、「この法律に規定する厚生労働大臣の権限は、厚生労働省令で定めるところにより、地方厚生局長に委任することができる」と規定している。また、同条2項は、「前項の規定により地方厚生局長に委任された権限は、厚生労働省令で定めるところにより、地方厚生支局長に委任することができる」と規定している。

かくして、精神保健福祉法の規定のうち都道府県に関する規定は、指定都市に関する規定として、指定都市に適用があるものとされた。わが国では、2022(令和4)年10月1日現在で792の市があるが、大都市特例は、都道府県が大都市へと権限・財源をゆずり、スピーディーな行政サービスの提供を目指していく制度である。したがって、指定都市は、都道府県と同等の行財政能力を求められている。令和4年現在、おおむね人口が70万人以上の20市が政令により指定されており、その居住人口は、人口の約2割である。大都市における精神保健福祉施策は、地域の実情に応じたスピーディーなきめ細かい行政を必要とするところから、現在、都道府県の職務の大部分が指定都市に委譲されているのである。

第13章　精神保健福祉法上の犯罪

1　総　説

精神保健福祉法は、同法の目的を達成するために、同法に違反する行為のうち、特に重要な行為を犯罪とし、刑罰をもって臨んでいる。法律上の罰則として条文に定められている刑つまり法定刑の重い順に並べてみると、①３年以下の懲役又は１００万円以下の罰金、②１年以下の懲役又は１００万円以下の罰金、③６月以下の懲役又は50万円以下の罰金、④30万円以下の罰金、⑤10万円以下の過料の５つのランクに分かれている。全部で約30の行為について罰則が設けられている。

なお、刑法においては、刑罰の種類として死刑、懲役、禁錮、罰金、拘留、科料が規定されている（刑法９条）。この規定に基づいて、精神保健福祉法上の罰則として懲役と罰金が定められていたが、２０２２（令和４）年の刑法の一部改正によって、懲役と禁錮が廃止され、これに代わるものとして「拘禁刑」が創設された（改正刑法は令和７年中に施行される）。懲役は刑事施設（刑務所）において作業を強制する刑であるが、拘禁刑は、受刑者の「改善更生を図るため、必要な作業を行わせ、又は必要な指導を行うことができる」こととされた。しかし、改正された規定は、令和７年６月１日に施行されることになっており、それまでは精神保健福祉法においても「懲役」が用いられる。

2　精神保健福祉法違反の罪

(1)　懲役が科される罪

精神保健福祉法52条は、「次の各号のいずれかに該当する場合には、当該違反行為をした者は、3年以下の懲役又は100万円以下の罰金に処する。①第38条の3第4項の規定による命令に違反したとき。②38条の5第5項の規定による退院の命令に違反したとき。③第38条の7第2項の規定による命令に違反したとき。④第38条の7第4項の規定による命令に違反したとき。⑤第40条の6第3項の規定による命令に違反したとき。」と規定している。この条文の1号から3号の罪は、退院命令に違反する行為を処罰するための規定であり、4号及び5号は処遇改善命令に係る医療提供制限命令に違反する行為を処罰するための規定である。そこで、まず前三者の退院命令に違反する3つの罪について解説する。

(ア)　**退院命令違反の罪**

この犯罪の主体は、精神科病院の管理者である。都道府県知事又は指定都市の市長の退院命令は、いずれも精神科病院の管理者に対して行われるものであり、その管理者が命令の履行義務を負うことになる。したがって、本罪の主体は、当該の精神科病院の管理者に限られる。

精神保健福祉法においては、精神科病院の管理者に関する規定は多数あるが、管理者についての定義規定は置かれていない。そこで、本書においては、既に管理者の意義について解説しておいたが（106頁）、改めて述べておくと、精神科病院の設置者又は理事長が管理者ではないかという疑問も残るが、現在では、医療法10条以下に規定されている管理者をいうものと解されている。それによると、管理者は必ず医師でなければならないとされているところから、病院における医師のトップが管理者ということになり、精神科病院における管理運営に関する医療及び保護上の責任者が管理者である。もちろん、精神科病院中の一人に限られる。したがって、分院等の責任者は管理者ではなく、通常は、病院長が管理者であるといってよい。

犯罪となる行為は、退院命令に違反すること、すなわち都道府県知事又は指定都市の市長から退院を命じられた入院者を退院させないことである。命令違反として処罰の対象となる退院命令は、以下の場合に発せられる。

(a) 措置入院者の入院措置、医療保護入院者の届出、入院者についての定期の報告、医療保護入院における入院期間の更新に関して、入院の必要性について行われる精神医療審査会の審査結果に基づき、都道府県知事又は指定都市の市長がその入院を必要でないと認めたとき(38条の3第1項、4項)。

(b) 精神科病院に入院中の者又はその家族等から退院の請求があった場合に行われる精神医療審査会の審査結果に基づき、都道府県知事又は指定都市の市長がその入院の必要性がないと認めたとき(38条の5第1項、5項)。

(c) 精神科病院に入院中の任意入院者、医療保護入院者、応急入院者について、2人以上の指定医に診察させた結果、各指定医の診察の結果が入院の継続について一致しない場合及びこれらの入院者の入院が、精神保健福祉法若しくは政令に違反して行われたとき(38条の7第2項)。

(a)及び(b)の場合は、都道府県知事又は指定都市の市長が、また(c)の場合は、厚生労働大臣が退院命令を発する。退院命令を受けた精神科病院の管理者は、当該入院者に対して退院命令が出ていることの告知を行うが、入院者が退院命令の意味を理解できない場合には、精神科病院の管理者は、当該入院者の家族等又は市町村長に対し、退院命令が発せられていることを告知した上で、入院者がいつでも退院できる状態にしておくことが必要である。

したがって、これらの行為をせずに、退院手続に必要とされる合理的な時間を超えて退院可能な状態に置かなかったときに本罪は成立する。

退院手続に要する時間としては、入院者又は家族等に退院命令が出ている事実を告知するのに要する時間、退院に際し家族等が引き取りの準備に要する時間が含まれる。退院命令が出ていることを入院者に告知したところ、本人が退院に納得しないで入院を継続したい旨を申し出た場合、いったんは退院の措置を採るべきであるとも解されるが、自らの意思で入院を希望している場合には、任意入院として入院を継続させても、本罪は成立しないと解すべきであろう。

(イ) 医療提供制限命令違反の罪

精神保健福祉法52条4号及び5号に当たる罪が医療提供制限命令違反の罪である。この犯罪の主体も精神科病院の管理者である。命令違反として処罰の対象となる医療の提供制限命令は、以下の場合に発せられる。

(a) 厚生労働大臣又は都道府県知事(指定都市の市長)が、精神科病院の管理者に対し、処遇の改善のために必要な措置を採るための改善命令に従わないとして、精神科病院の入院に係る医療の提供の制限を命じたとき(38条の7第4項)。改善命令に違反したことは問わないで、その制裁として課される医療提供の制限命令の違反を犯罪としていることに留意すべきである。

(b) 厚生労働大臣又は都道府県知事(指定都市の市長)が、精神科病院の管理者に対し、虐待防止に必要な措置が講じられていないとして、必要な措置を採ることを命じたのにその命令に従わないとき(40条の6第3項)。ここでも、改善命令違反自体を犯罪としないで、その制裁として課される医療提供制限命令の違反を犯罪としている。

医療提供制限命令を発するのは、規定上は厚生労働大臣又は都道府県知事(指定都市の市長)とされているが、実務上は都道府県知事又は指定都市の市長であろう。入院医療の提供制限は、緊急の措置として、改善計画の達成が見込まれる期間、例えば、病院閉鎖3か月という形で命令が発せられる。また、本罪の主体は、いうまでもなく精神科病院の管理者である。医療提供の制限を命じられた精神科病院の管理者は、その旨を外部に表示して、入院医療を停止しなければならない。在院患者は、もちろん平常通りの医療を受ける。入院医療制限開始時間又は制限開始期日に至ったのに入院医療を開始すれば、その時点で本罪は成立する。

(2) 秘密漏示の罪

精神保健福祉法53条1項は、「精神科病院の管理者、指定医、地方精神保健福祉審議会の委員、精神医療審査会の委員、第21条第4項、第33条第3項若しくは第33条の6第2項の規定により診察を行った特定医師若しくは第47条第1項の規定により都道府県知事等が指定した医師又はこれらの職にあった者が、この法律の規定に基づく職務の執行に関して知り得た人の秘密を正当な理由がなく漏らしたときは、1年以下の懲役又は100万円以下の罰金に処する」と規定している。また、同条2項は、「精神科病院の職員又はその職にあった者が、この法律の規定に基づく精神科病院の管理者の職務の執行を補助するに際して知り得た人の秘密を正当な理由がなく漏らしたときも、前項と同様とする」と規定している。

(ア) 趣旨

本罪は、精神科病院の管理者、指定医、精神医療審査会の委員等の職にある者について、秘密漏示の罪を規定したものである。これらの者は、職務を執行する際に、精神障害者等の人の私生活上の秘密に接する機会が多いところから、そのプライバシーを保護するために秘密を漏らす行為を犯罪とし、処罰することとしたものである。

1987(昭和62)年の改正前の旧50条の2は、精神衛生診査協議会の委員等の一定の職にある者による秘密漏示に対して、1年以下の懲役又は3万円以下の罰金に処するとしていたが、前記の改正によって、精神保健指定医、精神医療審査会等の制度が新たに導入されたことに伴い改正が行われ、罰金の上限が30万円に引き上げられたが、現在は罰金100万円となっている。

(a) 身分犯　秘密漏示の罪は、以下の者についてのみ成立する犯罪、すなわち身分犯(行為の主体が一定の身分のある者に限られている犯罪)である。①精神科病院の管理者、指定医、地方精神保健福祉審議会の委員若しくは臨時委員、精神医療審査会の委員若しくは特定医師、都道府県知事若しくは保健所を設置する市又は特別区の長が指定した医師又はこれらの職にあった者、②精神科病院の職員、又はその職にあった者、以上の者についてのみ成立する。

(b) 秘　密　秘密漏示の罪にいう「秘密」については諸説あるが、秘密とは、特定の小範囲の者にしか知られていない事実であって、それを他人に知られないことが本人の利益と認められるものをいうと解すべきである。利益は、必ずしも経済的利益であることを要しない。隠れた肉体的又は精神的な欠陥のように、本人自身が意識しないものであっても、それを他人に知られないことが本人の利益である限り、秘密に当たるといってよい。言い換えると、秘密とは、一般に知られていない事実であって、本人が他の者に知られないことにつき、客観的に利益を有するものと解すべきである。したがって、公知の事実を本人が秘密と考えていたとしても、ここでの秘密には当たらない。また、本人が主観的に相当の利益があると考えていたとしても、通常人の立場からみると利益が認められない場合は、秘密とはいえない。

秘密は、「この法律の規定に基づく職務の執行に関して知り得た」もの、あるいは、「この法律の規定に基づく精神科病院の管理者の職務の執行を補助するに際して知り得た」ものでなければならない。したがって、精神保健福祉法の規定に基づかない職務の執行、あるいは、その執行の補助と関係のない行為に際して知った事実は、ここでの秘密ではない。例えば、酒場等で偶然見聞した事実は秘密に当たらない。職務の執行あるいはその執行の補助に際して知り得た事実であれば、本人が知らなかった事実であっても秘密である。例えば、地方精神保健福祉審議会で、特定の精神障害者につき、「極秘」として報告した事実は、本人が知らなかったとしても、通常人の立場から見て、その事実が一般に知られると本人の不利益になる情報は、秘密として保護すべきである。

「人の秘密」にいう「人」とは、任意入院、医療保護入院、緊急入院、措置入院、応急入院によって入院した入院者である。また、指定医の診察を受けた者、精神保健福祉法の規定による職務を行った精神科病院の管理者、指定医、特定医師、地方精神保健福祉審議会の委員若しくは臨時委員、精神医療審査会の委員若しくは精神障害者の訪問指導のため都道府県知事(指定都市の市長)又は保健所を設置する長が指定した医師、これらの者によって職務上の取扱いを受けた本人のことであり、これらの者の秘密が本罪の客体である。

(c) 漏らす　本罪で処罰される行為は、「漏らす」ことである。漏らすとは、秘密をまだ知らない他人又は第三者に告知することをいい、一人に対してであろうと多数の者に対してであるとを問わない。他言を禁じて秘密を教えたとしても告知に当たる。しかし、すでにその秘密を知っている者に告知することは漏らすとはいえない。告知する方法には制限がなく、口頭で告知しても、書面で告知してもよい。また、人の秘密を記載した書面を放置したまま他人の閲読に任せておく場合のように、不作為によって漏らすことも告知に当たる。告知が相手方に知られた時に既遂となり、必ずしも相手方がその内容を了知したことを要しない。

(d)「正当な理由なく」　秘密を漏らす行為は、正当な理由がないのに行われたことが必要である。秘密漏示の罪は、本人のプライバシーを保護しようとするものであるから、本人がその秘密の告知を承諾している場合は、正当な理由があるといってよい。しかし、その承諾は、本人の正当な意思に基づくものでなければならないから、本人が同意していたとしても、本人の病状が悪化して意思能力が認められない状態で同意した場合は、他人に告知することを許されない。法令上報告を求められている場合は、正当な理由がある。例えば、精神科病院の管理者の都道府県知事又は指定都市の市長に対する定期の報告(38条の2)、厚生労働大臣又は都道府県知事又は指定都市の市長に対する管理者の入院中の者の症状等に関する報告(38条の6)の場合は、秘密漏示に当たる行為であっても正当な理由に当たる。

(イ) 刑法の秘密漏示罪との関係

刑法134条1項は、「医師、薬剤師、医薬品販売業者、助産師、弁護士、弁護人、公証人又はこれらの職にあった者が、正当な理由がないのに、その業務上取り扱ったことについて知り得た人の秘密を漏らしたときは、6月以下の懲役又は10万円以下の罰金に処する」と規定している。この刑法の規定との関係で問題となるのは、医師である者が秘密を漏らした場合である。特に精神障害者の診察等に携わる指定医がその秘密を漏らした場合、刑法上の秘密漏示罪と精神保健福祉法上の秘密漏示の罪が成立することになってしまう点である。このように、1つの行為につき同じような犯罪が2つ成立することになる場合、ここではどちらの罪も個人のプライバシーを保護法益とする犯罪であるところから、これらを法条競合といい、どちらか一方の犯罪だけが成立するとされている。

精神保健福祉法は、刑法上の秘密漏示罪が存在していることを前提として、精神障害者の診察等に携わる者がその秘密を漏らす行為は、刑法の罪より重くする必要があるとの趣旨から、「6月以下の懲役又は10万以下の罰金」を「1年以下の懲役又は100万円以下の罰金」としたのであるから、刑法上の罪は精神保健福祉法の罪に吸収され、精神保健福祉法の秘密漏示の罪の一罪だけが成立すると解すべきである。

(ウ) 国家公務員法・地方公務員法との関係

国又は都道府県の設置した精神科病院の医師及びその職員については、それぞれ国家公務員法又は地方公務員法の適用を受ける。したがって、その職務上知り得た秘密を漏らしたときは、精神保健福祉法上の秘密漏示の罪の外に、国家公務員法１００条１項・１０９条12号の罪（1年以下の懲役又は50万円以下の罰金）又は地方公務員法34条1項・2項、60条2号の罪（1年以下の懲役又は50万円以下の罰金）に該当する。そこで、これらの罪と秘密漏示罪との関係が問題となるが、国家公務員法及び地方公務員法上の秘密漏示は、公的な利益を守るために処罰されるので、個人のプライバシーを保護するための秘密漏示の罪とは目的を異にする。したがって、例えば、指定医が厚生労働大臣又は都道府県知事の指定を受けて診察等の行為をする場合、診察の過程で知った精神障害者の秘密を漏らしたときは、国家公務員法上又は地方公務員法上の秘密漏示の罪が成立するとともに、精神保健福祉法53条の秘密漏示の罪も成立することになる。しかし、1個の秘密漏示行為をしたのに2つの犯罪が成立するのはいかにも不当である。そこで刑法は、1個の行為で2つの犯罪が成立してしまう場合の取扱いとして、「1個の行為が2個以上の罪名に触れ」る場合は、「その最も重い刑により処断する」（刑法54条前段）としているので、国家公務員法（１０９条12号又は地方公務員法60条2号）の刑は、1年以下の懲役又は50万円以下の罰金であるのに対し、精神保健福祉法53条は1年以下の懲役又は１００万円以下の罰金であるから、最も重い刑である後者の刑で処罰されることになる（なお、行為は1個であるが、観念的には2個又は3個の罪が成立する場合を観念的競合という）。

(3) 秘密保持義務違反の罪

精神保健福祉法53条の2は、「第51条の6の規定に違反した者は、1年以下の懲役又は１００万円以下の罰金に処する」と規定している。ここで51条の6の規定とは、「センターの役員若しくは職員又はこれらの職にあった者は、第51条の3第2号又は第3号に掲げる業務に関して知り得た秘密を漏らしてはならない」というものである。そして、51条の3第2号は、「精神障害者の社会復帰の実例に即して、精神障害者の社会復帰の促進を図るための訓練等に関する研究開発を行うこと」、3号は、「精神障害者の社会復帰の促進に関する研究を行うこと」である。

本条でセンターとあるのは、精神障害者社会復帰促進センターのことであるが、既述のように、同センターは、精神障害者の社会復帰の促進のため、①啓発活動及び広報活動、②精神障害者の社会復帰の実例に即して、精神障害者の社会復帰の促進を図るための訓練等に関する研究を行うこと、③そのほか精神障害者の社会復帰の促進に関する研究を行うことを主たる業務とするものであるが、51条の3第2号及び3号の業務は、精神障害者のプライバシーに係る業務であるところから、特に秘密保持義務を課し、その違反を処罰することとしたものである。一方、精神保健福祉法53条の3は、「第35条の2第3項の規定に違反した者は、1年以下の懲役又は30万円以下の罰金に処する」と規定している。35条の2第3項は、「入院者訪問支援事業に従事する者又は従事していた者は、正当な理由がなく、その職務に関して知り得た人の秘密を漏らしてはならない」として、秘密保持義務を課し、その違反を1年以下の懲役又は30万円以下の罰金に処するとしている。いずれも、精神障害者又は入院者の個人の秘密を保護するための犯罪である。ただし、入院者訪問支援事業に関する秘密の漏示は、検察官が起訴する前に被害者である告訴権者の告訴を必要とするいわゆる親告罪である。

(4) 研修業務停止命令違反の罪

精神保健福祉法54条1項は、「第19条の6の13の規定による停止の命令に違反したときは、当該違反行為をした者は、6月以下の懲役又は50万円以下の罰金に処する」と規定している。厚生労働大臣は、登録研修機関が、①19条の6の3第1号から第3号の定める登録欠格条項に該当するに至ったとき、②19条の6の6第3項の毎事業年度の開始前に毎事業年度の研修計画及び研修計画の変更を厚生労働大臣に届け出なかったとき、③その氏名、若しくは名称又は住所を変更しようとするときは変更しようとする2週間前にその旨を厚生労働大臣に届けなければならないが、それを怠ったとき、④研修の業務規程を研修の開始前に厚生労働大臣に届け出なければならないが、それを怠ったとき、⑤研修の全部又は一部を休止し、又は廃止しようとするときは厚生労働大臣にあらかじめその旨を届け出なければならないが、それを怠ったとき、⑥登録研修機関は、毎事業年度経過後3月以内に、当該事業年度の財産目録、貸借対照表、損益計算書又は収支計算書並びに事業報告書を作成し、5年間事務所に保存しなければならないが、それを怠ったとき、⑦財務諸表等が書面で作成されているときは、書面の閲覧又は謄写の請求などを正当な理由がないのに拒んだとき、⑧適合命令又は改善命令に違反したとき、⑨不正な手段により登録を受けたとき、厚生労働大臣は、その登録を取り消し、又は期間を定めて研修の業務の全部又は一部の停止を命ずることができるが、その命令に違反して研修の業務を行った場合、その違反行為をした者を処罰するのである。その趣旨は、登録研修機関の適正な研修の業務を確保することにある。

(5) 虚偽申請の罪

精神保健福祉法54条2項は、「虚偽の事実を記載して第22条第1項の申請をした者は、6月以下の懲役又は50万円以下の罰金に処する」と規定している。ここで22条1項の申請とは、「精神障害者又はその疑いのある者を知った者は、誰でも、その者について指定医の診察及び必要な保護を都道府県知事又は指定都市の市長に申請することができる」とするものである。この22条1項の規定は、精神障害者に対する医療及び保護の確保を図ろうとする趣旨であるが、同時に、都道府県知事又は指定都市の市長は、この申請があった者に対し、調査を行い、必要があると認めたときは、その指定する指定医に診察させなければならない。そして、指定医及び診察に立ち会う都道府県又は指定都市の職員は、診察対象者の居住する場所に立ち入ることさえ可能となるのである。したがって、第三者から一方的に申請された精神障害者又はその疑いのある者の名誉ないし人権に配慮すべきことは当然であり、申請書に詳細な記述を求めているのは、申請を受けた者に対する名誉・人権に配慮したためと考えられる。「①申請者の住所、氏名及び生年月日、②本人の現在場所、居住地、氏名、性別及び生年月日、③症状の概要、④現に本人の保護の任に当たっている者があるときはその者の住所及び氏名」(22条2項)が申請書の記載事項として定められているゆえんである。虚偽申請の罪は、前記の事項につき虚偽の事実を記載した申請書による申請行為を処罰するものである。

犯罪となる行為は、都道府県知事又は指定都市の市長に対し、虚偽の事実を記載して、精神障害者又はその疑いのある者として、その者について指定医の診察及び必要な保護を申請することである。申請するとは、国又は公共機関に対し、願い出ることをいう。

申請書には、前記の申請事項を記載しなければならないが、各事項の全部又は一部について虚偽の事実を記載して、22条1項の申請をすれば、虚偽申請の罪が成立する。ここで「虚偽事実」とは、客観的事実と異なる事実をいう。したがって、客観的事実を虚偽の事実と錯覚して記載した申請書は、虚偽の申請書には当たらない。また、虚偽の申請書を作成しただけでは、虚偽申請の罪は成立しない。本罪が成立するためには、客観的事実と異なる文書を作成し、その申請書を都道府県知事又は指定都市の市長宛に提出し、対象者について診察及び必要な保護を申請すること、言い換えれば願い出ることが必要である。

(6) 罰金30万円以下の罪

精神保健福祉法55条は、「次の各号のいずれかに該当する場合には、当該違反行為をした者は、30万円以下の罰金に処する」として、9号にわたる行為を犯罪としている。

(ア) 登録研究機関報告妨害等の罪

55条1号は、「第19条の6の16第1項の規定による報告をせず、若しくは虚偽の報告をし、又は同項の規定による検査を拒み、妨げ、若しくは忌避したとき」は、30万円以下の罰金に処するとしている。19条の6の16第1項の規定は、「厚生労働大臣は、研修の業務の適正な運営を確保するために必要な限度において、登録研修機関に対し、必要と認める事項の報告を求め、又は当該職員に、その事務所に立ち入り、業務の状況若しくは帳簿書類その他の物件を検査させることができる」というものである。したがって、行為の主体は、登録研修機関すなわち登録を受けた者(19条の6の6第1項)である。本罪の行為は、①登録研修機関が厚生労働大臣から求められた報告をしないこと、②虚偽の報告すなわち事実と異なる報告をすること、③当該職員による業務の状況や帳簿書類等の検査を拒否し、妨害し、忌避することである。これらの行為を処罰するのは、いずれも登録研修機関の研修業務の適正な運営を確保する趣旨に基づくものである。

(イ) 指定医の診察妨害等の罪

55条2号は、「第27条第1項又は第2項の規定による診察を拒み、妨げ、若しくは忌避し、又は同条第4項の規定による立入りを拒み、若しくは妨げたとき」は、30万円以下の罰金に処するとしている。27条1項により、申請、通報、届出のあった者について行われる指定医の診察に対して、それを拒み、妨げ又は忌避する行為を犯罪とするものである。行為の主体については、診察を拒むのは行為の態様から考えて診察を受ける者に限られるから、この場合の主体は診察を受ける者であるが、「妨げ」「忌避」する行為は、誰でもすることができるので主体に制限はない。一方、4項の立入りを拒む行為の主体は、居住者等の権限を有する者に限られると解されるが、妨げる行為は誰でも行うことができるので、主体には制限がない。

本罪で「拒む」とは、言葉や態度等によって、診察・検査・立入りを拒絶するすべての行為のことである。また、「妨げる」とは、診察・検査・立入りを妨害する行為で暴行・脅迫に至らない行為をいう。「忌避」とは、何らかの申立てをして相手方の行為を排除することであるから、例えば、指定医が診察するに当たって、診察室と異なる部屋を診察室と称し、その部屋に案内する場合がこれに当たる。なお、55条3号による緊急措置入院における指定医に対する診察妨害等の罪も、本罪と同様、30万円以下の罰金に処せられる。

(ウ) 精神医療審査会への虚偽報告等の罪

55条4号は、「第38条の3第3項……の規定による報告若しくは提出をせず、若しくは虚偽の報告をし、同条第3項の規定による診察を妨げ、又は同項の規定による出頭をせず、若しくは同項の規定による審問に対して、正当な理由がなく答弁せず、若しくは虚偽の答弁をしたとき」は、30万円以下の罰金に処するとしている。一方、38条の3第3項は、「精神医療審査会は、前項の審査(筆者注：入院措置時及び定期の入院の必要性に関する審査)をするに当たって必要があると認めるときは、当該審査に係る入院中の者に対して意見を求め、若しくはその者の同意を得て委員(指定医である者に限る。……)に診察させ、又は、その者が入院している精神科病院の管理者その他関係者に対して報告若しくは意見を求め、診療録その他の帳簿書類の提出を命じ、若しくは出頭を命じて審問することができる」とするものである。

55条4号の規定は、入院措置及び定期の入院の必要性に関する正当な審査を確保し、不必要な入院を排除することを趣旨とするものであるが、本罪の行為の主体は、その者が入院している精神科病院の管理者その他の関係者、例えば、入院者の主治医である。また、罪となる行為は、精神医療審査会が、①入院の必要性等に関する管理者等の報告又は意見を求めているのにそれに応じないこと、②虚偽の事実を報告すること、③診療録その他の帳簿書類の提出を求められているのに提出しないこと、④指定医である精神医療審査会の委員の診察を妨げること、⑤出頭を命じられているのに出頭しないこと、⑥正当な理由がないのに審問に答弁しないこと、⑦審問に対し虚偽の答弁をすること、以上である。なお、同条5号は、38条の5第4項の規定による審査（退院等の請求による審査）についても、同様の行為を犯罪とし、処罰することにしている。

(エ) 入院者の症状・処遇の報告徴収等に係る罪

精神保健福祉法55条6号は、「第38条の6第1項の規定による報告若しくは提出若しくは提示をせず、若しくは虚偽の報告をし、同項の規定による検査若しくは診察を拒み、妨げ、若しくは忌避し、又は同項の規定による質問に対して、正当な理由がなく答弁せず、若しくは虚偽の答弁をしたとき」は、30万円以下の罰金に処するとしている。一方、38条の6第1項は、「厚生労働大臣又は都道府県知事は、必要があると認めるときは、精神科病院の管理者に対し、当該精神科病院に入院中の者の症状若しくは処遇に関し、報告を求め、若しくは診療録その他の帳簿書類の提出若しくは提示を命じ、当該職員若しくはその指定する指定医に、精神科病院に立ち入り、これらの事項に関し、診療録その他の帳簿書類……を検査させ、若しくは当該精神科病院に入院中の者その他の関係者に質問させ、又はその指定する指定医に、精神科病院に立ち入り、当該精神科病院に入院中の者を診察させることができる」と規定している。

本罪の趣旨は、入院の必要性に関する精神医療審査会の正当な審査を確保する点にあるが、犯罪となる行為の主体は、精神科病院の管理者である。処罰すべき行為は、①入院中の者の症状又は処遇に関する報告をしないこと、②診療録等の帳簿書類の提出又は提示をしないこと、③虚偽の報告をすること、④指定医等の検査・診察を拒み、妨げ忌避すること、⑤診療録等についての質問に答えないこと、⑥虚偽の答えをすること、以上である。なお、55条7号は、「精神科病院の管理者が、第38条の6第2項の規定による報告若しくは提示をせず、又は虚偽の報告をしたとき」は、30万円以下の罰金に処するとしている。そして、38条の6第2項は、「厚生労働大臣又は都道府県知事は、必要があると認めるときは、精神科病院の管理者、精神科病院に入院中の者又は第33条第1項から第3項までの規定による入院若しくは同条第6項の規定による入院の期間の更新について同意をしたものに対し、この法律による入院に必要な手続に関し、報告を求め、又は帳簿書類の提出若しくは提示を命じることができる」と規定している。医療保護入院及びその入院期間の更新手続の適正を確保するためである。

(オ) 入院者の虐待の報告徴収等に係る罪

精神保健福祉法55条8号は、「第40条の5第1項の規定による報告若しくは提出若しくは提示をせず、若しくは虚偽の報告をし、同項の規定による検査若しくは診察を拒み、妨げ、若しくは忌避し、又は同項の規定による質問に対して、正当な理由がなく答弁せず、若しくは虚偽の答弁をしたとき」は、30万円以下の罰金に処するとしている。一方、40条の5第1項は、「厚生労働大臣又は都道府県知事は、必要があると認めるときは、第40条の2第1項の措置又は40条の3第1項の規定による通報若しくは同条第2項の規定による届出に関し、精神科病院の管理者に対し、報告を求め、若しくは診療録その他の帳簿書類の提出若しくは提示を命じ、当該職員若しくはその指定する指定医に、精神科病院に立ち入り、診療録その他の帳簿書類……を検査させ、若しくは当該精神科病院に入院中の者その他の関係者に質問させ、又はその指定する指定医に、精神科病院に立ち入り、当該精神科病院に入院中の者を診察させることができる」と規定している。ここで40条の2第1項とは、虐待の防止のために講じられた措置のことであり、また、40条の3第2項による届出は、業務従事者の虐待を受けた精神障害者による届出のことである。

かくして、本罪の行為の主体は、当該精神科病院の管理者である。処罰される行為は、①虐待防止のために採られた措置に関する報告をしないこと、②虚偽の報告をすること、③当該の診療録又はその他の帳簿書類を提出・提示しないこと、④診療録等の検査又は指定医による入院中の者に対する診察を「拒み」「妨げ」「忌避する」こと、⑤質問に対し答弁しないか虚偽の答弁をすること、以上である。いずれも、精神科病院における業務者による虐待を防止する趣旨で、精神科病院の管理者の違反行為を犯罪として処罰するものである。なお、51条の9第1項は、厚生労働大臣は、精神障害者社会復帰促進センターの業務の適正な運営を確保するために、必要な事項の報告を求め、事務所に立ち入り、業務の状況若しくは帳簿書類その他の物件を検査させることができるとし、①その報告をしないか、虚偽の報告をした場合、②その検査を拒み、妨げ、忌避した場合、30万円の罰金に処するとしている(55条9号)。

(7) 両罰規定

精神保健福祉法56条は、「法人の代表者又は法人若しくは人の代理人、使用人その他の従業者が、その法人又は人の業務に関して第52条、第54条第1項又は前条の違反行為をしたときは、行為者を罰するほか、その法人又は人に対しても各本条の罰金刑を科する」と規定している。本条は、いわゆる両罰規定である。両罰規定とは、一定の業務に関して犯罪行為をした場合、行為者を罰するほか、その業務主に当たる法人又は自然人も行為者と同じ刑で処罰することをいう。行為者は、業務主のために犯罪行為をするのであるから、その犯罪を抑止するためには、業務主としての法人又は自然人を行為者と同じように処罰する必要があるとする趣旨に基づいている。

本条は、既述の52条1号から5号、54条1項及び55条1号から9号が規定する違反行為については、両罰規定が適用されるとするものである。例えば、精神科病院の管理者が虐待防止に関する措置について報告を求められたのに報告しない不作為について、20万円の罰金に処せられた場合、医療法人としての精神科病院も行為者に対する刑と同じ罰金20万円が科されるのである。

(8) 過料10万円以下の罪

精神保健福祉法57条は、「次の各号のいずれかに該当する者は、10万円以下の過料に処する」と規定し、9号にわたって違反行為をした者を列挙している。

第1号は、19条の4の2（指定医の診療録の記載義務）の規定に違反した者。

第2号は、19条の6の9の業務の休廃止の届出をせず又は虚偽の届出をした者。

第3号は、19条の6の10第1項（財務諸表等の備え付け義務）の規定に違反して財務諸表等を備え付けて置かず、財務諸表等に記載すべき事項を記載せず、若しくは虚偽の記載をし、又は正当な理由がないのに同条第2項の規定による請求を拒んだ者。

第4号は、19条の6の14（帳簿の備え付け義務）の規定に違反して同条に規定する事項の記載をせず、若しくは虚偽の記載をし、又は帳簿を保存しなかった者。

第5号は、21条7項（任意入院者に対する告知義務）に違反した者。

第6号は、正当な理由がなく31条2項（精神障害者の入院の費用）の規定による報告をせず、又は虚偽の報告をした者。

第7号は、33条9項（措置入院等の同意書届出義務）の規定に違反した者。

第8号は、33条の6第5項（応急入院措置の届出義務）の規定に違反した者。

第9号は、38条の2第1項（定期の報告義務）の規定に違反した者。

補章　精神障害のある者による犯罪と医療及び保護

1　精神障害のある者による犯罪の取扱い

ここで精神障害のある者とは、精神保健福祉法5条の定義による統合失調症、精神作用物質による中毒又はその依存症、知的障害その他の精神疾患を有する者をいう。精神障害者のほとんどは犯罪とは無縁であり、その処遇の在り方は、これまで述べてきた精神科医療及び保護や福祉政策の問題となる。しかし、精神障害のある者の中には、精神障害が原因で犯罪を行う者がいることも事実である。このような精神障害者に対し、どのように対処すべきであるかは、保健及び福祉政策とともに刑事政策上も重要な課題となる。次頁の表6の示すとおり、2022(令和4)年における精神障害者及びその疑いのある者による刑法犯の検挙人員は、1344人であり、刑法犯の検挙人員総数16万9409人の0・8%に過ぎないが、その比率を罪種別にみると、放火は67人で12・6%、殺人は49人で6・2%というように、かなりの高率を示している。

犯罪を行った精神障害者については、精神の障害によって、自己の行為の是非善悪を弁別(わきまえる)能力がないか、又はその能力はあるが、それに従って行動する能力がない者は、刑法上の心神喪失者とされ、責任能力がない者として無罪となり、刑罰を受けることはない(刑法39条1項)。また、弁別能力又は弁別に従って行動す

表 6　精神障害者等による刑法犯検挙人員(罪名別)

(令和 4 年)

区　　分	総数	殺人	強盗	放火	強制性交等・強制わいせつ	傷害・暴行	脅迫	窃盗	詐欺	その他
検挙人員総数(A)	169,409	785	1,322	532	4,406	41,496	2,993	79,234	10,507	28,134
精神障害者等(B)	1,344	49	16	67	33	446	76	251	26	380
精神障害者	1,039	29	13	55	25	350	67	180	20	300
精神障害の疑いのある者	305	20	3	12	8	96	9	71	6	80
B/A(%)	0.8	6.2	1.2	12.6	0.7	1.1	2.5	0.3	0.2	1.4

注 1) 警察庁の統計による.

2) 「精神障害者等」は,「精神障害者」(統合失調症, 精神作用物質による急性中毒若しくはその依存症, 知的障害, 精神病質又はその他の精神疾患を有する者をいい, 精神保健指定医の診断により医療及び保護の対象となる者に限る。)及び「精神障害の疑いのある者」(精神保健福祉法 23 条の規定による都道府県知事への通報の対象となる者のうち, 精神障害者以外の者)をいう.

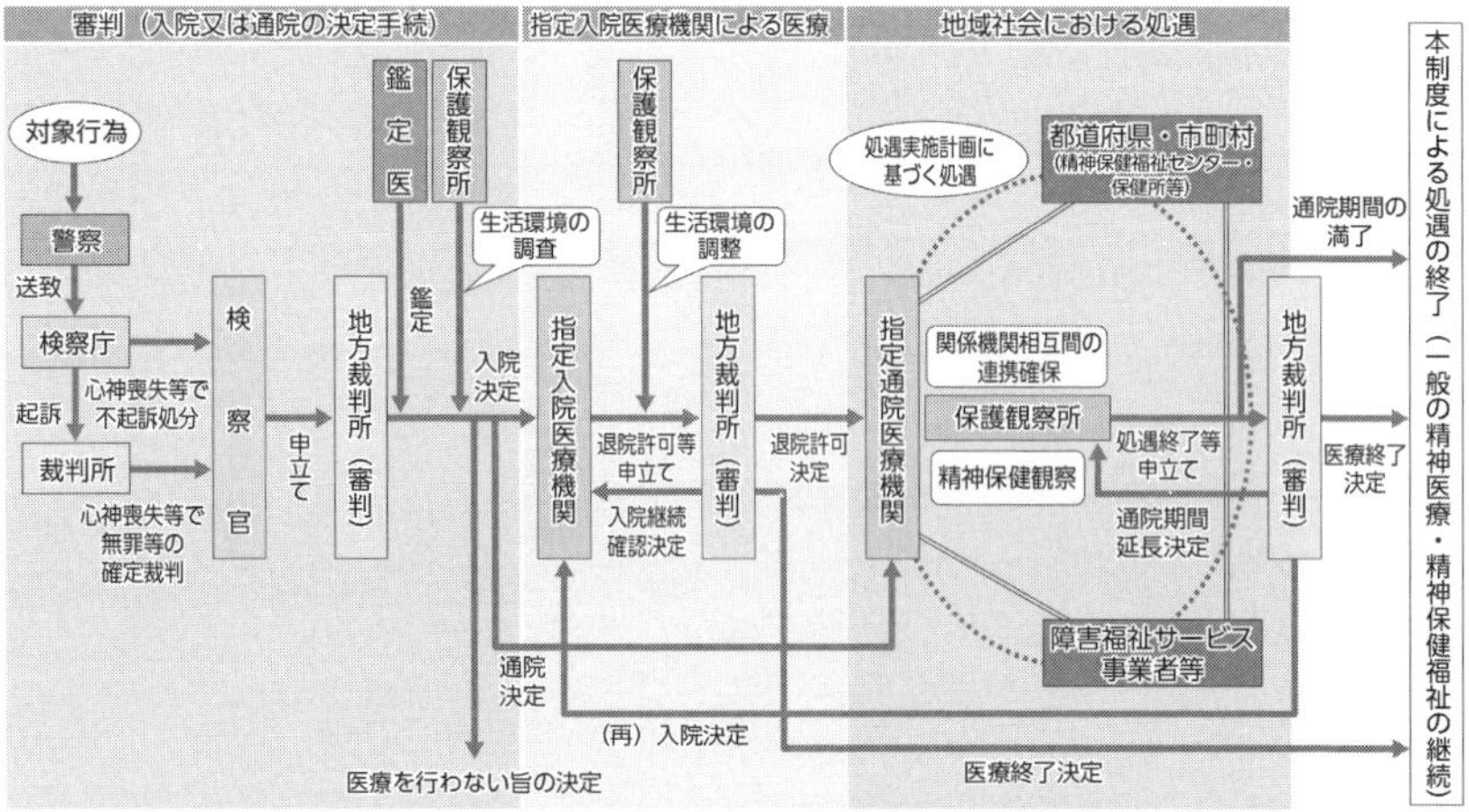

図 11　医療観察法による手続の流れ(令和 5 年版『犯罪白書』245 頁)

る能力が著しく劣っている者は、心神耗弱者とされ、限定責任能力者として刑が軽くなる（同条2項）。なお、精神障害者であっても、責任能力が認められる者及び心神耗弱にとどまる者は有罪となり、犯罪者として刑が科されることになる。

一方、心神喪失や心神耗弱のために不起訴になった場合は、検察官通報によって、その多くは、精神保健福祉法上の措置入院の対象となる。そして、心神喪失や心神耗弱の状態で、殺人や放火等の重大な犯罪を行った者に対しては、「心神喪失等の状態で重大な他害行為を行った者の医療及び観察等に関する法律」（「医療観察法」）による強制医療を受けることになる。

わが国では、精神衛生法の制定当初から、精神障害のある者による犯罪については、措置入院制度によって対応してきたが、２００３（平成15）年に医療観察法が制定され、新たな医療及び社会復帰制度が誕生した。この法律は、精神保健福祉法と同様に精神障害者の医療と社会復帰を目的とするものであるところから、「補章」として、医療観察法の要点を解説することにする。

2　医療観察法の制定

(1)　措置入院制度の問題点

医療観察法が制定された背景には、精神保健福祉法29条の措置入院制度に対する犯罪防止上の批判があった。精神障害が理由で犯罪を行った精神障害者に対しては、第6章3で詳しく検討したように、わが国では精神保健福祉法の措置入院制度によって対応してきた。すなわち、①警察官が職務を執行するに当たり、精神障害のために自傷他害のおそれがある者を発見したとき（23条）、②検察官が精神障害者又はその疑いのある者を不起訴処分にしたとき、又は被告人について罰金刑のように身体を拘束しない刑の裁判が確定したとき(24条)、③保護観察所の長が、保護観察に付されていた者が精神障害者又はその疑いがある者であることを知ったとき(25条)、④矯正施設の長が、精神障害者又はその疑いのある収容者を釈放、退院又は退所させようとしたとき(26条)、以上4つの場合は、その旨を都道府県知事に通報しなければならない。そして、通報を受けた都道府県知事は、通報があった者について精神保健指定医に診察させる(27条)。その結果、診察を受けた者が精神障害者であり、医療及び保護のために入院させなければ、その精神障害のために自傷他害のおそれがあると認められることについて、2人以上の指定医の診察が一致したときは、その者を国公立の精神科病院又は指定病院に入院させることができる。なお、「自傷他害のおそれ」については、将来の危険と解する説があるが、実務上は、現在の切迫した危険と解して入院させているようである。

医療観察法が制定される以前の措置入院の運用状況を見ると、2004(平成16)年に、精神障害のために心神喪失又は心神耗弱を理由として不起訴になった者、及び第1審の裁判所で心神喪失を理由として無罪となった者又は心神耗弱を理由として刑が減軽された者の総数は649人あったが、そのうちの383人(59%)が措置入院となっており、精神障害犯罪者の大半が措置入院制度によって処理されてきたのである(川出敏裕＝金光旭・刑事政策第3版(成文堂、2023。以下、「川出＝金・刑事政策」という。)446頁参照)。

しかし、措置入院制度については、以下のような批判があった。その1は、強制入院という人権上重大な侵害を伴う措置を、都道府県知事に委ねておいてよいかという問題である。その2は、犯罪の防止の観点からみて、精神科病院での治療が適切に行われていないとする批判である。病院内での治療及び処遇が他の一般の精神障害者と同様に行われているため、精神障害による犯罪者に必要とされる手厚い専門的な治療ができていないのではないか、また、退院後に同じような犯罪を繰り返している例が多いのは、病院側に、退院についての適切な判断で継続的に医療を確保するための効果的な方策が採られていないというものである。

(2) 解決策への動きと法の制定

精神障害による犯罪の対策については、わが国における精神医学の先駆者である呉秀三が、「精神病者私宅監置の実況及びその統計的観察」と題する報告書の中で、「犯罪的精神病者について、その後の処置に関し法律上にも何等の規定なく、行政上に於いても何等の処置を講ぜざるは、奇怪に耐えざることなり」と慨嘆したように、わが国では、精神障害による犯罪について法律上の規定は皆無であった。太平洋戦争終結後の1961(昭和36)年の改正刑法準備草案で初めて精神障害犯罪者についての保安処分の規定が用意され、その後の改正草案においても規定が置かれたが、それに対する批判が強く、法務省は、遂に保安処分の刑法への導入を断念し、厚生省との連携を図りながら、精神障害による犯罪の対策に取り組み、2001(平成13)年1月に法務省と厚生労働省による合同の検討会に漕ぎつけたのである。かくして、2001(平成13)年に121か条からなる医療観察法が成立し、2005年に同法の施行規則とともに施行されたのである。

医療観察法は、心神喪失等の状態で重大な他害行為を行った者に対し、その適切な処遇を決定するための手続等を定めることにより、継続的かつ適切な医療並びにその確保のために必要な観察及び指導を行うことによって、その病状の改善及びこれに伴う同様の行為の再発の防止を図り、もってその社会復帰を促進することを目的とするものである(医療観察法1条1項)。かくして、裁判所が強制的に入院又は通院を命ずる制度が創設されたのである。この制度を医療観察制度という。この制度は、裁判所を通じて精神科医療制度を強化することによって、精神障害による犯罪を防止しようとするものであり、パレンス・パトリエとポリス・パワーを折衷する制度として、世界的にも注目される優れたものと考えられる。

その骨子は、①裁判所が入院・退院を決定すること、②国の責任において、専門の入院医療機関を指定し、専門的治療を全国で統一的に行うこと、③地域において継続的な医療を確保する仕組みを設けることなどである。

(3) 審判

医療観察法の対象となるのは、①対象となる行為(放火、不同意わいせつ及び不同意性交等、殺人、強盗、傷害等の重大な犯罪)を行い、心神喪失又は心神耗弱であることが認められて不起訴処分となった者、②対象行為について、心神喪失を理由に無罪の確定裁判を受けた者、又は、心神耗弱を理由に刑を減軽する旨の確定裁判を受けた者である(2条2項)。医療観察法は、これらの行為を対象とするものであるから、それ以外の犯罪、例えば、精神障害による窃盗や詐欺等の行為は、精神保健福祉法の対象となる。

前記の対象者については、検察官が地方裁判所に対して、医療観察制度による処遇の要否や内容の審判を求める申立てをすることによって、医療観察の手続が開始される。2022(令和4)年の検察官申立て人員は、総数278人であり、傷害が最も多く90人、殺人79人、放火88人、強制性交等13人、強盗8人の順である(表7、令和5年犯罪白書246頁)。

申立てを受けた裁判所では、裁判官と精神科医である精神保健審判員それぞれ1名からなる合議体を構成し、両者がそれぞれの専門を生かして意見を述べ合い、審判を行う。審判の過程では、精神科医による鑑定が行われるほか、裁判所は、審判上の必要に応じて、保護観察所の長に対して対象者の生活環境の調査を求めることができる。

表7　検察官申立人員・地方裁判所の審判の終局処理人員(対象行為別)

(令和4年)

対象行為	検察官申立人員 総数	不起訴	確定裁判 無罪	確定裁判 全部執行猶予等	終局処理人員 総数	入院決定	通院決定	医療を行わない旨の決定	却下 対象行為を行ったとは認められない	却下 心神喪失者等ではない	取下げ	申立て不適法による却下
総数	278	258	2	18	313	248	24	37	1	3	—	—
放火	88	80	—	8	100	76	12	11	—	1	—	—
強制性交等	13	12	—	1	14	10	1	3	—	—	—	—
殺人	79	72	1	6	84	66	7	9	—	2	—	—
傷害	90	87	1	2	106	88	4	13	1	—	—	—
強盗	8	7	—	1	9	8	—	1	—	—	—	—

司法統計年報，法務省刑事局及び最高裁判所事務総局の各資料による(令和5年版犯罪白書246頁)．

裁判所は、前記の鑑定の結果、生活環境の調査を考慮し、さらに精神保健参与員の意見を聴いたうえで、医療観察制度による医療の必要性について審判を行うことになる。治療の必要性については、3つの要件を考慮して判断しなければならない。すなわち、①当該対象者が対象行為を行った際の精神障害と同様の精神障害を有していること(疾病性)、②その精神障害を改善するために治療を行うことが必要であること(治療必要性)、③医療を加えなければ、社会復帰の妨げとなる具体的・現実的可能性があること(社会復帰の容易性)の3つである。ちなみに、精神保健参与員とは、「精神保健福祉士その他の精神障害者の保健及び福祉に関する専門的知識及び技術を有する者の名簿の中から選任され、処遇事件ごとに精神保健参与員として指定された者」をいう(厚生労働省「精神保健判定医・精神保健参与員候補者〜名簿登載手続きの手引き〜」4頁)。

審判においては、対象者の人権擁護の観点から、弁護士を対象者の付添人として付けることとし、本人や付添人からの資料提出、意見の陳述も認められる。審理が終了したならば、裁判官は精神保健審判員と評議し、①入院、②通院医療、③医療を行わない、以上の3つのいずれかについて審判を行う。評決は、裁判官及び精神保健審判員の意見の一致したところによる。評議の結果、対象行為が存在しない場合及び心神喪失等ではない場合は申立てを却下する。なお、医療観察法42条1項は、入院命令について、対象行為を行った際の精神障害を改善し、これに伴って同様の行為を行うことなく社会に復帰することを促進するため、入院させてこの法律による医療を受けさせる必要があると認める場合は、医療を受けさせる旨の決定をする旨の規定を設けた。この規定については、当初の案は、「継続的な医療を行わなければ再び対象行為を行うおそれ」を入院の要件とするものであったが、それでは「再犯のおそれ」を要件とするため、保安処分を認めることになるという反対論が大勢を占め、前記のように修正されたのである。保安より医療を重視するという趣旨である。しかし、医療観察制度が精神障害による犯罪特に再犯を防止するための制度であることに変わりはない。

3　入院による医療と退院又は入院継続の審判

(1)　入院による医療

入院決定を受けた者は、厚生労働大臣が定めた「指定入院医療機関」において、入院による医療を受けなければならない(43条1項)。2023(令和5)年4月1日現在全国で35の医療機関が指定されており、令和4年には、248人が入院し、医療観察制度に基づく医療を受けている。措置入院の場合は、通常の精神科病棟で治療を受けるため、治療の内容にばらつきがあり、十分な医療を受けていないといった問題があったことから、医療観察制度の下では、入院による医療を行う病院を国公立病院に限定し、国費で医療施設やスタッフを充実することによって、専門的で手厚い医療を継続的・安定的に行うこととし、これを全国で公平一律に実施することを目指している。対象者の早期の社会復帰のため、30床程度の小規模の病棟において、対象者の症状に応じて、人的・物的資源を集中的に投入して専門的で手厚い医療を提供することとされている。なお、対象者の円滑な社会復帰を図るため、手厚い医療を実施することと併せて、入院当初から退院に向けた生活環境の調整を図ることが必要である。この観点から保護観察所は、入院患者や家族等の相談に応じ、必要な援助を受けることができるように手配する。これを生活環境の調整という。令和4年における生活環境の調整を開始した件数は259件、そして同年末現在の生活環境調整の係属件数は、834件に上っている。ちなみに、精神保健福祉法においても、医療観察法に倣って、措置入院者の退院による地域における生活への移行を促進するための措置が講じられている(29条の6)。

(2) 退院又は入院継続の審判

精神保健福祉法においては、措置入院者の退院は、都道府県知事の権限で行われるが、医療観察法においては、退院及び入院継続の判断は、裁判所の審判によって行われる。すなわち、指定医療機関の管理者は、医療観察法の入院決定を受けて入院している者について、入院を継続させて医療を行う必要がなくなったと認めるときは、地方裁判所に対し、退院の許可を申し立てなければならない(49条1項)。入院している患者本人、その保護者又は弁護士である付添人は、いつでも退院の許可又は医療の終了を申し立てることができる(50条)。これらの申立てを受けて、地方裁判所は、退院の許可又は医療の終了を決定する。一方、指定入院医療機関の管理者は、入院の継続が必要と認める場合は、原則として6か月ごとに地方裁判所に対し、入院継続の確認の申立てをしなければならない(49条2項)。令和5年版の犯罪白書によると、令和4年には、管理者による退院許可の申立てが248件、対象者等による退院許可・医療終了の申立てが106件受理されており、同年における退院許可決定数は206件、医療終了決定は36件であったという(犯罪白書247頁)。

これらの申立てについて地方裁判所は、先に述べた入院決定の場合と同じように、1人の裁判官と1人の精神保健審判員の合議体により、退院の可否又は入院継続の要否の審判を行う。なお、入院継続について、一定期間ごとの裁判所による審判が求められているが、入院期間については、上限が定められていない。その点は、措置入院の場合と同様であり、入院医療の必要性は個々の患者の病状によって異なるから、一律に入院期間の上限を規定するのは適切でないとの理由からであるが、人権擁護及び本人の改善への努力のためにも上限を定めるべきであったろう。なお、厚生労働省の「ガイドライン」においては、18か月以内の退院を目標とするとされている。

4　地域社会における処遇

地方裁判所から、通院決定を受けた者又は退院許可決定を受けた者は、通院期間中、指定通院医療機関による医療を受けなければならない。指定通院医療機関とは、一定の基準に適合する病院の中から、開設者の同意を得て、厚生労働大臣が指定したものをいい、令和5年現在で全国に4069の病院があるが、国公立病院か民間病院かは問われない(16条2項)。

通院の期間は、処遇終了の決定がなされない限り、原則として3年間であるが、保護観察所長の申立てによる裁判所の決定により、さらに2年間を限度として延長することができる(44条)。このように通院期間の上限が設定されている根拠としては、3年の間病状の悪化や問題行動がなかった場合は、本人の社会復帰が達成されたとみてよいこと、また、無制限に通院医療の対象としておくことは、その者の心理に悪影響を及ぼし、円滑な社会復帰に支障をきたすこと等が指摘されている(川出＝金・刑事政策475頁)。

通院決定を受けた者は、入院によらない精神科医療を受けなければならない。また、その期間中、継続的な医療を確保する目的として、保護観察所による精神保健観察を受けなければならない(106条1項)。精神保健観察は、対象者と適当な接触を保ち、指定通院医療機関の管理者や地方公共団体の長からの報告を求めるなど、当該対象者が適切な医療を受けているかどうか、さらにその生活状況を見守るとともに、継続的な医療を受けさせるために必要な指導その他の措置を講ずるといった方法により実施される。また、精神保健観察の実施に当たっては、指定通院医療機関や都道府県、市町村等の精神保健関係機関の関係者と協議の上、対象者ごとに処遇の実施計画を定めることになっている(104条)。各関係機関は、この実施計画に基づき、相互に連携を図りながら、地域社会における対象者の処遇を実施する。保護観察所は、対象者の処遇の経過に応じて、処遇に携わる関係機関の参加を得て「ケア会議」を開催し、処遇の実施状況の情報を共有して処遇方針の統一を図るとともに、処遇の実施計画について見直しを行うことが求められている(108条)。

処遇の運用状況を見ると、2022(令和4)年における精神保健観察の開始件数は227件、終結件数は199件、同年末の精神保健観察の係属件数は、584件となっている。入院によらない医療を受けている者の医療の終了や指定入院医療機関への再入院についても、裁判所の審判により決定されるが、同年における医療終了決定は53件、再入院決定は10件である(令和5年版犯罪白書247頁)。なお、社会復帰促進のため、保護観察所に社会復帰調整官が配置され、生活環境の調査及び調整、精神保健観察の実施、関係機関相互の連携確保等の事務に従事している。また、社会復帰調整官は、精神保健福祉士その他の精神障害者の保健及び福祉に関する専門的知識を有する者として、政令で定めるものでなければならず、その専門的知識に基づいて、生活環境の調査及び調整、精神保健観察、関係機関相互の連携等の事務に従事することとされている。

あとがき

本書は、題名通り精神保健福祉法の入門書である。筆者は既に、『精神保健福祉法講義〔新版第3版〕』(成文堂、2017)と題する教科書を著しているが、2022(令和4)年における精神保健福祉法の大幅な改正を踏まえて、一般の人や精神障害者及びその家族の方々にも改正法を広く理解してもらいたいと願い、新たに書き下ろしたものが本書である。

改正された条文は、実に五十数か条に及んでおり、いずれも施行日は2024(令和6)年4月1日であるが、改正法の全体を解説した書物は、膨大な注釈書を除き、現在までのところ見当たらない。したがって、本書は、精神障害者の医療及び保護さらには福祉等についての道案内の書ともなりうるであろう。

本書については、筆者の門下生である元同志社大学法学部教授で現在は京都市精神医療審査会会長の任にある川本哲郎博士、また、大阪地方裁判所民事〔医事〕部総括判事を定年退官し、現在は弁護士として活躍されている比嘉一美氏にお願いし、最新の資料や情報、さらには校正について、細かな点に至るまで大変お世話になった。さらに、岩波書店編集局第二編集部の山下由里子氏からは、行き届いた編集上のご配慮を頂戴した。お三方に厚く御礼を申し上げる。

2024年11月

大谷　實

索　引

あ　行

か　行

さ　行

た　行

な　行

は　行

ま　行

ら　行

大谷 實
1934年10月25日，茨城県生まれ．
法学者．専門は刑事法，医療法．法学博士(同志社大学，1973年)．同志社大学法学部教授，同法学部長，同大学学長，同志社総長を歴任，同志社大学名誉教授．
著書
単著：『人格責任論の研究』(慶應通信，1972年)，『刑事規制の限界』(有斐閣，1978年)，『医療行為と法』(弘文堂，初版1980年，新版補正2版2004年)，『刑法講義各論』(成文堂，初版1983年，新版5版2019年)，『いのちの法律学』(筑摩書房，初版1985年，悠々社，3版1999年)，『刑法講義総論』(成文堂，初版1986年，新版5版2019年)，『刑事政策講義』(弘文堂，初版1987年，新版2009年)，『精神保健福祉法講義』(成文堂，初版1996年，新版3版2017年)，『医師法講義』(同，2023年)
共著：前田雅英『エキサイティング刑法 総論』(有斐閣，1999年)，同『エキサイティング刑法 各論』(同，2000年)

精神保健福祉法入門

2025年1月29日　第1刷発行

著　者　大谷《おおや》 實《みのる》

発行者　坂本政謙

発行所　株式会社 岩波書店
〒101-8002 東京都千代田区一ツ橋2-5-5
電話案内 03-5210-4000
https://www.iwanami.co.jp/

印刷・理想社　カバー・半七印刷　製本・松岳社

ISBN 978-4-00-061676-8　　Printed in Japan